Flash 多媒体课件制作经典教程
模块模板精讲

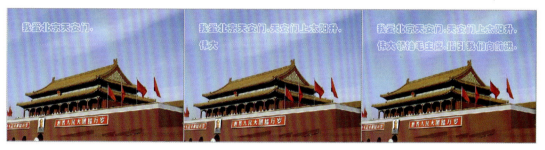

▶ 3.1.3 我爱北京天安门

▶ 3.2.2 汉字演变

▶ 3.3.3 运动与静止的相对性

▶ 4.2.3 地球的自转

Flash 多媒体课件制作经典教程
模块模板精讲

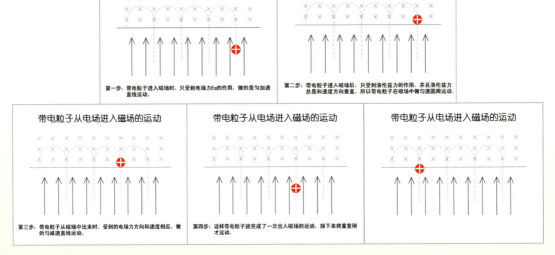

▶ 4.1.3 带电粒子从电场进入磁场的运动

▶ 4.3.3 咏鹅诗朗诵

▶ 4.4.3 酶的催化原理

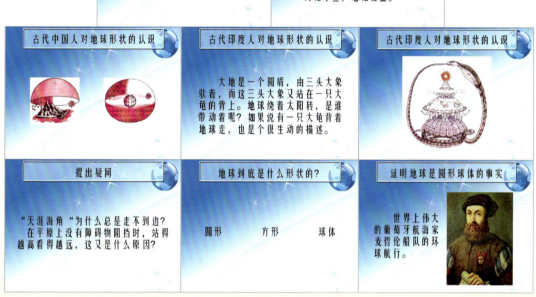

▶ 5.1.2 我们的地球

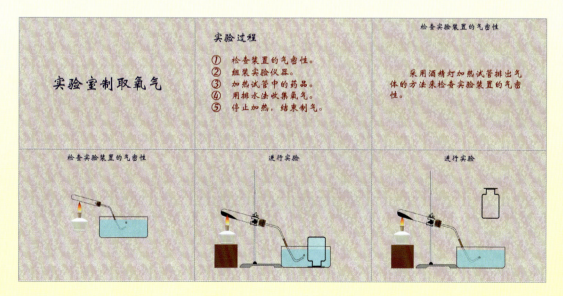

▶ 5.2.3 实验室制取氧气

Flash 多媒体课件制作经典教程
模块模板精讲

▶ 5.3.3 日月潭

▶ 5.4 利用模板制作幻灯片课件

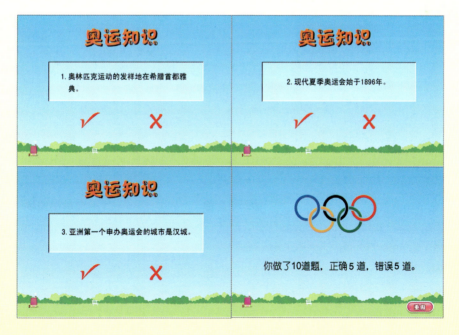

▶ 6.2.2 奥运知识

Flash 多媒体课件制作经典教程
模块模板精讲

▶ 6.1.2 历史知识

▶ 7.1.2 认识五官

▶ 7.2.2 质数与合数

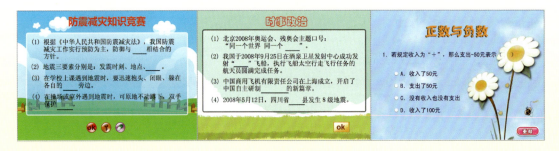

▶ 8.1.2 防震减灾知识竞赛　　▶ 8.2.2 时事政治　　▶ 9.1.2 正数与负数

▶ 9.2.2 化学小测验

Flash 多媒体课件制作经典教程
模块模板精讲

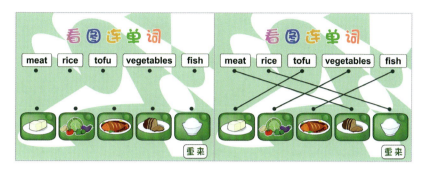

▶ 10.1.2 看图连单词

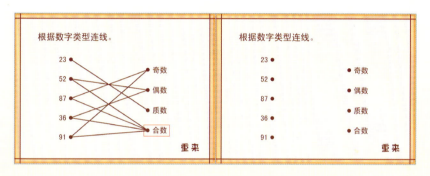

▶ 10.2.2 数的分类

▶ 11.1 语文课件——要是你在野外迷了路

Flash 多媒体课件制作经典教程
模块模板精讲

▶ 11.2 语文课件——尾巴的功能

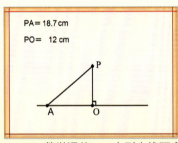

▶ 12.1 数学课件——点到直线距离

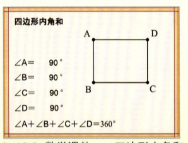

▶ 12.2 数学课件——四边形内角和

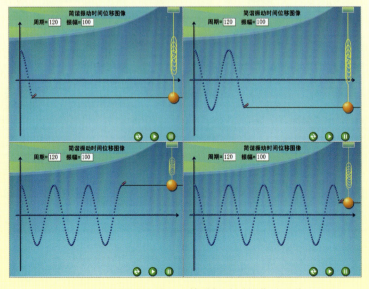

▶ 13.1 物理课件——简谐振动时间位移图像

Flash 多媒体课件制作经典教程
模块模板精讲

李 永 编 著

清华大学出版社
北 京

内 容 简 介

教育信息化的迅速发展急需越来越多的课件制作人才，急需越来越多、越来越好的网络课件资源。

Flash 是一个功能强大的多媒体网络课件开发工具，本书由浅入深、由易到难，详细介绍了 Flash 在课件开发方面的技术和方法，书中范例的讲解深入、生动、细致，详尽的讲解和图示不仅能让读者较快地掌握 Flash 课件制作，并为读者的开发设计提供了难得的借鉴参考。

书中的范例有的是通用性很强的基础课件，有的是可以在其他课件中直接移植使用的通用模板，有的是与学科紧密结合的实际应用。书中每个经典范例中都包含了非常好的设计思想，范例的界面美观、交互性强。读者通过学习本书，能够在短时间内迅速获得制作 Flash 课件的能力。

本书内容丰富，图文并茂，结构清晰，具有系统、全面和实用的特点。本书不仅可以作为在职教师学习课件制作的自学用书，同时也可以作为教师继续教育的培训用书和师范类大专院校及相关领域培训班学生的教材。

本书封面贴有清华大学出版社防伪标签，无标签者不得销售。
版权所有，侵权必究。举报：010-62782989，beiqinquan@tup.tsinghua.edu.cn。

图书在版编目(CIP)数据

Flash 多媒体课件制作经典教程 模块模板精讲/李永编著. —北京：清华大学出版社，2009.10（2025.1 重印）
ISBN 978-7-302-21083-2

Ⅰ. ①F… Ⅱ. ①李… Ⅲ. ①多媒体—计算机辅助教学—软件工具，Flash Ⅳ. ①G434

中国版本图书馆 CIP 数据核字(2009)第 163269 号

责任编辑：应 勤 杨作梅
装帧设计：杨玉兰
责任校对：李玉萍
责任印制：杨 艳

出版发行：清华大学出版社
网　　址：https://www.tup.com.cn, https://www.wqxuetang.com
地　　址：北京清华大学学研大厦 A 座　　邮　编：100084
社 总 机：010-83470000　　邮　购：010-62786544
投稿与读者服务：010-62776969, c-service@tup.tsinghua.edu.cn
质 量 反 馈：010-62772015, zhiliang@tup.tsinghua.edu.cn

印 装 者：涿州市般润文化传播有限公司
经　　销：全国新华书店
开　　本：185mm×260mm　　印 张：24.5　　字 数：608 千字
　　　　　附光盘 1 张
版　　次：2009 年 10 月第 1 版　　印　次：2025 年 1 月第 16 次印刷
定　　价：49.80 元

产品编号：030847-02

前　言

伴随着计算机的迅速普及、网络"触角"的迅速延伸，信息时代到来了！

信息时代给我们带来了海量的信息，信息时代给我们带来了全新的沟通交流的渠道，信息时代帮我们跨越了时空的限制，信息时代将会越来越深刻地改变我们的生活方式！

信息时代的到来也给各行各业提供了巨大的发展机会，教育行业也迎来了前所未有的发展机遇。教育部在关于推进教师教育信息化建设的意见中明确指出："信息化是当今世界发展的潮流，是社会发展的趋势，信息化水平已成为衡量一个国家现代化水平和综合国力的重要指标。积极推进国家信息化是我国国民经济和社会发展的重要战略举措。提高国民的信息素养，培养信息化人才是国家信息化建设的根本，教育信息化是国家信息化建设的重要基础。教师教育信息化既是教育信息化的重要组成部分，又是推动教育信息化建设的重要力量。"

国家对教育信息化的重视还体现在资金的投入上，近年来，国家投入巨资，通过实施"校校通工程"和"农村中小学现代远程教育工程"，使广大中小学信息化基础条件显著改善。

国家的投入最简单、最直接的是硬件的投入，很多县市一级的中学校园网、多媒体教室、教师备课室等加起来投入几百万元的随处可见。几百万元花了，设备配备好了，但是谁能让这些"死"的设备"活"起来？

看过很多国内公司做的多媒体教学软件，画面非常漂亮但却很不实用，为什么？因为制作这些课件的美工和程序员不懂教学，只有懂教学的人做的课件才是最适合教学需求的。将不懂教学的课件制作人员培养成懂教学的人很难，因为教学需要时间、经验的积淀，而让优秀的教师了解课件制作就要相对简单得多。

如果你能让学校几百万元的教学设备"活"起来，如果你能让国家的几百亿教学设备"活"起来，那你一定是一个时代的弄潮儿！

本书是为一线教师、师范院校的学生和专业从事多媒体课件开发的人员编写的教材，从学习者的角度来看，本书有以下几个特点：

- 第一个特点是"水平高"。本书的作者是国内最大的基础教育网站——北京四中网校的课件制作团队。他们有着非常丰富的多媒体课件开发制作经验，他们制作的课件有几十个在全国多媒体课件大赛中获奖。多套教学软件已经由人民教育音像出版社等多家出版社出版发行，书中的很多课件是这些获奖课件中的精品。
- 第二个特点是"实用性强"。本书的作者曾在师范院校教授过"教材教法"等课程，了解教学规律和教学需求。同时，作者还教授过"多媒体课件制作与课程整合"等课程，能够将教学内容与信息技术有机地结合起来。本书中的大量实例都是作者多年授课的积累，这些实例既发挥了教育技术的特点，又解决了教学中的重点和难点。

作者中有具有丰富教学经验的教师，也有专业的程序员和美工，他们的合作使课件无论在与教学内容的紧密结合方面，还是交互性及画面的美观色彩的协调等方面都非常出色！

- 第三个特点是"上手快"。本书以实例为线索，利用实例将制作课件的技术串联起来，书中的实例都非常典型、实用。不同的教师、不同的教学内容需要的课件虽然是不同的，但其中有很多共性的东西，读者完全可以将这些共性的制作思路和方法直接移植到自己的课件中。

本书共分 13 章，其中第 1 章至第 5 章为本书的基础部分，这五章通过简单的实例，不仅介绍了 Flash 的基本概念、基本操作、基本技巧，还介绍了演示型课件的制作方法。

第 6 章至第 10 章是提高部分，作者将拖曳题型、判断题型、填空题型、选择题型、连线题型等归纳总结制作成了模板。在这五章中详细介绍了这些题型模板，这些模板的通用性很强，读者完全可以将这些模板的制作思路和方法直接移植到自己的课件中。

第 11 章至第 13 章是综合应用部分，作者总结了课件制作中经常用到的一些技术，以语文、数学、物理课件的开发制作为例，讲解了课件制作的整个过程，分析了课件制作中的技术难点。

本书由李永担任主编，参与本书策划写作和课件制作的有李永、李伟、郑占席、陈金仓、宋振宁、贾海涛、田占平、杨守清等，本书的配套光盘由李伟、宋振宁、贾海涛、田占平、陈金仓、郑占席、杨守清等设计制作完成。感谢清华大学出版社的应勤老师对本书的出版所做的支持和帮助。

本书编委会

主编： 李　永

编委： 李　伟　　郑占席　　陈金仓
　　　　宋振宁　　贾海涛　　田占平
　　　　杨守清

目 录

第 1 章 Flash 基础知识 1
1.1 Flash 简介 2
1.2 Flash 工作界面介绍 3
1.2.1 菜单栏 5
1.2.2 主工具栏 5
1.2.3 工具箱 6
1.2.4 时间轴 8
1.2.5 工作区 8
1.2.6 功能面板 9
1.2.7 个性化工作界面 10
1.3 Flash 文档基础操作 11
1.3.1 打开已有文档 11
1.3.2 设置文档属性 12
1.3.3 保存 Flash 文档 14

第 2 章 Flash 课件制作基础操作 17
2.1 使用文本 18
2.1.1 文本工具的使用方法 18
2.1.2 课件实战——我爱中国 21
2.1.3 技巧与提高 24
2.2 绘制立方体 25
2.2.1 选择工具的使用方法 25
2.2.2 线条工具的使用方法 27
2.2.3 矩形工具的使用方法 32
2.2.4 课件实战——立方体 34
2.2.5 技巧与提高 39
2.3 多图层绘图 39
2.3.1 图层详解 40
2.3.2 铅笔工具的使用方法 41
2.3.3 刷子工具的使用方法 41
2.3.4 颜料桶工具的使用方法 44
2.3.5 笔触颜色和填充颜色的设置方法 45
2.3.6 任意变形工具和渐变变形工具的使用方法 47
2.3.7 手形工具和缩放工具的使用方法 49
2.3.8 课件实战——咏鹅 51
2.3.9 技巧与提高 59
2.4 位图的应用 60
2.4.1 导入位图的方法 60
2.4.2 用套索工具编辑位图 61
2.4.3 用橡皮擦工具编辑位图 62
2.4.4 课件实战——荷塘月色 63
2.4.5 技巧与提高 67

第 3 章 制作简单动态演示课件 69
3.1 利用逐帧动画制作课件 70
3.1.1 时间轴 70
3.1.2 帧 70
3.1.3 课件实战——我爱北京天安门 74
3.1.4 技巧与提高 77
3.2 利用补间形状制作课件 79
3.2.1 补间形状的原理 79
3.2.2 课件实战——汉字演变 80
3.3 利用动作补间动画制作课件 85
3.3.1 元件 85
3.3.2 动作补间动画的制作方法 ... 86
3.3.3 课件实战——运动与静止的相对性 89
3.3.4 技巧与提高 93

第 4 章 制作复杂动态演示课件 95
4.1 利用引导线动画制作课件 96
4.1.1 认识引导线动画 96

4.1.2 创建引导线动画 96
4.1.3 课件实战——带电粒子从
电场进入磁场的运动 98
4.2 利用遮罩动画制作课件 103
 4.2.1 认识遮罩 103
 4.2.2 创建遮罩动画 104
 4.2.3 课件实战——地球的自转 106
4.3 为课件导入声音 110
 4.3.1 导入声音 110
 4.3.2 编辑声音 111
 4.3.3 课件实战——咏鹅诗朗诵 112
 4.3.4 技巧与提高 115
4.4 为课件导入视频 116
 4.4.1 Flash 支持的视频格式 116
 4.4.2 导入视频的方法 117
 4.4.3 课件实战——酶的
催化原理 118

第 5 章 制作幻灯片演示文稿类课件 123

5.1 用演示文稿制作幻灯片课件 124
 5.1.1 演示文稿的基础知识 124
 5.1.2 课件实战——我们的地球 130
5.2 制作复杂的幻灯片演示文稿 135
 5.2.1 时间轴和屏幕 135
 5.2.2 元件和屏幕 137
 5.2.3 课件实战——实验室
制取氧气 138
5.3 为幻灯片课件添加行为 148
 5.3.1 为幻灯片添加交互控制 148
 5.3.2 为幻灯片添加过渡 151
 5.3.3 课件实战——日月潭 152
5.4 利用模板制作幻灯片课件 160

第 6 章 制作判断题型课件 165

6.1 制作简单的判断题型课件 166
 6.1.1 解析重点知识 166
 6.1.2 课件实战——历史知识 170
6.2 制作有成绩统计的判断题型课件 181
 6.2.1 解析重点知识 182

 6.2.2 课件实战——奥运知识 188

第 7 章 制作拖曳题型课件 201

7.1 制作拖曳题型课件 202
 7.1.1 解析重点知识 202
 7.1.2 课件实战——认识五官 212
7.2 制作更加完善的拖曳题型课件 222
 7.2.1 解析重点知识 222
 7.2.2 课件实战——质数与合数 228

第 8 章 制作填空题型课件 237

8.1 制作填空题型课件 238
 8.1.1 解析重点知识 238
 8.1.2 课件实战——防震减灾
知识竞赛 240
8.2 制作有答案提示的填空题型课件 248
 8.2.1 解析重点知识 248
 8.2.2 课件实战——时事政治 250

第 9 章 制作选择题型课件 259

9.1 制作单项选择题型课件 260
 9.1.1 解析重点知识 260
 9.1.2 课件实战——正数与负数 266
9.2 制作多项选择题型课件 275
 9.2.1 解析重点知识 275
 9.2.2 课件实战——化学小测验 278

第 10 章 制作连线题型课件 287

10.1 制作一对一的连线题型课件 288
 10.1.1 解析重点知识 288
 10.1.2 课件实战——看图连单词 ...292
10.2 制作多对多的连线题型课件 301
 10.2.1 解析重点知识 301
 10.2.2 课件实战——数的分类 307

第 11 章 制作语文课件 317

11.1 制作课件——要是你在
野外迷了路 318
 11.1.1 教学分析与课件说明 318
 11.1.2 课件实战 319

11.2 制作课件——尾巴的功能 331
    11.2.1 教学分析与课件说明 331
    11.2.2 课件实战 333

第 12 章 制作数学课件 347

12.1 制作课件——点到直线距离 348
    12.1.1 教学分析与课件说明 348
    12.1.2 解析重点知识 348
    12.1.3 课件实战 349
12.2 制作课件——四边形内角和 353
    12.2.1 教学分析与课件说明 353
    12.2.2 解析重点知识 353

12.2.3 课件实战 354

第 13 章 制作物理课件 361

13.1 制作课件——简谐振动
    时间位移图像 362
    13.1.1 教学分析和课件说明 362
    13.1.2 解析重点知识 363
    13.1.3 课件实战 365
13.2 制作课件——凸透镜成像原理 371
    13.2.1 教学分析和课件说明 371
    13.2.2 解析重点知识 373
    13.2.3 课件实战 375

第 1 章

Flash 基础知识

　　本章主要介绍 Flash 软件的操作、特点、应用等方面的知识，使读者对 Flash 有一个基本的认识，为以后的学习打下一个很好的基础。

　　本章主要涉及的知识点有：Flash 的特点，Flash 的工作界面，Flash 工作环境的设置，新建和保存文档等操作。

本章内容主要包括

- Flash 的特点
- Flash 的工作界面
- Flash 文档操作

1.1　Flash 简介

　　Flash 是目前比较优秀的网络动画编辑软件之一，用于编辑矢量图形和制作动画，用 Flash 制作的动画文件更适用于网络传输，因为 Flash 文件在线播放运用了流技术，即当文件下载到一定程度就开始播放，剩下的部分在播放的同时进行下载。学习 Flash 和学习其他软件一样，都要从最基本的功能开始学习。

　　随着网络时代的到来和 Flash 功能的不断完善，Flash 在网络中的应用越来越广泛，在网络动画领域几乎形成了一统天下的局面；而在远程教育方面，Flash 的优势在网络教学方面也得以更好的体现，学习 Flash 已经成为走进网络时代的捷径和必然，也成为网络教学很好的辅助工具。

　　Flash 是以流媒体播放技术和矢量图形技术等为代表的一种创作工具，能够将矢量图、位图、音频、动画和深一层交互动作有机地、灵活地结合在一起，从而制作出美观、新奇、交互性更强的动画效果。设计人员和开发人员可以用它来创建演示文稿、应用程序和其他允许用户交互的内容。Flash 可以包含简单的动画、视频内容、复杂演示文稿和应用程序以及介于它们之间的任何内容。用 Flash 制作的动画具有短小精悍的特点，所以 Flash 受到了广大网页设计者的青睐，被广泛用于网页动画的设计和课件的制作，成为当今最流行的网页设计软件之一。

　　与其他的制作软件相比，Flash 具有以下特点。

- 使用矢量图形和流媒体播放技术。与位图图形不同的是，矢量图形可以任意缩放尺寸而不影响图形图像的质量；流媒体播放技术使得动画可以边播放边下载，从而缩短了网页浏览者等待下载的时间，缓解了焦急等待的情绪。
- 通过使用关键帧和矢量图形使得所生成的动画(swf)文件非常小。几千字节的动画文件已经可以实现许多令人心动的动画效果，用在网页设计上不仅可以使网页更加生动，而且小巧玲珑、下载迅速，使得动画可以在打开网页很短的时间里就得以播放。
- 可以把音乐，动画，声效，交互方式融合在一起。越来越多的人已经把 Flash 作为设计网页动画的首选工具，并且创作出了许多令人叹服的 Flash 动画作品。其新颖的视觉效果，使 Flash 的表现形式更加轻巧、更加个性化。不可否认，它已经成为一种新的艺术表现形式。
- 交互性优势，可以更好地满足所有用户的需要。用户可以通过单击、选择等动作，决定 Flash 的运行过程和结果，增加了它的可操作性和游戏性。
- 多种文件导入导出格式。Flash 支持多种文件导入导出，不仅可以输出.fla 动画格式，还可以输出.avi、.gif、.html、.mov、.smil 和可执行文件.exe 等多种文件格式。即便用户不会使用这些相关软件的制作也一样可以用 Flash 解决。再来看看 Flash 支持导入的文件格式，大部分位图图像格式和矢量图文件格式都可以在 Flash 中导入。而且在 Flash CS3 中，与其他软件之间的相互格式互换，也使它和其他软件的配合使用更加方便和快捷。
- 导出文件小，流媒体播放技术使课件的播放流畅，容易携带和在网上传播。

- 各种多媒体综合应用，使课件的效果更加丰富、精彩。
- Flash 具有交互性优势，可以制作游戏课件和各种测试性课件，从而拓宽了课件的应用范围。

本书所使用的 Flash 版本为 Flash CS3。

1.2　Flash 工作界面介绍

在使用 Flash 之前，首先要对软件的工作界面和基本工具有个了解和认识，本节就来介绍它的工作界面和基本工具。

新建文档有多种方法，一种方法是启动 Flash 软件时，在显示的开始页中单击【新建】标签下的选项进行新建文档的操作，如图 1.1 所示。

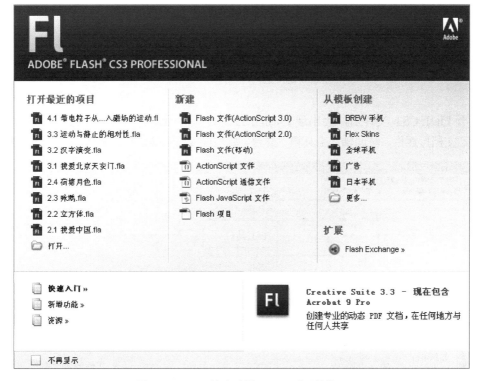

图 1.1　Flash 的启动界面——"开始"页

另外，在菜单栏中选择【文件】|【新建】命令或使用快捷键 Ctrl+N，在弹出的【新建文档】对话框中选择项目也可以新建文档，如图 1.2 所示。

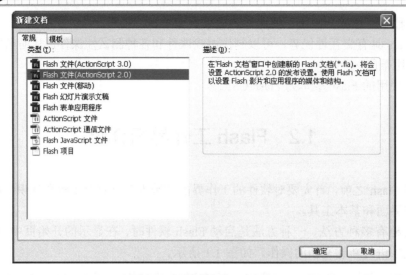

图 1.2 【新建文档】对话框

提 示

单击主工具栏中的【新建】按钮 也可以新建文档，创建的文档与上次创建的文档类型相同。

打开 Flash CS3 文件后，会出现 Flash CS3 的操作界面，它由文件标题栏、菜单栏、主工具栏、文档标题栏、时间轴、工具箱、舞台、属性面板、其他浮动面板组成，如图 1.3 所示。

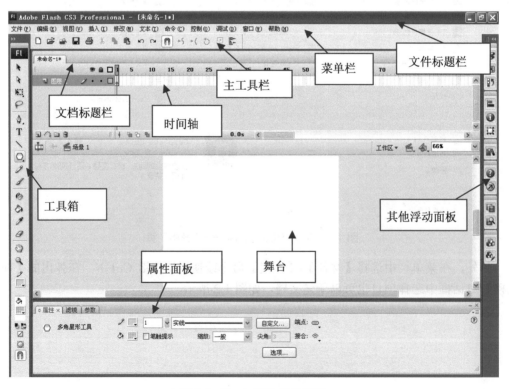

图 1.3 Flash CS3 操作界面

文件标题栏位于 Flash CS3 工作界面的最顶端，包括软件图标和名称、文档名称和控制按钮。单击控制按钮或右击标题栏，在弹出的快捷菜单中可以对窗口执行还原、最小化和关闭的操作。

1.2.1 菜单栏

菜单栏位于文件标题栏的下方，其中包括了 Flash CS3 中的大部分操作命令，如图 1.4 所示。各个菜单的功能简单说明如下。

文件(F) 编辑(E) 视图(V) 插入(I) 修改(M) 文本(T) 命令(C) 控制(O) 调试(D) 窗口(W) 帮助(H)

图 1.4 菜单栏

- 【文件】：该菜单主要用于对文件进行操作，包括常用的新建、打开、关闭，保存，导入、导出，发布和退出等命令。
- 【编辑】：该菜单主要用于对文档进行编辑操作，包括撤销、重复，复制、粘贴，查找、替换，时间轴(对帧的编辑)，编辑元件及对面板、字体映射和快捷键的编辑等。
- 【视图】：该菜单主要用于控制文档的显示效果，包括转到(对场景显示的编辑)，放大、缩小，预览，标尺、网格、辅助线、贴紧，显示形状提示等。
- 【插入】：该菜单主要用于执行向文档中插入元件、图层，添加场景等操作。
- 【修改】：该菜单主要用于对文档中的对象、场景甚至动画本身的特性进行修改，并侧重于修改动画中各种对象的属性，包括变形、排列、对齐以及对位图、元件的修改等。
- 【文本】：该菜单主要用于对文本进行编辑，包括字体、大小等属性。
- 【命令】：该菜单主要用于管理保存新命令，然后多次重复使用该命令，管理与运行通过历史面板保存的命令。
- 【控制】：该菜单包含了动画的播放控制功能和测试功能，在编辑状态下控制文档的播放进程等。
- 【调试】：该菜单主要用于调试影片。
- 【窗口】：该菜单主要用于控制各种面板的显示和隐藏，包括各种浮动面板和时间轴、工具栏等。
- 【帮助】：该菜单提供 Adobe Flash CS3 的各种帮助信息。

1.2.2 主工具栏

有时 Flash CS3 在启动程序时，工作界面中并没有主工具栏和控制器，这时在菜单栏中选择【窗口】|【工具栏】|【主工具栏】或【控制器】可以打开两个面板。如果两个面板是浮动面板，可以将其拖动和双击面板标题栏，使其嵌入到菜单栏的下方或其他指定位置(用同样的方法可以恢复其浮动状态)，如图 1.5 所示。

图 1.5　主工具栏

主工具栏包括 Flash CS3 中大部分常用的操作命令。当把鼠标停在某个工具上时，该工具的功能就会直观地显示出来。

- 新建：新建 Flash 文档。
- 打开：打开已存在的文档。
- 转到 birdge：打开 birdge 预览文件。
- 保存：保存当前编辑的文档，但不退出编辑状态。
- 打印：打印当前编辑内容。
- 剪切：剪切各种内容，存入系统剪贴板中。
- 复制：复制各种内容，存入系统剪贴板中。
- 粘贴：将系统剪贴板内容粘贴到指定位置。
- 撤销：还原本次操作前的内容。
- 重做：重新进行还原的工作。
- 紧贴至对象：准确调整定位对象，设置动画路径为自动粘贴。
- 平滑：使选中图形更加平滑，多次单击具有累积效果。
- 伸直：使选中图形更加平直，多次单击具有累积效果。
- 旋转和倾斜：改变选中对象的旋转角度和倾斜变形。
- 缩放：改变选中对象的大小。
- 对齐：对舞台中多个选中对象进行对齐方式和相对位置的调整。

控制器包括在编辑状态下控制文档的播放进程的各项命令，如图 1.6 所示。

图 1.6　控制器工具

- 停止：停止文档的播放。
- 转到第一帧：跳转到第一帧并暂停。
- 后退一帧：向后跳转一帧并暂停。
- 播放：从时间轴上当前选定帧的位置开始播放到文档的最后帧。
- 前进一帧：向前跳转一帧并暂停。
- 转到最后一帧：跳转到最后一帧并暂停。

1.2.3　工具箱

工具箱位于文档的左侧，它包含 Flash 制作过程中重要的工具，如图 1.7 所示。

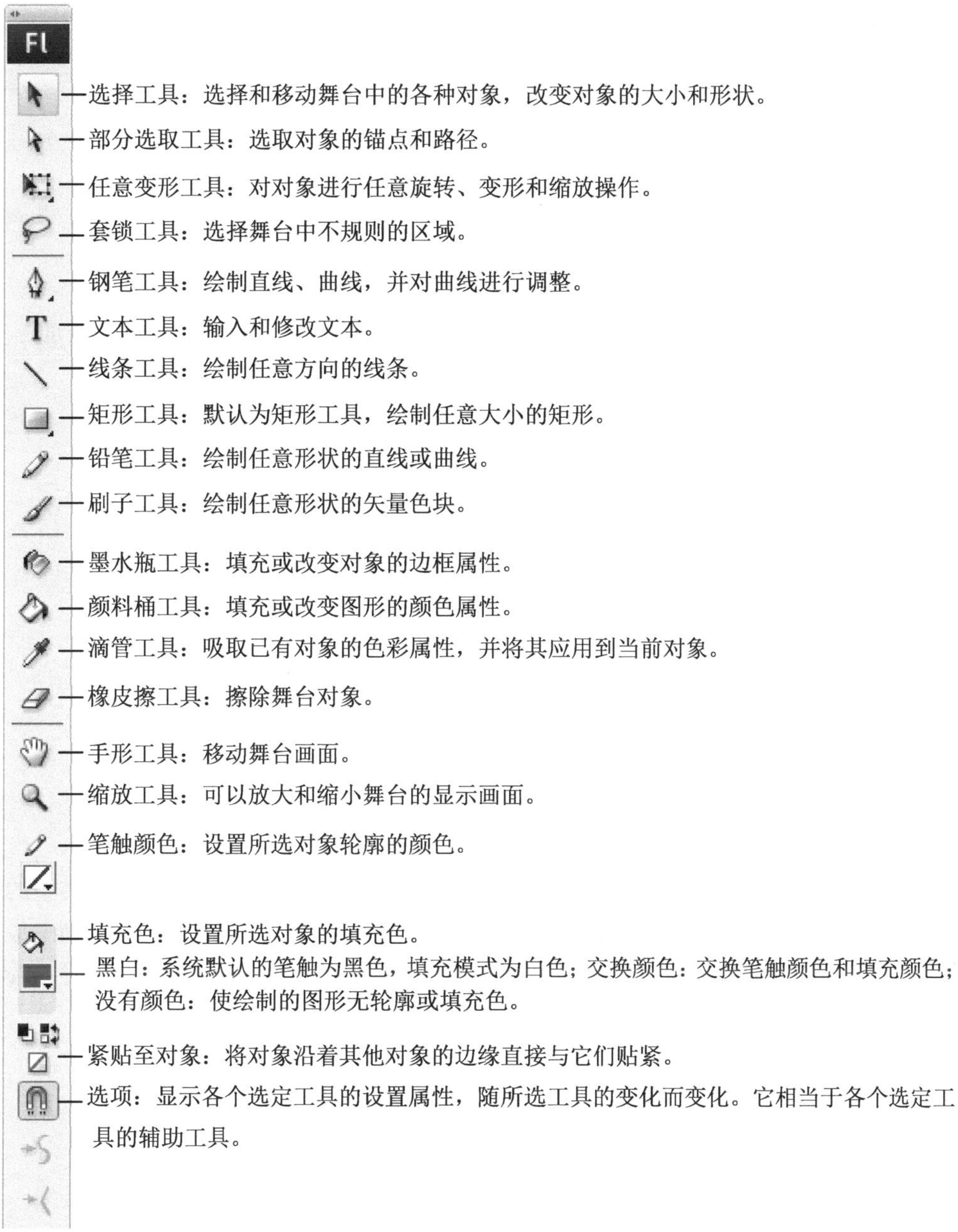

第 1 章　Flash 基础知识

选择工具：选择和移动舞台中的各种对象，改变对象的大小和形状。

部分选取工具：选取对象的锚点和路径。

任意变形工具：对对象进行任意旋转、变形和缩放操作。

套锁工具：选择舞台中不规则的区域。

钢笔工具：绘制直线、曲线，并对曲线进行调整。

文本工具：输入和修改文本。

线条工具：绘制任意方向的线条。

矩形工具：默认为矩形工具，绘制任意大小的矩形。

铅笔工具：绘制任意形状的直线或曲线。

刷子工具：绘制任意形状的矢量色块。

墨水瓶工具：填充或改变对象的边框属性。

颜料桶工具：填充或改变图形的颜色属性。

滴管工具：吸取已有对象的色彩属性，并将其应用到当前对象。

橡皮擦工具：擦除舞台对象。

手形工具：移动舞台画面。

缩放工具：可以放大和缩小舞台的显示画面。

笔触颜色：设置所选对象轮廓的颜色。

填充色：设置所选对象的填充色。

黑白：系统默认的笔触为黑色，填充模式为白色；交换颜色：交换笔触颜色和填充颜色；没有颜色：使绘制的图形无轮廓或填充色。

紧贴至对象：将对象沿着其他对象的边缘直接与它们贴紧。

选项：显示各个选定工具的设置属性，随所选工具的变化而变化。它相当于各个选定工具的辅助工具。

图 1.7　单列工具箱

工具箱中的任意变形工具、钢笔工具和矩形工具都有两级选项，如图 1.8 所示。

工具箱在 Flash CS3 中具有单双列显示的新功能，可以分单双列显示，图 1.7 为单列显示，图 1.8 为双列显示，可通过工具箱最上方的按钮控制。

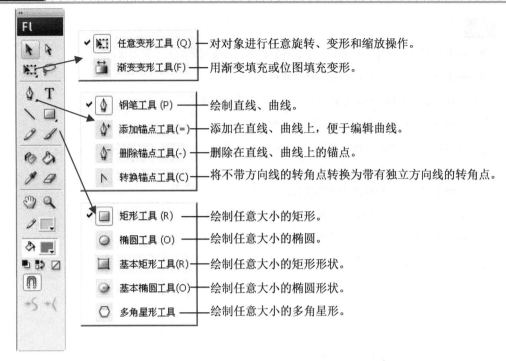

图 1.8 双列工具箱

1.2.4 时间轴

时间轴位于文档标题栏的下方,它是 Flash 动画编辑的基础,用以创建不同类型的动画效果和控制动画播放的预览。时间轴上的每一个小格称为一个帧,它是 Flash 动画中最小的单位。在时间轴的左边是图层区,右边分别为播放头、帧、时间轴标尺及状态栏,如图 1.9 所示。

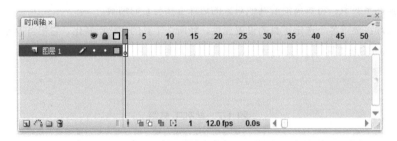

图 1.9 时间轴

1.2.5 工作区

工作区包括文档信息栏和舞台。

- 文档信息栏:在其中包括显示和隐藏时间轴按钮、向上按钮、文档中编辑对象关系显示、编辑场景、编辑元件,并且添加了一个工作区的设置菜单。

- 舞台：位于时间轴的下方，它是绘图工作区的主要组成部分，是放置动画内容的矩形区域，可以在舞台上绘制、编辑矢量图、文本框、按钮，导入的位图图形或视频剪辑等。舞台是导出文件后能够显示的部分，而除去舞台以外的灰色区域在导出后是不能显示的。右侧和下方有调整舞台位置的拖拉条，如图 1.10 所示。

图 1.10　工作区

提　示

在制作可视内容时，要注意舞台和灰色区域的区分，不要把可视内容绘制到舞台外。

1.2.6　功能面板

在 Flash CS3 中，用户可以根据自己的习惯来设置各种功能面板，从而更加简便快捷地使用各种工具。

- 【属性】面板：在舞台的下方，它的设置选项随选择工具的不同而变化，用于设置各个工具的属性。
- 【动作】面板：选择【窗口】|【动作】命令，可以打开【动作】面板，用来创建和编辑对象或帧的 ActionScript 代码，主要由"动作工具箱"、"脚本导航器"和"脚本"窗格等组成。
- 【颜色】与【样本】面板组合：位于舞台的右边，主要用来填充和绘制对象的颜色，还可以创建和编辑纯色及渐变填充，调制出大量颜色，以设置笔触、填充色和透明度等。
- 【库】面板：位于舞台的右边，【颜色】面板的下方，相当于"资源管理器"的功能。Flash 文档中元件、按钮、图片、声音等内容存储在【库】面板中，从而方便管理，可以在使用时从【库】中调用。
- 【对齐】面板：选择【窗口】|【对齐】命令，会在舞台右侧打开【对齐】面板。默认情况下，【对齐】面板、【变形】面板与【信息】面板组合在一起，可以将对象彼此对齐或与舞台对齐、变形和改变参数信息。
- 【场景】面板：选择【窗口】|【其他面板】|【场景】命令，可以打开【场景】面板，对场景进行编辑。
- 【行为】面板：选择【窗口】|【行为】命令，可以打开【行为】面板，用于添加

行为。

- 【组件】面板：选择【窗口】|【组件】命令，可以打开【组件】面板，其中包括一些软件自带的组件供选择使用。
- 【历史记录】面板：选择【窗口】|【其他面板】|【历史记录】命令，可以打开【历史记录】面板，其中包括自创建或打开文档后在该活动文档中执行过的步骤的列表，列表中的步骤数最多为指定的最大值。
- 【影片浏览器】面板：选择【窗口】|【影片浏览器】命令，可以打开【影片浏览器】面板，用于检索影片中的元素。

除了上面介绍的几种常用的面板外，Flash CS3 还包含一些其他功能的面板，我们可以在【窗口】菜单中选择并打开。

1.2.7 个性化工作界面

在 Flash CS3 中，用户可以根据自己的习惯来设置工作界面，从而在使用时更加简便快捷。

默认的工作界面如图 1.11 所示。

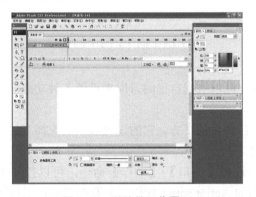

图 1.11 默认的工作界面

通过单击浮动面板的折叠按钮，可以将面板折叠起来，留出更大空间，如图 1.12 所示。

图 1.12 面板折叠后的工作界面

第 1 章　Flash 基础知识

可以将需要的浮动面板拖动到另一个面板上，使其以面板组的形式整合在一起，比如将【颜色】面板从【样本】面板组合中拖曳到【库】面板组合中，如图 1.13 所示。

图 1.13　面板组整合工作界面

执行【窗口】|【工作区】|【默认】命令，就会将界面恢复到默认的工作界面。

执行【窗口】|【工作区】|【仅图标默认值】命令，则所有面板会以图标的形式整齐地排列在窗口的左侧，如图 1.14 所示。

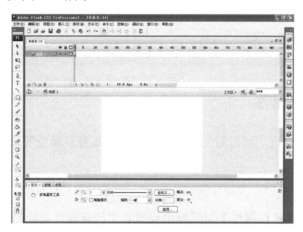

图 1.14　面板以图标的形式显示

1.3　Flash 文档基础操作

了解了 Flash 的工作界面之后，本节主要讲述打开 Flash 已有文档和保存的操作过程和方法。

1.3.1　打开已有文档

通过"开始"页，可以单击【打开最近的项目】标签下的【打开】选项，调出【打开】

对话框,进行打开文档的操作。如果曾经创建过文档,在【打开最近的项目】标签下会显示曾经操作过的文档名称,直接单击就可以打开此文档。

打开文档还有几种方法:选择【文件】|【打开】命令、单击主工具栏中的【打开】按钮 或者使用快捷键 Ctrl+O,弹出【打开】对话框,定位到文件,单击【打开】按钮,即可打开文档,如图 1.15 所示。

图 1.15 【打开】对话框

提 示

在 Flash CS3 中,可以打开以前较低版本的文档和 Flash CS3 文档。

1.3.2 设置文档属性

在打开或新建文档后,可以对文档的大小、帧频或背景颜色等属性进行修改,使文档符合制作的要求。

1. 设置方法一

第一种方法是在【文档属性】对话框中设置新文档或现有文档的属性。

在文档打开的情况下,在菜单栏中选择【修改】|【文档】命令,打开【文档属性】对话框,如图 1.16 所示。

图 1.16 【文档属性】对话框

- 【标题】：在此文本框中输入文档的标题。
- 【描述】：在此文本框中输入说明，可包含检索关键字、作者和版权信息、关于内容及其用途的简短说明。

> **提示**
> 在【标题】和【描述】文本框中，输入描述性说明，可以为 Flash CS3 文件添加原始数据，以增强在 Web 中的搜索引擎功能。

- 【尺寸】：在【宽】和【高】文本框中输入值可以设置舞台大小。以像素为单位，默认文档大小为 550×400 像素；最小为 1×1 像素；最大为 2880×2880 像素。
- 【匹配】：用来设置舞台大小匹配的对象。
    - 【打印机】：选中此单选按钮，可以将舞台大小设置为最大的可用打印区域。
    - 【内容】：选中此单选按钮，可以将舞台大小设置为与舞台上的内容匹配。当舞台上没有内容时此项不可选。
    - 【默认】：选中此单选按钮，可以将舞台大小设置为默认大小。
- 【背景颜色】：设置文档的背景颜色，打开【背景颜色】下拉列表，可以从调色板中选择颜色。
- 【帧频】：在文本框中输入帧频，可以设置每秒显示的动画帧的数量。

> **提示**
> 对于大多数计算机显示的动画，特别是 Web 站点中播放的动画，8fps(每秒帧数)到 12fps 就足够了(默认帧频为 12fps)。制作比较精细的动画，可以将帧频设置得稍微高一些。

- 【标尺单位】：可以在该下拉列表框中选择舞台大小的设置单位，包括英寸、(十进制)、点、厘米、毫米和像素。

设置完成后，单击【确定】按钮。
单击【设为默认值】按钮，可以将新设置用作所有新文档的默认属性。

2. 设置方法二

第二种方法是在【属性】面板中更改文档属性。

单击舞台空白处，选择【窗口】|【属性】命令，打开舞台的【属性】面板。【属性】面板位于舞台的下方，包括文档的【名称】、【大小】、【背景】、【帧频】以及文档的【发布】等参数，如图 1.17 所示。

图 1.17 舞台的【属性】面板

单击【属性】面板上【大小】右边的按钮 550 x 400 像素 ，弹出【文档属性】对话框，可以对文档的属性进行设置。
- 【背景】：从调色板中选择背景颜色。
- 【帧频】：在文本框中设置帧频。
- 【发布】：单击【设置】按钮，弹出【发布设置】对话框，从中进行发布设置。

1.3.3 保存 Flash 文档

新建并编辑 Flash 文档后，如果想要以后使用，需要保存文档。包含未保存的修改时，文档标题栏和文档选项卡中的文档名称上会出现一个星号 (*)，保存文档后星号就会消失，如图 1.18 所示。

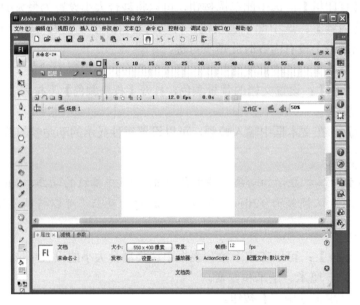

图 1.18 未保存的 Flash 文档

保存 Flash 文档的方法如下。
- 选择【文件】|【保存】命令或者使用快捷键 Ctrl+S，可以用当前名称和位置保存 Flash 文档，并覆盖已有文件的当前版本，当文档为新建文档并且未被保存时，则会弹出【另存为】对话框，进行保存文档的设置，如图 1.19 所示。
- 选择【文件】|【另存为】命令或者使用快捷键 Ctrl+Shift+S，打开【另存为】对话框，如图 1.19 所示。

在【另存为】对话框中可以分别选择或输入保存位置、文件名和保存版本。
- 【保存在】：输入或选择文件要保存的位置。
- 【文件名】：输入要保存的文档的文件名。
- 【保存类型】：设置保存的版本，可以将 Flash CS3 内容另存为 Flash CS3 文档和 Flash 8 文档。

单击【保存】按钮，保存文档。

图 1.19 【另存为】对话框

注 意

在制作课件过程中经常使用【文件】|【另存为】命令并为文档输入新的文件名进行备份。这样在处理文档时如果遇到严重问题，还会有前一个版本可以使用，而不会丢失所有内容。

另外，直接单击文档标题栏、文档选项卡中的关闭按钮或选择【文件】|【退出】命令，关闭文档，如果有打开的文档包含未保存的更改，Flash 会提示您保存或放弃每个文档的更改。单击【是】按钮保存更改并关闭文档。单击【否】按钮关闭文档，不保存更改。

注 意

保存 FLA 文件时，考虑为文档使用一致的命名方案是非常重要的，这在需要保存一个项目的多个文档时尤为重要。最好使用直观易懂的文件名，避免使用含义模糊的文件名。

本章讲解了关于 Flash 软件的基本操作，为以后的使用奠定了基础，读者需要在制作课件的过程中运用并逐步了解和熟悉。

第 2 章

Flash 课件制作基础操作

　　Flash 提供了图形编辑、动画制作和交互设计三大功能，利用 Flash 可以制作出丰富多彩的课件，包括静态图形课件、动态演示课件、幻灯片演示课件和各种交互性的课件。很多课程中的教学内容都能通过静态图形演示来形象、直观地表现出来，并能达到非常好的教学效果。

　　Flash 动画的基础是图形，没有图形也就不可能产生动画，要想制作出生动的 Flash 动画课件，就必须掌握一些基础的图形绘制方法。另外，文字是一个传达信息的重要工具，不管在课本、课件中都讲究图文并茂，文字是必不可少的。在 Flash 中还可以将输入的文字分离成图形制作各种文字效果，用于课件内容、课件封皮中。

　　Flash 具有强大的绘制矢量图形的功能，还具备一定的位图图像处理功能。在用 Flash 制作课件时，矢量图形和位图图形各具特点，矢量图形具有体积小、任意缩放不失真的特点，而位图图形具有色彩丰富、表现力强等特点。

　　本章将讲解制作课件的基本知识，包括在 Flash 课件中添加文字、绘制简易图形、应用外部图片和在多个图层中绘制复杂图形等内容。

本章内容主要包括

- 在 Flash 中使用文本工具添加文字
- 使用矩形工具和线条工具绘制立方体
- 在多个图层中绘图
- 常用绘图工具的使用方法
- 在 Flash 中应用位图
- 使用变形工具和套索工具编辑位图

2.1 使用文本

文本是 Flash 中的重要组成部分，在制作课件、动画时都会用到文本。在 Flash 中可以输入文本，还可以将输入的文本制作成各种效果，用于课件内容和封皮中；还可以单独使用文本制作成文字类演示课件，以达到直观教学的目的。

用【文本工具】T 可以直接输入文字，在【文本工具】的【属性】面板中可以改变文字的字体、大小、颜色、排列方式等属性，十分方便。

2.1.1 文本工具的使用方法

在 Flash 中输入文本的方法很简单，选择【文本工具】T，在舞台中单击鼠标或拖动鼠标即可插入文本框，从而输入文本，下面详细介绍文本的输入方法。

步骤 1 在工具箱中选择【文本工具】T。

步骤 2 将鼠标指针移至舞台，会发现鼠标指针呈┼形，这表明此时可以插入文本框了，如图 2.1 所示。

步骤 3 按住鼠标左键并拖动就会插入文本框，此时光标开始闪烁，表明可以输入文字了，如图 2.2 所示。

图 2.1　文本框插入状态

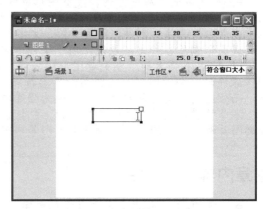

图 2.2　出现文本框

步骤 4 在文本框中输入文字"小学语文多媒体课件"，如图 2.3 所示。

步骤 5 若输入的文字长度超过文本框的长度就会自动换行。将鼠标指针放在文本框右上角的白色方块手柄上，当鼠标指针变成双向黑色箭头时，拖动鼠标可以改变文本框的长度，如图 2.4 所示。

第 2 章　Flash 课件制作基础操作

图 2.3　输入文本

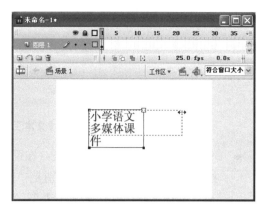

图 2.4　改变文本框长度

步骤 6　输入并调整文本后，选择工具箱面板中的【选择工具】，此时文本框内的光标不再闪烁，表示已经取消文本的输入状态，如图 2.5 所示。同时也就可以将文本框拖动到舞台中的其他位置了，双击文本框就会切换到文本输入状态。

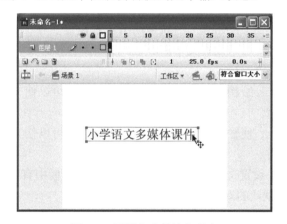

图 2.5　取消文本的输入状态

注 意

选择文本工具后在舞台中单击鼠标出现的文本框为可扩展宽度的静态文本框，在文本框内输入的文字为一行，不会自动换行；而在舞台中拖动鼠标出现的文本框为具有固定宽度的静态文本框，在文本框内输入的文字会适应该文本框的长度而自动换行。将鼠标指针放在文本框右上角的手柄上，鼠标指针将变成双向的黑色箭头，此时拖动鼠标，该文本框会变成具有固定宽度的静态文本框；双击鼠标，它会变成可扩展宽度的静态文本框。

文本输入完成以后，可以对其进行设置。在 Flash CS3 中可以很方便地调整文本的属性，包括文本的字体、大小、颜色、样式、对齐方式等。可以在输入文本前进行预设，也可以在输入文本后选择需要设置的文本进行设置。

文本的属性可以通过【文本工具】的【属性】面板进行设置，【文本工具】的【属性】面板如图 2.6 所示。

下面介绍如图 2.6 所示的【文本工具】的【属性】面板中的各选项。

图 2.6 【文本工具】的【属性】面板

- 【文本类型】静态文本 ∨：在面板左边的下拉列表框用来设置文本的类型。下拉列表框中有 3 个选项，分别是"静态文本"、"动态文本"和"输入文本"。
  ◆ 静态文本：默认的文本类型，也是最常用的文本类型。
  ◆ 动态文本：可以显示文本的更新，文本内容可以通过添加交互(代码、行为)进行更改。
  ◆ 输入文本：指可以输入文字的文本框。
- 【字体】A：用来设置文本的字体。下拉列表框中列出了计算机上所有可用的字体。
- 【字体大小】18 ▼：用来设置文本的字号。可以在字体大小文本框中直接输入字号的值，也可以单击 ∨ 按钮弹出滑轨拖动滑块来设置字号。
- 【文本颜色】■：用来设置文本的颜色。单击颜色按钮后，在弹出的颜色选择器中选择文本颜色。
- 【切换粗体】B：给输入的文字加粗。选中此选项可以使文字加粗，取消此选项文字样式恢复正常。
- 【切换斜体】I：使输入的文字倾斜。选中此选项可以使文字倾斜，取消此选项文字样式恢复正常。
- 【对齐方式】：设置文本的对齐方式。【属性】面板中有四种对齐方式。
  ◆ 左对齐：默认的对齐方式，使文本左端对齐。
  ◆ 居中对齐：使文本居中对齐。
  ◆ 右对齐：使文本右端对齐。
  ◆ 两端对齐：使文本两端对齐。
- 【编辑格式选项】¶：设置文字的行距、缩进和边距。单击此按钮，可以弹出【格式选项】对话框，如图 2.7 所示。然后通过输入数值或拖动选项滑块来设置。
- 【改变文本方向】：设置文字方向为水平排列和垂直排列。单击此按钮，可以看到三个选项，如图 2.8 所示。

图 2.7 【格式选项】对话框

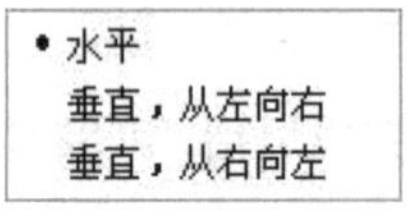

• 水平
  垂直，从左向右
  垂直，从右向左

图 2.8 文本的排列方向

- 【字母间距】：设置文字之间的间距。可以在该文本框内输入数值设置，也可以

单击 按钮弹出滑轨，拖动滑块来设置字母间距。
- 【字符位置】：设置文字的上下标，有一般、上标和下标三个选项。
- 【字体呈现方法】可读性消除锯齿 ：设置文本字体的呈现方式。单击【字体呈现方法】下拉按钮，可以弹出下拉列表，如图 2.9 所示。
    - 使用设备字体：指定 SWF 文件使用本地计算机上安装的字体来显示字体。使用设备字体时，应选择最常安装的字体系列。
    - 位图文本(未消除锯齿)：用尖锐边缘显示文本，关闭消除锯齿功能，不对文本提供平滑处理。
    - 动画消除锯齿：通过忽略对齐方式和字距微调信息来创建更平滑的动画。
    - 可读性消除锯齿：默认的字体呈现方法，在字体边缘为不工整状态时，选中此方式来显示，再小的字体也能清晰显示出来。
    - 自定义消除锯齿：可以修改字体呈现的粗细和清晰度，选择该选项后，会弹出【自定义消除锯齿】对话框，如图 2.10 所示。

图 2.9 【字体呈现方法】下拉列表　　　图 2.10 【自定义消除锯齿】对话框

- 【自动调整字距】□自动调整字距：设置是否要使用文字的内置字距微调功能。
- 【URL 链接】：为文字设置超链接。单击设置超链接的地方，就会跳转到所链接的网页上。

2.1.2　课件实战——我爱中国

下面是一个简单的文字类课件，语文课本中的一篇课文"我爱中国"。课件中把要学习的字用红颜色区分开，达到直观的教学目的，制作的课件效果如图 2.11 所示。

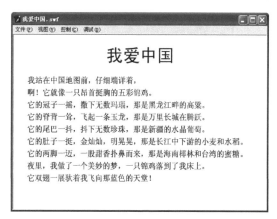

图 2.11　语文课文课件的运行效果

这个课件中利用【文本工具】制作了一个简单的 Flash 文字课件，通过制作该课件，可以掌握 Flash 中【文本工具】的使用方法并可以制作出理想的文字类课件。制作"我爱中国"课件的方法如下。

步骤1 打开 Flash 软件，选择【文件】|【新建】命令，弹出【新建文档】对话框，如图 2.12 所示。单击【确定】按钮，创建一个 Flash 文档。

步骤2 在【属性】面板中单击"大小"按钮 550×400像素，弹出【文档属性】对话框，如图 2.13 所示。

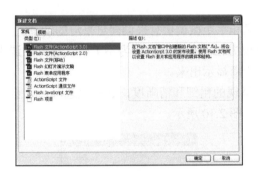
图 2.12 【新建文档】对话框

图 2.13 【文档属性】对话框

步骤3 在【文档属性】对话框中，将尺寸的"宽"设置为"600(像素)"，将"高"设置为"400(像素)"，其他属性保持默认设置，如图 2.14 所示。单击【确定】按钮，即可将该文档尺寸设置为"600×400 像素"。

图 2.14 设置文档属性

步骤4 在工具箱中选择【文本工具】，在【属性】面板中设置【字体】为"黑体"，【字体大小】为 40，【文本颜色】为黑色，对齐方式为"居中对齐"，如图 2.15 所示。

图 2.15 设置文本工具的属性

第 2 章　Flash 课件制作基础操作

步骤 5　将鼠标指针移至舞台中间位置，单击鼠标建立一个文本框，在文本框内输入"我爱中国"作为课文标题，如图 2.16 所示。

步骤 6　在舞台空白区域单击鼠标取消标题文本的输入，在标题下边合适位置拖动鼠标创建课文内容文本框。在【属性】面板中设置【字体】为"宋体"，【字体大小】为"18"，对齐方式为"左对齐"，输入课文内容，如图 2.17 所示。

图 2.16　输入课件标题文本

图 2.17　输入课件内容文本

注意

在输入文本时按 Enter 键会切换到下一行，按空格键会空一个格。

步骤 7　在工具箱面板中选择【选择工具】，以取消课文内容文本的输入。用鼠标单击内容文本框以选中整个文本框，在【属性】面板中选择【编辑格式选项】，在弹出的【格式选项】对话框中将【行距】设置为 10 点，单击【确定】按钮，如图 2.18 所示。

步骤 8　为了突出教学重点，在这里将课文内容中要学的字用其他颜色区别开来。双击鼠标进入课文内容文本框，拖动鼠标选中文字"锦"，在【属性】面板中单击文字颜色按钮，在弹出的面板中选择红色 (#FF 0000)，用同样的方法依次设置"玛瑙"、"高粱"和"腾跃"等。效果如图 2.19 所示。

图 2.18　【格式选项】对话框

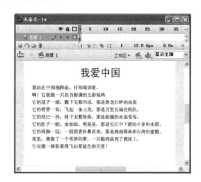

图 2.19　更改文字颜色

步骤 9　在工具箱面板中选择【选择工具】，将文本框移到舞台中央位置。至此，一个文

23

字类静态演示课件就制作完成了。选择【文件】|【保存】命令，在弹出的【另存为】对话框中，将文件命名为"我爱中国"，并选择合适位置保存，如图 2.20 所示。

图 2.20　保存文件

步骤 10　选择【控制】|【测试影片】命令，或按 Ctrl+Enter 快捷键导出并测试影片，效果如图 2.11 所示。

2.1.3　技巧与提高

在 Flash CS3 中可以输入文本，可以利用输入的文本制作动画或者链接，还可以将输入的文本分离变成图形用来制作特效文字等。这里介绍一些使用文本的技巧，包括使用外部字体、字体的打散与分离等。

- 【文本工具】的快捷键是 T，新建文件的快捷键是 Ctrl+N，保存文件的快捷键是 Ctrl+S。
- 当要使用新字体时，只要将此字体安装在系统字体目录下即可，系统默认的字体目录为【开始】|【控制面板】|【字体】。安装完成后启动 Flash 软件，在【文本工具】的【属性】面板中的【字体】 下拉列表框中即可选择该字体。
- 有时在打开一个 Flash 文档时会弹出【'缺少字体'警告】对话框，如图 2.21 所示。这是因为系统上没有安装该文档所使用的字体，这时可以选择用某些字体来替换缺少的字体，也可以选择用系统默认字体来替换缺少的字体。

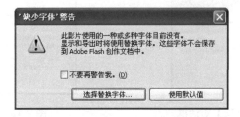

图 2.21　【'缺少字体'警告】对话框

◆ 选择替换字体：选择系统上的一种字体代替该文档内无法显示的字体。单击此按钮后会弹出【字体映射】对话框,如图 2.22 所示。选择缺少的字体然后在【替换字体】下拉列表框中选择某种字体来替换该字体。

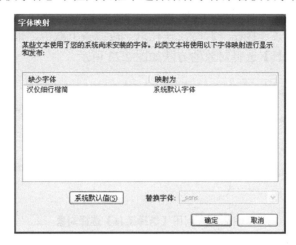

图 2.22 【字体映射】对话框

◆ 使用默认值:单击此按钮后,系统会自动选择默认字体来替换该字体。

- 输入文本以后可以使用【修改】|【分离】命令将文字打散分离为图形。执行一次【修改】|【分离】命令可以将文字分离为单独的文字,执行两次【修改】|【分离】命令可以将文字打散为图形。在制作文字特效时经常会用到【分离】命令。另外将文本打散为图形还可以避免缺少字体情况的发生,即其他用户计算机不会因为缺少文档内使用的字体而无法正常显示。
- 可以将 Flash 动画中的文字设置为超链接,单击超链接的文字即可跳转到指定的网页中。方法是选中需要设置超链接的文字,在【属性】面板中的【URL 链接】中输入要跳转到的网页地址。

2.2 绘制立方体

绘制图形是制作 Flash 动画和 Flash 课件的基础,利用绘制的图形不仅可以制作出既美观又实用的静态图形课件,同时也是制作动态演示课件的基础。上一节讲解了如何在 Flash 中使用文字,这一节主要介绍在 Flash 中绘制基础图形的操作。

【选择工具】、【线条工具】和【矩形工具】是 Flash 中常用的几个基本工具,利用这几个工具就可以绘制出简单的图形。在这一节将着重讲解这 3 个工具的使用方法,并运用这些工具绘制一个数学课件中常见的几何立方体图形。

2.2.1 选择工具的使用方法

【选择工具】是工具箱中使用率较高的工具之一,其主要用途是选取绘图工作区中的对象,移动对象,也可以改变图形的形状。使用【选择工具】时,鼠标指针在不同状态呈现不同的形状，使用中可以根据鼠标指针的形状进行不同的操作。

- 形状：一般情况下的状态，此时按住鼠标拖动矩形即可选中框内的对象。另外，选择对象的方法还有两种，一种是鼠标指针在任何一种状态中单击对象来选中；一种是当多条线条连接在一起时，在任意一段线条上双击，来全选整个连接的线条。利用【选择工具】选择对象的方法如图 2.23 所示。

图 2.23　利用【选择工具】选择对象

- 形状：此时按住鼠标可以拖动对象，如图 2.24 所示。

图 2.24　利用【选择工具】拖动对象

- 形状：此时可以改变线条和图形形状。当【选择工具】靠近线条或图形外轮廓时，鼠标指针呈 形状，表示可以改变该线条或图形的形状，按住鼠标并拖动即可。按住 Ctrl 键拖动可以在线条上增加一个新的端点使线条变为转角，如图 2.25 所示。

图 2.25　利用【选择工具】改变线条形状

- 形状：此时可以改变线条的长度、角度。当【选择工具】靠近线条或图形轮廓终点时，鼠标指针呈 形状，表示可以改变该线条或图形的长度、角度，按住鼠标并拖动即可。按住 Shift 键拖动能使水平或垂直的线条最大限度地保持水平或垂直方向改变长度，如图 2.26 所示。

【选择工具】在工具箱的【选项】面板中有相应的属性，如图 2.27 所示。在使用【选择工具】的过程中可以用这些选项来对其进行设置。

图 2.26　利用【选择工具】改变线条长度、角度　　图 2.27　【选择工具】在工具箱上的选项

- 【紧贴至对象】：选中此图标后，用【选择工具】拖动对象到终点时，当该对象靠近目标对象的一定范围处，会自动吸附过去，使两个对象很好地连接在一起。
- 【平滑】：此功能可以使选中的线条或矢量图形平滑化，使图形的曲线更加柔和。选择要编辑的线条或图形，单击工具箱中的【平滑】按钮，即可对图形做平滑化处理。实际应用中可多次单击此按钮，对被选对象进行多次平滑化处理，直至对象的平滑程度达到要求为止。
- 【伸直】：此功能可以使选中的线条或矢量图形平直化，使图形的棱角更加分明；选择要编辑的矢量图形，单击工具箱中的【伸直】按钮，即可对图形做伸直化修改；与【平滑】相同，多次使用此功能，被选对象将被相应多次平直化修改。

2.2.2　线条工具的使用方法

　　【线条工具】的主要功能是绘制线条。用【线条工具】绘制出直线，然后配合【选择工具】对线条改变形状以此来形成图形轮廓，这是绘图时常用的方法之一。选择【线条工具】在舞台中拖动鼠标即可绘制直线，按住 Shift 键拖动鼠标可以绘制水平、垂直和 45°斜线。下面将利用【线条工具】和【选择工具】来绘制一个热带鱼的图形，操作方法如下。

步骤 1　在工具箱中选择【线条工具】。

步骤 2　将鼠标指针移至舞台，会发现鼠标指针变成十字形，这表明此时可以绘制直线了，如图 2.28 所示。

步骤 3　按住鼠标左键并拖动，然后在舞台中合适位置松开鼠标，直线就绘制完成了，如图 2.29 所示。

 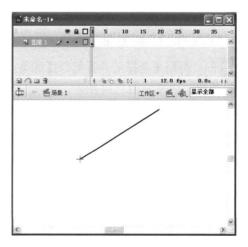

图 2.28　【线条工具】鼠标指针状态　　　　　　图 2.29　绘制直线

步骤 4　选择【选择工具】，将鼠标指针放在线条上，当鼠标指针变成 形状时拖动鼠标，即可改变线条的形状，如图 2.30 所示。

步骤 5　接下来再绘制两条线条并改变线条形状来形成热带鱼轮廓的雏形，如图 2.31 所示。

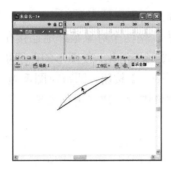

图 2.30　改变线条形状

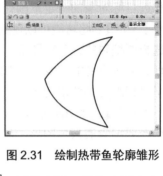

图 2.31　绘制热带鱼轮廓雏形

步骤 6　绘制线条并改变线条形状形成热带鱼尾巴，如图 2.32 所示。

步骤 7　用【选择工具】选择多余的线条，按 Delete 键将其删除，效果如图 2.33 所示。至此，热带鱼的图形已经形成。

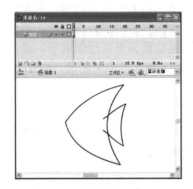

图 2.32　绘制热带鱼尾巴

图 2.33　删除多余线条

步骤 8　再用【选择工具】配合【线条工具】在热带鱼图形上添加几个装饰线条来对其进行美化，效果如图 2.34 所示。

图 2.34　完善热带鱼图形

【线条工具】在工具箱的【选项】面板中有相应的附加选项，如图 2.35 所示。在使用【线条工具】过程中可以通过这些选项来对其进行设置。

图 2.35 【线条工具】在工具箱上的选项

- 【对象绘制】：将图形绘制成独立对象，未选中此选项的情况下，图形相叠后会相互影响，选中此选项的情况下，图形是相对独立的对象，相叠时互不影响，保持了图形的完整。选中【对象绘制】功能后绘制的线条如图 2.36 所示。要编辑绘制的对象，需用【选择工具】双击对象进入编辑状态。

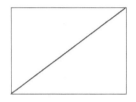

图 2.36 选中【对象绘制】功能后的绘图效果

- 【紧贴至对象】：与【选择工具】下的【紧贴至对象】功能类似，有自动吸附功能。

要对线条的粗细、颜色、样式等属性进行设置，可以在【线条工具】的【属性】面板中完成。可以在绘制线条前设置，也可以在绘制线条后将其选中，然后在【属性】面板中设置。【线条工具】的【属性】面板如图 2.37 所示，其中包括【笔触颜色】，【笔触高度】，【笔触样式】，【自定义笔触样式】等针对线条属性调整的选项。

图 2.37 【线条工具】的【属性】面板

下面来对各项做详细介绍。

- 【笔触颜色】：设置线条的颜色。单击此按钮，可以弹出【颜色样本】面板，如图 2.38 所示。

  在【颜色样本】面板中可以直接选取预先设置好的颜色作为所要绘制线条的颜色，也可以在上面的文本框中输入颜色的十六进制 RGB 值。如果预置颜色不能满足需要，还可以单击右上角的按钮，打开【颜色】对话框，在对话框中设置颜色值，如图 2.39 所示。

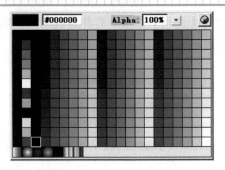

图 2.38 【颜色样本】面板

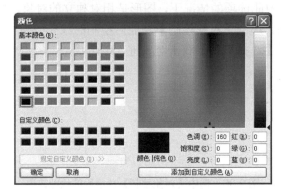

图 2.39 【颜色】对话框

- 【笔触高度】：设置线条的粗细。可以在此文本框中输入笔触高度数值来设置，值越小线条越细，值越大线条越粗，范围是 0.1～200；也可以单击按钮，弹出滑轨，拖动滑块来设置笔触高度。
- 【笔触样式】：选择线条的预置线形。打开【属性】面板上的【笔触样式】下拉列表框，便可选择列出的预置线形。Flash 预置了一些常用的线条类型，如实线、虚线、点状线、锯齿状线、点描线和斑马线等，如图 2.40 所示。

图 2.40 【笔触样式】的预置线形

- 【自定义笔触样式】：对预置线形的属性做更多自定义调整。单击【属性】面板上的按钮，可以打开【笔触样式】对话框，如图 2.41 所示。在该对话框中可以对实线、虚线、点状线、锯齿状线、点描线和斑马线进行相应的属性设置，创建出多种多样的线条样式。

第 2 章 Flash 课件制作基础操作

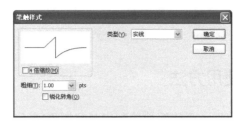

图 2.41 【笔触样式】对话框

- 【端点】：设置线条端点的样式。单击【端点】右侧的按钮，可以在弹出的列表中选择线条的端点的样式，共有"无"、"圆角"、"方型" 三种样式可供选择，分别如图 2.42 所示。

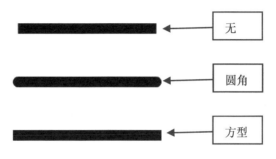

图 2.42 【端点】的三种样式

- 【接合】：设置两条线条接合处的样式，也就是拐角的端点形状。Flash 中提供了三种接合点的形状，"尖角"、"圆角"和"斜角"，其中"斜角"是指被"削平"的方形端点。当选择了"尖角"时，可在其左侧的文本框中输入尖角的数值(1～3之间)。接合的三种样式如图 2.43 所示。

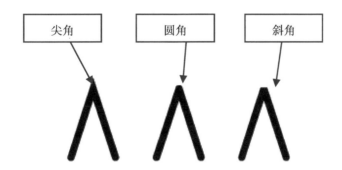

图 2.43 【接合】的三种样式

- 【尖角】：为了避免尖角接合倾斜而输入的尖角限制数值。当两条线的夹角很小时，尖角可能会过分突出，这个值可以限制尖角突出的量，超过这个值的尖角部分将被切成方型，而不形成尖角。
- 【缩放】：设置当线条放大时线条的显示是否随着缩放的选项，有几种缩放模式供选择，包括"一般"、"水平"、"垂直"和"无"。

- 【笔触提示】：可在全像素下调整直线节点和曲线节点，防止出现模糊的垂直或水平线。

2.2.3 矩形工具的使用方法

使用【矩形工具】可以方便快捷地绘制出任意矩形或正方形，还可以绘制出多种圆角或凹角的图形。选择【矩形工具】在舞台中拖动鼠标即可绘制矩形，按住 Shift 键拖动鼠标可以绘制出正方形。下面将利用【矩形工具】来绘制一个电视机的图形，操作方法如下。

步骤1 在工具箱中选择【矩形工具】。

步骤2 将鼠标指针移至舞台，会发现鼠标指针变成十字形，这表明此时可以绘制矩形了，如图 2.44 所示。

步骤3 按住鼠标左键并拖动，在舞台中合适位置松开鼠标，矩形就绘制完成了，将矩形内的填充颜色删除，效果如图 2.45 所示。

图 2.44 【矩形工具】鼠标状态　　　图 2.45 绘制矩形

步骤4 在该矩形内再次拖动鼠标绘制一个较小的矩形，将填充颜色删除，效果如图 2.46 所示。

步骤5 选择【线条工具】在外围矩形上端绘制两条线段，来充当电视机的天线，此时电视机图形绘制完成,效果如图2.47所示。

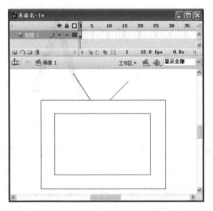

图 2.46 再次绘制矩形　　　图 2.47 绘制电视机天线

【矩形工具】在工具箱的【选项】面板中有附加选项，包括【对象绘制】和【紧贴至对象】两个选项，如图 2.48 所示。在使用【矩形工具】的过程中可以通过这些选项来对其进行设置。

图 2.48　【矩形工具】在工具箱上的选项

同【线条工具】类似，可以在【矩形工具】的【属性】面板中对矩形进行属性设置，可以在绘制前或是绘制后选中矩形对矩形边框的颜色、粗细、样式等属性进行设置，【矩形工具】的【属性】面板如图 2.49 所示。

图 2.49　【矩形工具】的【属性】面板

可以看到【矩形工具】的【属性】面板与【线条工具】的【属性】面板类似，但是多出了【填充颜色】和设置矩形边角形状的选项。单击【填充颜色】可以设置矩形的填充颜色。与其他设置不同的是，要设置矩形边角形状需要在绘制矩形之前对其设置。下面将对【矩形工具】特有的设置"边角形状"功能进行详细讲解。

图 2.49 中四个右侧带滑块的文本框可以设置矩形四角的角半径值，四个圆弧图标分别对应矩形四个角的方位：左上、左下、右上、右下。当输入正值时矩形的边角会变为圆角；输入负值时矩形的边角内凹圆滑。可以通过拖动右侧的滑块 调整值，也可以在文本框中直接输入数值，数值范围是-100～100，如图 2.50 所示。下面是矩形的角半径值分别设置为 0、10 和-10 的三种情况，可以清楚地比较出输入正值和负值的区别。

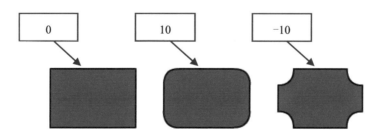

图 2.50　【矩形工具】的角半径值的不同情况

文本框右侧的 按钮是一个复位键，单击它可以使四个文本框中的值归零。

矩形的角半径值有两种设置方式。

● 等值设置方式：将【属性】面板上的锁定图标点选成锁定状态 ，此时四角的角半径值将同时改变，且数值始终保持一致，这也是 Flash 所提供的默认状态。这时只能设置"左上"角的值，其他三个角的值会随着"左上"角值的改变而变化，且数值始终与其保持一致。适用于四角对称图形的绘制，如图 2.51 所示。

- 单独设置方式：将【属性】面板上锁定图标点选成解锁状态 🔓，此时四角的角半径值可分别设置，且互不干扰。这种方式可以单独调节四角的对应值，且可以任意输入不同数值而互不影响。利用这种方法能创造出多种多样的任意形状，如图 2.52 所示。

图 2.51　用"等值设置方式"绘制的对称图形　　　图 2.52　"单独设置方式"绘制的任意图形

绘制矩形并选中后，会在【属性】面板中出现该矩形的一些相关信息，如图 2.53 所示。左侧的四个文本框数值分别表示该对象的宽度、高度和在 X、Y 轴的位置，可以在文本框内输入数值来调节该对象的宽度、高度和在 X、Y 轴的位置。左侧的🔒按钮用来固定矩形的变形比例，选中此按钮，在该对象的宽度或高度文本框内输入数值调节时，另外一个数值是按原来的宽高比例进行调节的；解除此按钮输入数值调整宽高时，则可以输入任意数值调整宽度和高度。

图 2.53　选择对象后的【属性】面板

2.2.4　课件实战——立方体

这是一个数学课件，课件中的图形是几何课中常见的立方体图形。在课件中绘制出立方体图形，并将立方体的各个点做上标记，效果如图 2.54 所示。

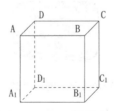

图 2.54　立方体课件导出效果

这个课件中利用【线条工具】和【矩形工具】绘制了一个立方体图形，然后利用【文本工具】将立方体的各个点做上标记。通过制作该课件，可以掌握 Flash 中【线条工具】、【矩形工具】的使用方法，并可以制作出带有图形的简单课件。制作"立方体"课件的方法如下。

步骤 1 打开 Flash 软件，选择【文件】|【新建】命令，弹出【新建文档】对话框，如图 2.55 所示。单击【确定】按钮，创建一个 Flash 文档。

步骤 2 选择【视图】|【网格】|【显示网格】命令，可以看到舞台中出现了很多灰色网格，如图 2.56 所示。

图 2.55 【新建文档】对话框

图 2.56 显示网格

提 示

网格是一种辅助工具，便于对齐对象，在绘制比较精确的图形时会经常用到。Flash 中提供了三种辅助工具，即网格、辅助线和标尺，其中使用辅助线便于拖动对象的操作，标尺可以精确测量对象的长和宽。选择【显示网格】命令后，在所有场景中都将显示网格，但是在测试影片和文档时不会显示。取消选择【显示网格】命令，即可隐藏网格。

步骤 3 选择【视图】|【网格】|【编辑网格】命令，弹出【网格】对话框，选中【贴紧至网格】复选框，如图 2.57 所示。这样绘制的图形会吸附在网格的交叉点上，便于绘制规则图形。

步骤 4 在工具箱中选择【矩形工具】，在【属性】面板中设置笔触颜色为"黑色"；单击【填充颜色】按钮，在弹出的【颜色样本】对话框中单击右上角的按钮，设置填充颜色为"无色"，如图 2.58 所示。

图 2.57 【网格】对话框

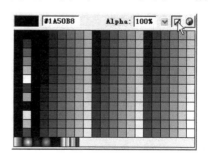

图 2.58 设置矩形填充颜色为"无色"

步骤5 此时将鼠标指针移至舞台会变为十字形状,按住 Shift 键,从网格的交点处拖动鼠标到另一网格交点处,松开鼠标,就绘制出了正方形,如图 2.59 所示。

步骤6 选择【线条工具】,依次在正方形的三个点处按住 Shift 键绘制三条 45°的斜线,如图 2.60 所示。

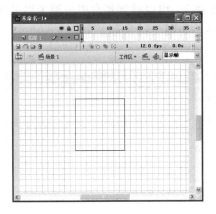

图 2.59 绘制正方形

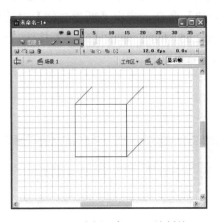

图 2.60 绘制三条 45°的斜线

步骤7 按住 Shift 键分别绘制一条水平和垂直的直线,将立方体绘制完整,如图 2.61 所示。

步骤8 选择【选择工具】,将多余的线条选中并删除,效果如图 2.62 所示。

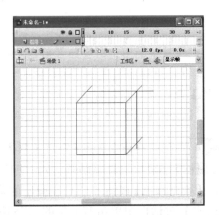

图 2.61 将立方体绘制完整

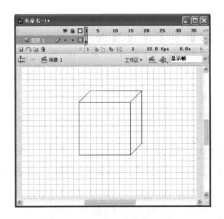

图 2.62 删除多余线条

步骤9 选择【线条工具】,在【线条工具】的【属性】面板中设置【笔触样式】为虚线,如图 2.63 所示。

图 2.63 设置【笔触样式】为虚线

步骤 10 在绘制的立方体图形上绘制三条虚线形成立方体的透视面，至此，立方体的图形绘制完成。取消选择【显示网格】命令，效果如图 2.64 所示。

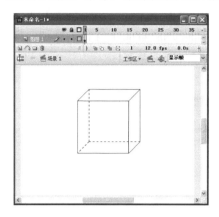

图 2.64 立方体效果

步骤 11 选择【文本工具】，在【文本工具】的【属性】面板中设置字体为"宋体"，大小为"25"，颜色为"黑色"，对齐方式为"居中对齐"，如图 2.65 所示。

图 2.65 设置文本属性

步骤 12 在立方体顶面的四个角处分别输入文本"A"、"B"、"C"、"D"作为标记，如图 2.66 所示。

步骤 13 在立方体底面的四个角处分别对应输入文本"A1"、"B1"、"C1"、"D1"作为标记，如图 2.67 所示。

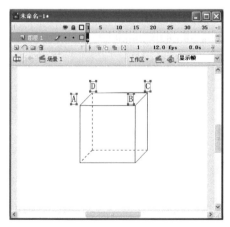

图 2.66 在顶面做标记

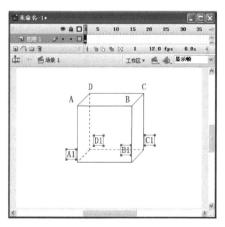

图 2.67 在底面做标记

步骤 14　选中"A1"文本框中的"1"，在【属性】面板中的【字符位置】下拉列表中选择"下标"，使之放在基线下方。用同样的方法设置底面其他标记中的数字"1"，效果如图 2.68 所示。

步骤 15　选择【窗口】|【对齐】命令，弹出【对齐】面板，取消选中右侧的【相对于舞台】选项，如图 2.69 所示。

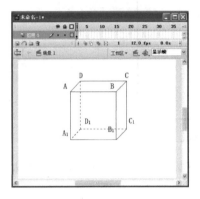

图 2.68　设置文本后的效果

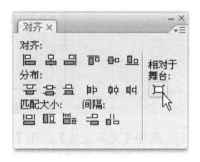

图 2.69　【对齐】面板

提　示

利用【对齐】面板可以将对象沿水平轴或垂直轴对齐。可以沿选定对象的右边缘、中心或左边缘垂直对齐对象，或者沿选定对象的上边缘、中心或下边缘水平对齐对象。选中【相对于舞台】选项，会使选定的对象以所选方式相对于舞台对齐。取消选中【相对于舞台】选项，会使选定的对象以所选方式互相对齐。

步骤 16　选中文本"A"，按住 Shift 键同时选中文本"A1"，在【对齐】面板的【对齐】选项中，单击 按钮使两个文本框垂直居中对齐；选中文本"A"和"B"，在【对齐】面板中单击 按钮使两个文本框水平居中对齐。用同样的方法分别设置其他线条两个端点的文本框为垂直居中对齐或水平居中对齐，如图 2.70 所示。

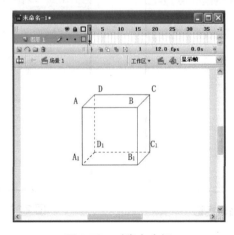

图 2.70　对齐文本框

步骤 17 至此，该课件制作完成。保存并测试课件，效果如图 2.54 所示。

2.2.5 技巧与提高

在制作 Flash 课件和动画时，灵活使用各个工具的技巧，能够提高工作效率。

- 【选择工具】的快捷键是 V、【线条工具】的快捷键是 N、【矩形工具】的快捷键是 R，【对齐】面板的快捷键是 Ctrl+K。
- 选择【选择工具】后，当选中线条或鼠标停留在图形之上时，鼠标指针呈 ✥ 状态，此时按住 Ctrl 键或 Alt 键拖动鼠标能快速复制该对象。
- 【矩形工具】选项下包含几个隐藏工具，分别为：【椭圆工具】、【基本矩形工具】、【基本椭圆工具】和【多边形工具】。将鼠标指针移至【矩形工具】处，按下鼠标直到弹出【矩形工具】的隐藏选项，如图 2.71 所示。

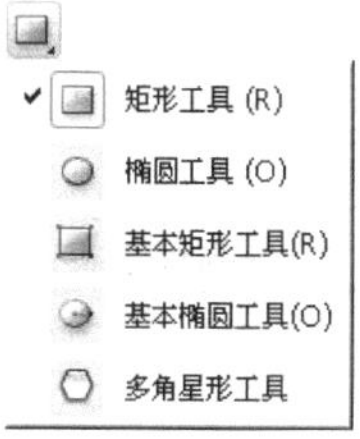

    ◆ 【矩形工具】：用来绘制矩形。

    ◆ 【椭圆工具】：用来绘制椭圆，快捷键是 O。选择【椭圆工具】，在舞台中拖动鼠标即可绘制椭圆，同时按下 Shift 键可以绘制正圆。选择【椭圆工具】后可以在【椭圆工具】的【属性】面板中设置椭圆的起始角度等属性。

    图 2.71 【矩形工具】的隐藏选项

    ◆ 【基本矩形工具】：与【矩形工具】不同的是，用该工具绘制出的矩形是独立的对象，并且可以在【属性】面板中设置矩形的边角半径。使用快捷键 R 可以切换【矩形工具】和【基本矩形工具】。

    ◆ 【基本椭圆工具】：类似【基本矩形工具】，绘制出的椭圆是独立的，并且可以在【属性】面板中设置椭圆的起始角度。使用快捷键 O 可以切换【椭圆工具】和【基本椭圆工具】。

    ◆ 【多边形工具】：用来绘制多边形和星形。在绘制前，可以在【属性】面板中设置多边形的样式、边数等属性。

- 在使用【矩形工具】绘制图形时，按住键盘的"↑"向上键或"↓"向下键，然后在舞台中绘制矩形时，矩形的角会渐渐变圆或变方。

2.3 多图层绘图

前面制作的课件都是在一个图层中制作的，在课件中对象比较多的时候，需要在多个图层中来制作。图层就像一种透明的玻璃，具有便于重叠和管理对象的功能。利用图层的这些特性，能够单独改变或移动不同图层中的对象。本节将讲解图层的使用方法、其他绘图工具的使用方法，以及如何利用这些工具在多个图层中分别制作课件内容。

2.3.1 图层详解

利用图层可以更好地组织课件中的对象，另外，在制作动画元件时，将不同的元件放在不同的图层上，会便于对元件进行管理和编辑。在图层上绘制和编辑对象时，不会影响其他图层上的对象。在舞台上没有内容的区域，可以透过该图层看到下面的图层。创建 Flash 文档后，时间轴中会出现一个图层，如图 2.72 所示。

图 2.72　时间轴上的图层

对图层常用的操作如下。

- 命名图层：创建 Flash 文档后，图层名称默认为"图层 1"，用鼠标双击默认的图层名，即可更改图层名，如图 2.73 所示。

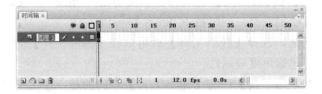

图 2.73　命名图层

- 插入图层：单击【插入图层】按钮 ，可以在图层中添加一个新的图层，如图 2.74 所示。

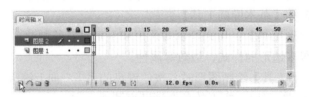

图 2.74　插入图层

- 删除图层：在图层中，选择不需要的图层，单击【删除图层】按钮 即可删除该图层，如图 2.75 所示。文档中只有一个图层时，不能删除该图层。

图 2.75　删除图层

2.3.2 铅笔工具的使用方法

【铅笔工具】与【线条工具】非常相似，所不同的是，用【铅笔工具】可以绘制任意线条，使用方法灵活。选择工具箱中的【铅笔工具】 ，在绘图工作区按下鼠标左键并拖动，便可以画出任意线条，如图 2.76 所示。

图 2.76　铅笔工具绘图效果

可以在【铅笔工具】的【属性】面板中设置【铅笔工具】的属性，【铅笔工具】的【属性】面板与【线条工具】基本相似，只是【铅笔工具】多了一个【平滑】选项，用来调节所画出线条的平滑度，默认值是 50，如图 2.77 所示。

图 2.77　【铅笔工具】的【属性】面板

【铅笔工具】在工具箱中的附加选项如图 2.78 所示。这些附加选项的功能说明如下。

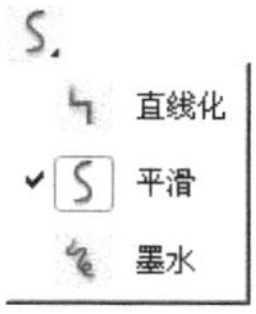

图 2.78　【铅笔工具】在工具箱中的选项

- 【直线化】：可以对所给线条进行自动校正，具有很强的线条形状识别能力，将绘制的近似直线取直，平滑曲线，简化波浪线，自动识别椭圆、矩形和半圆等。
- 【平滑】：自动平滑曲线，减少抖动造成的误差，从而明显地减少线条中的"细小曲线"，达到一种平滑的线条效果。
- 【墨水】：将鼠标所经过的实际轨迹作为所绘制的线条，此模式可以最大限度地保持实际绘出的线条形状，而只做轻微的平滑处理。

2.3.3 刷子工具的使用方法

使用【刷子工具】 能绘制出刷子般的笔触，如图 2.79 所示。就像实际中的毛刷画笔一样，可以绘制出形状自然的笔迹，是 Flash 绘图工具中最接近手绘效果的工具之一，所以最适合于绘制随意自然的图形或画面，也可以用来大面积涂抹或填色。总之，通过设置【刷子工具】的各个属性，调整画笔的样式以及绘画方式等，就可以用它绘制出洒脱自然、丰富多变的画面效果，是非常实用的绘图工具之一。

图 2.79　刷子工具绘图效果

> **提示**
>
> 　　如果有条件的话，为计算机添置一块绘图板，配合了绘图板的【刷子工具】就可以真正变成手中的画笔了，不仅是绘画方式和传统握笔绘画一样，并且将绘图板连接到计算机并适当调配后，【刷子工具】在工具箱中会多出"使用压力"和"使用斜度"两个功能键(没有连接绘图板是不会出现的)，用来改变压感笔上的压力以改变刷子笔触的宽度和角度，使笔触可以随着运笔力度而变化。

使用【刷子工具】在工具箱中的附加选项，可以调整画笔的样式以及绘画方式等，它是【刷子工具】的属性设置的重要部分，如图 2.80 所示。这些附加选项的功能说明如下。

- 【对象绘制】：单击该按钮后绘制出的图形是独立对象。
- 【锁定填充】：使用渐变色作为填充色时，按下该按钮，可将上一笔触的颜色变化规律锁定，作为这一笔触对该区域的色彩变化的规范。
- 【刷子模式】：设置【刷子工具】的绘画方式，在选项区中单击【刷子模式】按钮后，将弹出【刷子模式】下拉列表，如图 2.81 所示。此下拉列表中的选项说明如下。

图 2.80　【刷子工具】在工具箱上的选项　　　图 2.81　【刷子模式】下拉列表

- 【标准绘画】：采用标准绘画方式，可对同一层的线条和填充区域涂色，如图 2.82 所示。
- 【颜料填充】：只能涂改图形的填充区域，图形的轮廓线不会受其影响，如图 2.83 所示。

图 2.82　使用【标准绘画】模式　　　　　图 2.83　使用【颜料填充】模式

- ◆ 【后面绘画】：涂改时不会涂改对象本身，只在空白区域涂色，不影响线条和填充，如图 2.84 所示。
- ◆ 【颜料选择】：涂改时只对预先选择的区域起作用，如图 2.85 所示。

图 2.84　使用【后面绘画】模式　　　　　图 2.85　使用【颜料选择】模式

- ◆ 【内部绘画】：只涂改起始点所在封闭曲线的内部区域，如果起始点在空白区域，就只能在这块空白区域内涂改；如果起始点在图形内部，则只能在图形内部进行涂改，如图 2.86 所示。

图 2.86　使用【内部绘画】模式

- ● 【刷子大小】：用于选择刷子笔触的大小，单击该按钮可在弹出的列表中选择刷子尺寸。

- 【刷子形状】：用于选择刷子的笔头形状，单击该按钮可在弹出的列表中选择刷子形状。

另外，通过调整【刷子工具】的【属性】面板，也可以更改部分【刷子工具】的属性。【刷子工具】有对应的【属性】面板，可设置其属性，如图2.87所示。

图2.87　【刷子工具】的【属性】面板

- 【填充颜色】：设置画笔的颜色。单击【属性】面板中【填充颜色】按钮，在弹出的【颜色样本】面板中可以直接选取预先设置好的颜色作为画笔的颜色。
- 【平滑】：调节所画色块的平滑度。单击 按钮弹出滑块，拖动即可调节平滑度值。也可以直接在左侧文本框中输入数值，范围是0～100。数值与平滑度成正比，数值越大绘画笔迹越平滑，默认值是50。

2.3.4　颜料桶工具的使用方法

前面介绍的【线条工具】、【矩形工具】、【铅笔工具】和【刷子工具】这四个工具在Flash中常用来绘制图形轮廓；而对绘制的图形填充颜色，可以通过【颜料桶工具】来实现。【颜料桶工具】不仅用来对图形填充颜色，也可以用来修改已有图形的颜色。填充颜色可以使用纯色，也可以使用渐变色，还可以使用位图。需要注意的是，要对绘制的图形填充颜色，该图形轮廓线只能是封闭的或者是相对封闭的。下面利用【颜料桶工具】对前面绘制的鱼的图形进行填色，操作方法如下。

步骤1　在工具箱中选择【颜料桶工具】 ，将鼠标指针移至舞台，会发现鼠标指针变成 形状，如图2.88所示。

步骤2　将油漆桶指针的右下角尖部置于封闭轮廓线中，单击即可填充颜色。如图2.89所示。

图2.88　【颜料桶工具】鼠标指针状态

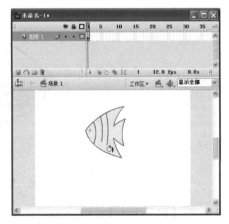

图2.89　填充颜色

【颜料桶工具】在工具箱中有相应的附加选项设置，如图 2.90 所示，可以通过这些选项对其进行设置。

- 【空隙大小】：当轮廓线不完全封闭而有空隙时，颜料桶工具就不能很好地填充颜色，单击【空隙大小】按钮，可以弹出下拉列表选择适合的选项进行填充，如图 2.91 所示。

图 2.90 【颜料桶工具】的附加选项　　　图 2.91 【空隙大小】下拉列表

- ◆ 【不封闭空隙】：颜料桶只对完全封闭的区域填充，有任何细小空隙的区域都无法填充。
- ◆ 【封闭小空隙】：可填充有细小空隙的区域。
- ◆ 【封闭中等空隙】：可填充有中等大小空隙的区域。
- ◆ 【封闭大空隙】：可填充有大空隙的区域，但是空隙过大填充仍然无效。
- 【锁定填充】：当使用渐变色作为填充色时，单击该按钮，可将上一笔触的颜色变化规律锁定，作为这一笔触对该区域的色彩变化规范。

提示

填充区域的空隙大小只是一个相对的概念，即使是【封闭大空隙】实际上也不是很大。另外需要注意的是，如果选择【封闭大空隙】后去填充一个封闭较好但形状较复杂的区域时，有时反倒会出现填充不全的情况。

2.3.5　笔触颜色和填充颜色的设置方法

在绘图时线条和填充色除了可以在各自工具的【属性】面板中设置外，还可以在【颜色】面板中设置。选择【窗口】|【颜色】命令，即可打开【颜色】面板，如图 2.92 所示。【颜色】面板是绘图时经常用到的一个面板，就像现实绘画中的调色板，可以方便快捷地实现颜色的设置。【颜色】面板提供了多种混色模式，如可以切换 RGB 或 HSB 两种模式选择颜色，可以直接输入十六进制数指定色值，指定 Alpha 值来定义颜色的透明度，从现有调色板中选择预置颜色等。

- 【笔触颜色】：用于更改图形对象的笔触或边框的颜色。单击可以弹出【颜色样本】面板，然后直接点选预先设置好的颜色，也可以在【颜色】面板的颜色选择区域中设置笔触颜色。
- 【填充颜色】：用于更改图形对象的填充颜色。同设置笔触颜色方法类似，可以在【颜色样本】面板中选择颜色，也可以在【颜色】面板的颜色选择区域中设置笔触颜色。

图 2.92 【颜色】面板

- Alpha：设置颜色透明度，可以设置纯色填充的透明度，也可以设置渐变色的透明度。通过在 Alpha 文本框中直接输入 Alpha 的百分比值，或拖动右侧的滑块可以修改其值。如果 Alpha 值为 0%，则创建的填充不可见(即透明)；如果 Alpha 值为 100%，则创建的填充不透明。
- 【颜色选择器】：允许直观地选择颜色。十字准线指针的位置为当前颜色位置。要修改颜色只要改变它的位置即可。可以单击选择器上需要的颜色位置，十字准线指针会随之定位到单击位置。或者直接拖动十字准线指针，直到找到所需颜色。上下拖动右侧滑块，可以改变颜色亮度。如图 2.93 所示。
- #000000 HEX：在该文本框内输入十六进制 RGB 值来指定颜色。
- 【当前颜色样本】：【颜色】面板下端为"当前颜色样本"，显示当前设定的颜色。
- 类型：纯色 填充样式：设置填充颜色的类型，其下拉列表如图 2.94 所示。不同类型的填充样式的【颜色】面板也会有所不同。

图 2.93 【颜色选择器】 　　　　　图 2.94 填充颜色的类型

- ◆ 【纯色】：【颜色】面板的默认类型，也是最常用的填充类型。
- ◆ 【线性】：沿一个直线轴方向更改颜色的渐变类型，填充效果如图 2.95 所示。

图 2.95 【线性】渐变类型的效果

- ◆ 【放射状】：从一个焦点开始向外变换颜色的渐变类型，产生从一个中心焦

点出发沿环形轨道混合的渐变，填充效果如图 2.96 所示。

- 【位图】：允许用可选的位图图像平铺所选的填充区域。填充效果如图 2.97 所示。
- 【无】：删除填充、无填充颜色状态。

图 2.96　【放射状】渐变类型的效果　　　　图 2.97　【位图】类型的填充效果

提示

当新文档中没有位图时，若选择【位图】类型，会弹出一个对话框，通过该对话框可以找到本地计算机上的位图图像，将其导入库中，并成为【位图】填充的内容。要继续添加位图可以通过【位图】类型的【颜色】面板中的【导入】按钮导入。

2.3.6　任意变形工具和渐变变形工具的使用方法

【任意变形工具】是用来对对象进行任意变形、旋转、倾斜、缩放或扭曲等变形操作的。在工具箱中选择【任意变形工具】，选择绘图工作区中要变形的对象，如图 2.98 所示。选择对象的方法与用【选择工具】选择对象的方法相同，也可以用【选择工具】选择对象，然后在工具箱中选择【任意变形工具】，再对对象进行变形操作。

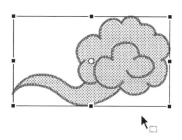

图 2.98　用【任意变形工具】选择对象

选中的对象四周会出现调整框，调整框四角的手柄是角手柄，四边上的手柄是边手柄。通过拖动调节手柄可以对选择的对象实现各种变形处理。按住 Shift 键拖动调整框的角手柄，可对对象成比例地缩放。

【渐变变形工具】用来编辑填充色的线性渐变和放射状渐变的填充方式，是【任意变形工具】的隐藏工具，将鼠标指针停留在【任意变形工具】处并按下鼠标左键会弹出下拉列表，选择【渐变变形工具】，如图2.99所示。

选择【渐变变形工具】，单击一个线性渐变颜色会出现带手柄的边框，如图2.100所示，表示可以对该颜色进行编辑。拖动中心圆点可以改变填充时的中心点，拖动边框的箭头可以改变填充色的长度，旋转角上的圆点可改变填充的旋转。

图2.99　选择【渐变变形工具】

图2.100　线性渐变色的边框

选择【渐变变形工具】，单击一个放射状渐变颜色，该颜色四周会出现带手柄的边框，如图2.101所示，表示可以对该颜色进行编辑。拖动中心圆点可以改变填充时的中心点，拖动边框的箭头可以改变填充色的长度，拖动内部有一个箭头的按钮可以缩放填充的大小，旋转角上的空心圆点可改变填充的旋转。

【任意变形工具】在工具箱中有相应的附加选项设置，如图2.102所示。可以通过这些选项对其进行设置。

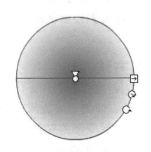

图2.101　放射状渐变色的边框

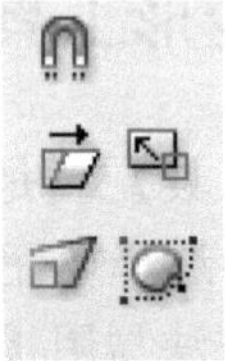

图2.102　【任意变形工具】在工具箱中的选项

- 【紧贴至对象】：选中后变形时对象的边缘会自动贴紧。
- 【旋转与倾斜】：选中后拖动调节手柄可以旋转或倾斜对象。选中此项后，将鼠标指针移动到所选图形的任意角手柄上，在指针变成形状后按住鼠标左键并拖动，即可对选取的图形进行旋转处理，如图2.103所示。

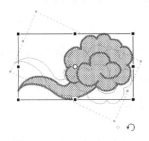

图2.103　旋转对象

第 2 章　Flash 课件制作基础操作

移动指针到所选图像的中心圆点，在指针变成形状后对中心点进行移动，可以改变图像在旋转时的轴心位置，如图 2.104 所示。

将指针移动到四条边上，当出现形状后按住鼠标左键并拖动，即可对选取的图形进行倾斜处理，如图 2.105 所示。

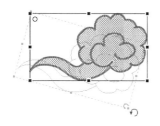
图 2.104　改变中心点位置旋转对象

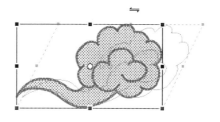
图 2.105　倾斜对象

- 【缩放】：选中后可以对所选对象进行水平、垂直缩放或等比的大小缩放，如图 2.106、图 2.107 所示。

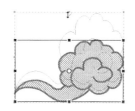
图 2.106　水平缩放对象

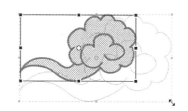
图 2.107　等比缩放对象

- 【扭曲】：选中此项，将指针移动到所选图形的任意角手柄上，在指针变成形状后按住鼠标左键并拖动，即可对选取的图形进行扭曲处理，如图 2.108 所示。
- 【封套】：可以在所选的对象边框上设置封套锚点，拖动这些封套锚点，可以对图形进行任意变形，如图 2.109 所示。

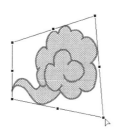
图 2.108　扭曲对象

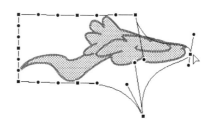
图 2.109　封套变形对象

2.3.7　手形工具和缩放工具的使用方法

用【手形工具】可以拖动舞台在绘图工作区视窗中的位置，以方便查看其中的内容。选择【手形工具】，将鼠标指针置于绘图工作区中就会变成手的形状，按住鼠标左键并拖动，舞台随之移动。

> **注意**
>
> 【手形工具】是在绘图过程中用于查看的常用工具之一，默认快捷键是 H。另外空格键是它的即时切换快捷键，在使用其他工具时，按住空格键可切换为【手形工具】，松开后又切换回前一个工具，非常方便。【手形工具】实际移动的是工作区的显示空间，而工作区上对象的实际位置并不会改变。使用【手形工具】的作用相当于同时拖动纵向和横向的滚动条，可以在比较大的舞台内将对象快速移动到目标区域，这比拖动滚动条要快捷许多。

使用【缩放工具】可以放大或缩小舞台的显示大小。要在屏幕上查看整个舞台，或要以高缩放比率查看绘图的特定区域，可以使用【缩放工具】。最大的缩放比率取决于显示器的分辨率和文档大小。舞台上的缩小比率最小为 8%，舞台上的放大比率最大为 2000%。

选择【缩放工具】，将鼠标指针置于绘图工作区中就会变成放大镜的形状，要放大某个元素，在该元素上单击，即会以单击处为中心放大；要放大绘图的特定区域，可以用【缩放工具】在舞台上拖出一个矩形选取框。

【缩放工具】在工具箱的【选项】面板中有相应的附加选项，如图 2.110 所示。可以通过这些选项来对其进行设置。

- 【放大】：选中此项，用【缩放工具】单击页面或者拉出一个选择区，可以放大页面显示比例。
- 【缩小】：选中此项，用【缩放工具】单击页面或者拉出一个选择区，可以缩小页面显示比例。

还有一种缩放舞台显示大小的方法，单击舞台右上角的【显示比例】会弹出下拉列表，如图 2.111 所示，显示当前页面的显示比例，可以选择其中预置显示比例选项，也可以直接输入所需的页面显示比例数值。

图 2.110 【缩放工具】在工具箱中的选项面板　　图 2.111 【显示比例】下拉列表

- 【符合窗口大小】：选择此项后，舞台会适应窗口的大小，即随它的大小改变而相应改变。
- 【显示帧】：显示整个舞台，选择后绘图工作区中将完全显示舞台。
- 【显示全部】：显示当前帧上的全部内容。不受舞台大小限制，只根据全部内容的大小显示。如果没有任何内容，则会显示整个舞台。
- 其他几个百分数分别代表舞台与绘图工作区窗口的显示百分比。

2.3.8 课件实战——咏鹅

这是一个语文古诗课件"咏鹅",课件中的插图有山、水、鹅、荷花等多个部分,每部分都有前后遮挡关系,在这里把每个部分分别绘制在不同的图层中,方便编辑每个单独的部分,最终完成效果如图 2.112 所示。

图 2.112　"咏鹅"效果图

这个课件中利用 Flash 中的绘图工具分别在不同的层中绘制图形,最后形成一个完整的场景。通过制作该课件,可以掌握 Flash 中各个绘图工具和图层的使用方法,并可以制作出一个漂亮的、完整的静态课件。制作"咏鹅"课件的方法如下。

步骤 1　新建一个 Flash 文档,在工具箱中选择【矩形工具】,将填充色设置为"无色" ,在舞台中绘制一个接近舞台大小的矩形,如图 2.113 所示。

步骤 2　选择【选择工具】,选中绘制的矩形,在【属性】面板中设置矩形的大小同舞台大小一致,并将 X 轴和 Y 轴坐标均设置为"0",效果如图 2.114 所示。

图 2.113　绘制矩形　　　　　　　　　　图 2.114　设置矩形同舞台一样大

步骤3 再用【矩形工具】在舞台中绘制一个稍大的矩形,在形成的边框内填充黑色,并删除线条,效果如图 2.115 所示。

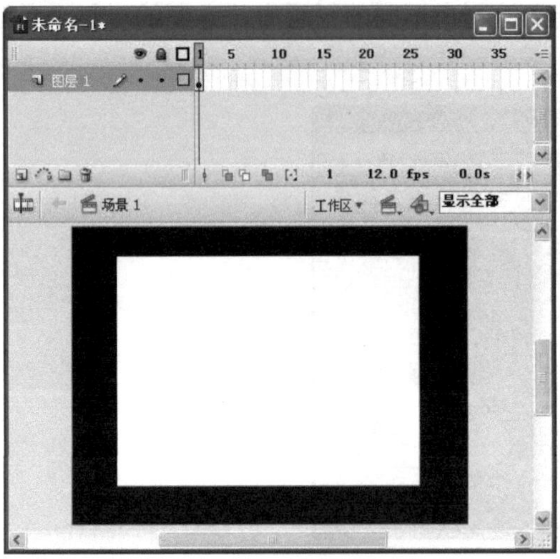

步骤4 这样,舞台的外框就绘制完成了,接下来绘制插图内容。双击"图层 1"将图层命名为"外框",单击 按钮插入一个新的图层,并命名为"鹅",如图 2.116 所示。

图 2.115 形成边框

图 2.116 插入图层"鹅"

提 示

在绘制课件内容之前,应首先在舞台中绘制一个外框,并始终将该图层放在最上方,这样便于绘制、编辑和移动对象。

步骤5 接下来开始绘制图形。在工具箱中选择【线条工具】,配合【选择工具】在舞台中绘制鹅的头部和颈部,如图 2.117 所示。

步骤6 用【选择工具】配合【线条工具】继续绘制鹅的身子部分,如图 2.118 所示。

图 2.117 绘制鹅的头部和颈部

图 2.118 绘制鹅的身子部分

步骤 7 继续用【选择工具】配合【线条工具】绘制鹅的尾部,如图2.119所示。

步骤 8 在工具箱中选择【椭圆工具】,绘制鹅的眼睛,如图2.120所示。

图 2.119 绘制鹅的尾部

图 2.120 绘制鹅的眼睛

步骤 9 外轮廓绘制完成后,在工具箱中选择【颜料桶工具】,设置颜色为浅黄色"#FCFFEE",在鹅图形内单击鼠标,为其填色,如图2.121所示。

步骤 10 在【颜色】面板中设置颜色为橘黄色"#F1731F",为鹅的嘴填充颜色;设置黑色为鹅的眼睛填充颜色,效果如图2.122所示。

图 2.121 为鹅填充颜色

图 2.122 将鹅绘制完整

步骤 11 选择【选择工具】,拖动鼠标选中整个图形,将其移到舞台中适当位置,然后按住 Alt 键,将其拖动到舞台空白处,松开鼠标即可复制一个鹅的图形,如图2.123所示。

步骤 12 选择【修改】|【变形】|【水平翻转】命令,并选择【任意变形工具】按住 Shift 键拖动鼠标调整鹅的大小,效果如图2.124所示。

图 2.123 复制一个鹅的图形

图 2.124 调整鹅的位置及大小

步骤 13 至此，课件中的鹅图形绘制并编辑完成，接下来绘制插图的背景。单击 按钮插入一个图层并命名为"水"，调整图层的上下关系，将此时不需要编辑的图层锁定并隐藏起来，如图 2.125 所示。

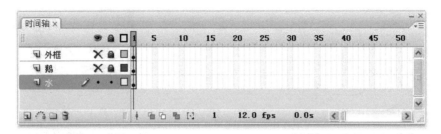

图 2.125 插入并调整图层关系

注意

在多个图层中绘图时，将此时编辑以外的其他图层锁定，可以避免影响到其他图层中的内容。单击 按钮下对应的该图层的 · / 按钮，即可对该图层锁定或解除；单击 · / × 按钮，即可将该图层隐藏或显示。

步骤 14 选择【矩形工具】，将填充色设置为"无色"，在"水"图层拖动鼠标绘制一个矩形，如图 2.126 所示。

步骤 15 选择【颜料桶工具】，在【颜色】面板中选择填充类型为"线性"，鼠标移至如图 2.127 所示位置时变为 ，单击鼠标创建一个渐变色滑块。

图 2.126 绘制"水面"矩形

图 2.127 添加渐变色滑块

步骤 16 单击左端滑块，在颜色文本框内输入颜色数值"#DD5FAE"（深蓝色），如图 2.128 所示。

步骤 17 分别单击中间和右端滑块，设置颜色为"#33C9EE"（蓝色）和"#8FCDCC"（浅蓝色），如图 2.129 所示。

第 2 章　Flash 课件制作基础操作

图 2.128　设置左端滑块颜色

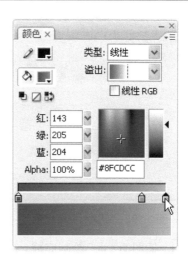

图 2.129　设置中间和右端滑块颜色

步骤 18　选择【颜料桶工具】，在矩形内单击鼠标填充颜色，如图 2.130 所示。

步骤 19　此时的填充效果并不是想要的，可以用【渐变变形工具】来调节。将鼠标指针移至【任意变形工具】选项处按住鼠标左键不放，在弹出的列表中选择【渐变变形工具】，单击填充的渐变色。用【缩放工具】和【手形工具】配合，将舞台视图缩小直到显示出渐变色边框，如图 2.131 所示。

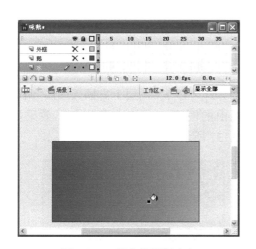

图 2.130　填充线性渐变色

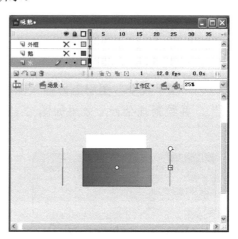

图 2.131　缩小舞台视图

步骤 20　拖动渐变色边框箭头和中心点，使渐变色边框靠近填充色，如图 2.132 所示。

步骤 21　旋转右上角的圆点使填充色垂直填充，并调整填充色到理想的长度，如图 2.133 所示。

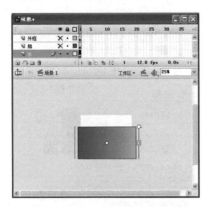

图 2.132 调整渐变色位置

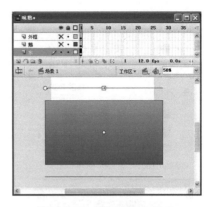

图 2.133 调整渐变色长度

步骤 22 插图的"水"绘制完成,在"水"图层上方插入图层"天空",用【矩形工具】绘制一个矩形轮廓,并在【颜色】面板中设置其填充色,如图 2.134 所示。

步骤 23 为天空填充颜色,并调整填充效果,如图 2.135 所示。

图 2.134 设置填充色

图 2.135 填充渐变色并调整

步骤 24 在"天空"图层上方插入图层"云",并绘制几朵云,效果如图 2.136 所示。

步骤 25 在"云"图层上方插入图层"山",绘制山的图形,并填充渐变色,效果如图 2.137 所示。

图 2.136 绘制云

图 2.137 绘制山

第 2 章　Flash 课件制作基础操作

步骤 26　在"山"图层上方插入图层"波纹",在工具箱中选择【刷子工具】,并设置较小的笔触,设置刷子颜色为蓝色"#336699",绘制鹅在水中的波纹,如图 2.138 所示。

步骤 27　在"波纹"图层上方插入图层"荷叶",在工具箱中选择【铅笔工具】,绘制一片荷叶,如图 2.139 所示。

图 2.138　绘制波纹

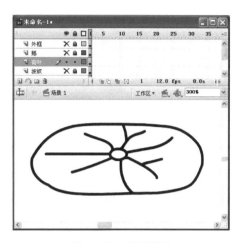

图 2.139　绘制荷叶

步骤 28　选择【颜料桶工具】,在【颜色】面板中选择填充类型为"放射状",将中心即左端滑块颜色设置为深绿色"#1B8F32",将外围即右端滑块颜色设置为"#C6ED89",如图 2.140 所示。

步骤 29　选择【渐变变形工具】,单击填充的渐变色,调整放射状渐变色的填充大小和填充形状,如图 2.141 所示。

图 2.140　设置放射状颜色

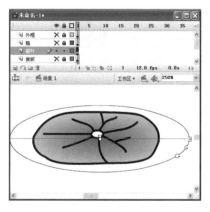

图 2.141　调整放射状颜色

步骤 30　为"荷叶"的中心点填充黄色"#DFF975"。"荷叶"绘制完成以后,复制几个到其他位置,并用【任意变形工具】调整大小,效果如图 2.142 所示。

步骤 31　这样,古诗"咏鹅"的插图就绘制完成了,效果如图 2.143 所示。

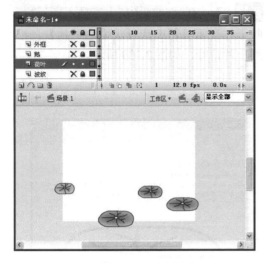

图 2.142 复制几个荷叶

图 2.143 插图绘制完成

步骤 32 在图层"鹅"上方插入一个"底"图层,选择【矩形工具】,在【颜色】面板中设置"笔触颜色"为"无","填充颜色"为白色,Alpha 值为"40%",如图 2.144 所示。

步骤 33 绘制一个矩形作为古诗文字的背景色,如图 2.145 所示。

图 2.144 设置颜色

图 2.145 绘制背景色

步骤 34 在图层"底"上方插入一个"古诗"图层,选择【文本工具】,在【属性】面板中设置字体为"宋体",设置大小为"25",颜色为"黑色",对齐方式为"居中对齐",在舞台中输入古诗文本,如图 2.146 所示。

步骤 35 拖动鼠标选中标题"咏鹅",将字体设置为"30",选中作者"(唐)骆宾王",将字体设置为"15",如图 2.147 所示。

第 2 章　Flash 课件制作基础操作

图 2.146　输入古诗文字

图 2.147　调整文字大小

步骤 36　选中整个文本框，在【属性】面板中设置字母间距 为 "10"，单击【编辑格式选项】按钮 ，设置行距为 "8 像素"，效果如图 2.148 所示。

图 2.148　调整文字间距和行距

步骤 37　至此，整个课件制作完成，保存文件名为 "咏鹅"，测试文件，其效果如图 2.112 所示。

2.3.9　技巧与提高

在制作 Flash 课件和动画时，灵活使用各个工具，能够提高工作效率。

- 【铅笔工具】的快捷键是 Y、【刷子工具】的快捷键是 B、【颜料桶工具】的快捷键是 K，【任意变形工具】的快捷键是 Q，【渐变变形工具】的快捷键是 F，【手形工具】的快捷键是空格键，【放大视图】的快捷键是按住 Ctrl 键的同时按 "+" 键，【缩小视图】的快捷键是按住 Ctrl 键的同时按 "–" 键。
- 在绘图时，如果要设置某个线条或填充色的颜色为已有线条或填充色的颜色、样式时，比较方便的一种方法是使用【滴管工具】。选择【滴管工具】，将鼠标指针移至舞台空白区域时会变成形状，移至线条时会变成形状，此时单击鼠标，指针会变成【墨水瓶工具】形状，表示吸取了该线条的颜色，然后在其他线条上单击鼠标就可以改变这个线条的颜色和样式。可以用同样的方法使用【滴管工具】来改变填充色。

2.4 位图的应用

在制作 Flash 动画和课件时，可以将位图导入 Flash 中应用。位图资源极其丰富，而且表现力很强，一些复杂的图形图像课件使用位图能更好地实现效果。即使没有绘图基础的教师，也可以利用位图来快速地制作出完美的课件。另外，还可以将位图导入 Flash 中，然后进行描摹。因此，掌握在 Flash 中利用位图制作课件的方法，是一种很重要的技能。

2.4.1 导入位图的方法

导入位图的操作在制作课件和动画的过程中会经常用到，导入的位图都会自动存放在文档的【库】面板中。具体操作步骤如下。

步骤1 选择【文件】|【导入】|【导入到舞台】命令，弹出【导入】对话框，如图 2.149 所示。

步骤2 在【导入】对话框中选择要导入的图片，单击【打开】按钮，图片就会出现在舞台中，如图 2.150 所示。

图 2.149 【导入】对话框

图 2.150 导入图片

提示

选择【文件】|【导入】|【导入到库】命令，会弹出【导入到库】对话框，这样导入的图片不会在舞台中显示，而只保留在【库】面板中。

2.4.2 用套索工具编辑位图

位图导入到舞台之后，可以利用【任意变形工具】对其大小和位置进行编辑。除此之外，还可以将位图打散为矢量图形，然后利用【套索工具】和【橡皮擦工具】来进行编辑。使用【套索工具】可以自由选定要选择的区域，只需在对象周围拖曳出自由形状的选取框，如图 2.151 所示。

图 2.151　用【套索工具】选择对象

【套索工具】在工具箱的【选项】面板中有相应的附加选项，如图 2.152 所示。可以通过这些选项来对其进行设置。

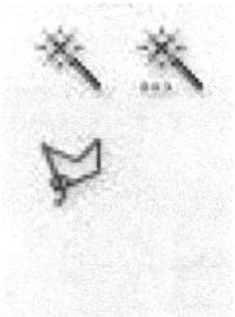

图 2.152　【套索工具】在工具箱中的选项

- 【魔术棒】：使用该工具可以在位图上选择颜色近似的区域，只需在图形上单击要选择的区域，就会有连续区域被选中，如图 2.153 所示。

图 2.153　【魔术棒】选择连续区域

- 【魔术棒设置】：单击该工具可以打开【魔术棒设置】对话框，如图 2.154 所示。
    ◆ 【阈值】：用来设置所选颜色的近似程度，只能输入 0～500 之间的整数，数值越大，差别大的其他邻接颜色就越容易被选中。
- ◆ 【平滑】：用于设置所选颜色的近似程度，默认为标准。
- 【多边形模式】：使用此工具，通过配合鼠标的多次单击，可以圈选出多边形选择区域，如图2.155所示。

图2.154　【魔术棒设置】对话框　　　图2.155　用【多边形模式】选取直线多边形区域

2.4.3　用橡皮擦工具编辑位图

用【橡皮擦工具】可以擦除图形中的内容，如图2.156所示；还可以擦除所绘制图形的填充色和线条。

图2.156　用【橡皮擦工具】擦除图形中的内容

【橡皮擦工具】在工具箱的【选项】面板中有相应的附加选项，如图2.157所示。可以通过这些选项来对其进行设置。

- 【擦除模式】：单击【擦除模式】可以弹出下拉列表，如图2.158所示。选择不同的擦除模式可以产生不同的擦除效果。
  - ◆ 【标准擦除】：擦除橡皮擦经过的所有区域，可以擦除线条和填充，此模式是Flash的默认工作模式。
  - ◆ 【擦除填色】：只擦除绘图工作区中的填充色而不会擦除线条。
  - ◆ 【擦除线条】：只擦除绘图工作区中的线条而不会擦除填充色。

第 2 章　Flash 课件制作基础操作

图 2.157　【橡皮擦工具】在工具箱中的选项　　　图 2.158　【擦除模式】下拉列表

- 【擦除所选填充】：只擦除绘图工作区中被选中的填充区域(不擦除线条，无论线条是否被选择)。
- 【内部擦除】：只擦除橡皮擦起始位置所在区域的填充色。如果从空白点开始擦除，则不会擦除任何内容(此模式不影响线条)。
- 【水龙头】：可以将图形的填充色或者轮廓线去掉。只需选中此项，用【橡皮擦工具】在要擦除的填充色或有轮廓线上单击鼠标左键即可。
- 【橡皮擦形状】：单击【橡皮擦形状】会弹出下拉列表，可以选择不同的橡皮擦形状和大小。

2.4.4　课件实战——荷塘月色

这是一个语文课件，改编自朱自清的散文"荷塘月色"。导入位图后对位图进行一些处理，形成课文的配套图片和背景图片，然后添加文字形成课文。课件效果如图 2.159 所示。

图 2.159　"荷塘月色"效果

这个课件中导入了外部图片，并利用 Flash 中的一些工具对该图片进行了简单处理，通过制作该课件，可以掌握 Flash 中导入位图、处理位图的使用方法。制作"荷塘月色"课件的步骤如下。

步骤1 新建一个Flash文档,在文档的【属性】面板中将大小设置为"320×400像素",其他属性设置保持默认,如图2.160所示。

图2.160 设置文档属性

步骤2 选择【文件】|【导入】|【导入到舞台】命令,在弹出的【导入】对话框中选择图片"荷塘月色"和"荷花"(文件路径:配套光盘\素材\第2章),单击【打开】按钮,如图2.161所示。将两张图片导入舞台中。

步骤3 利用【任意变形工具】调整两张位图的位置及大小,如图2.162所示。

图2.161 【导入】对话框

图2.162 调整图片的位置及大小

步骤4 选中图片"荷花",按Ctrl+B快捷键将其分离,如图2.163所示。

步骤5 选择工具箱中的【套索工具】,在工具箱的附加选项中,单击【魔术棒设置】按钮。在弹出的【魔术棒设置】对话框中,将【阈值】设置为"10",在【平滑】下拉列表框中选择"平滑"选项,如图2.164所示。

图2.163 分离位图"荷花"

图2.164 设置魔术棒阈值

步骤 6　在工具箱中【套索工具】的附加选项中,选择【魔术棒】工具 。单击荷花图像背景,按 Delete 键,删除选中的背景,将多余的线条选中并删除,效果如图 2.165 所示。

步骤 7　选择工具箱中的【缩放工具】 ,将荷花图像放大显示,选择【橡皮擦工具】 。在附加选项中选择【橡皮擦形状】中的一个较小的圆形橡皮擦,将不需要的边缘擦除,完成后的效果如图 2.166 所示。

图 2.165　用魔术棒擦除背景

图 2.166　用橡皮擦擦除多余线条

提示

对于大片的相同或者相近色,用【魔术棒】工具能比较方便地去除背景。如果要去掉的背景比较复杂,可直接用【套索工具】附加选项中的【多边形模式】工具 。

步骤 8　至此,课文配套图片和背景图片处理完成,接下来制作课文内容。选择【文本工具】,在【属性】面板中将"字体"设置为"楷体_GB2312",大小设置为"18",颜色设置为"黑色",对齐方式设置为"左对齐"。单击【编辑格式选项】按钮,在弹出的【格式选项】对话框中设置【行距】为"4 点",如图 2.167 所示。

图 2.167　课文内容文本属性设置

步骤 9　在位图"荷塘月色"左侧拖动鼠标建立一个文本框。根据图片高度输入部分课文内容,在句首按空格键使文字首行缩进两个字符,效果如图 2.168 所示。

步骤 10　在该文本框下方再次拖动鼠标创建一个较长的文本框。继续输入课文内容,在第一段内容输入结束时按 Enter 键切换到下一行输入第二段,并按空格键使文字首行缩进两个字符,如图 2.169 所示。

图 2.168　输入课文内容

图 2.169　继续输入课文内容

步骤 11　用【选择工具】调整两个文本框和位图"荷塘月色"的位置，并利用【对齐】面板分别调整它们的对齐方式，效果如图 2.170 所示。

图 2.170　调整文本位置

步骤 12　至此，课文内容制作完成，接下来制作课文标题。选择【文本工具】，在【属性】面板中将字体设置为"黑体"，大小设置为"30"，单击【切换粗体】按钮 **B** 使文字加粗，其他默认，如图 2.171 所示。

图 2.171　标题文本属性设置

步骤 13 在舞台顶端中间位置单击鼠标创建一个文本框，输入课文标题"荷塘月色"。按两次 Ctrl+B 快捷键将输入的文字分离，如图 2.172 所示。

步骤 14 在【颜色】面板中选择填充色类型为"线性"，并设置两种填充色，为标题填色，效果如图 2.173 所示。

图 2.172　分离标题文字　　　　　　　图 2.173　填充文字颜色

步骤 15 至此，一个漂亮的课文标题制作完成，最后添加课文作者"朱自清"。选择【文本工具】，在【属性】面板中设置字体为"楷体_GB2312"，大小为"15"，颜色为"黑色"，在标题右下方输入文本"朱自清"。至此整个课件制作完成，保存文件名为"荷塘月色"，测试影片效果如图 2.159 所示。

2.4.5　技巧与提高

Flash 中可以导入的位图类型有很多种，可以导入扫描的图片、网上下载的图片等 JPEG 类型的位图，可以导入有序图像(作为当前图层的连续关键帧导入)。还可以导入 Fireworks 文件、PSD 文件、Illustrator 文件、AutoCAD 文件等矢量图形，导入的位图会自动存放在【库】面板中。下面介绍一些可以对位图进行的操作。

- 将位图转换为矢量图：导入位图以后，选择【修改】|【位图】|【转换为矢量图】命令，弹出【转换位图为矢量图】对话框，如图 2.174 所示。可以将位图转换为可编辑的离散颜色区域的矢量图形，也可以减小文件大小。如果导入的位图包含复杂的形状和许多颜色，则转换后的矢量图形文件比原始的位图文件要大，可以通过修改【转换位图为矢量图】对话框中的数值来进行设置。

图 2.174　【转换位图为矢量图】对话框

- 将位图压缩：导入位图后，在【库】面板中双击位图，弹出【位图属性】对话框，如图 2.175 所示，可以对位图进行压缩。在【压缩】下拉列表框中有两个选项，"照片"和"无损"，对于具有复杂颜色或色调变化的图像，一般使用"照片"压缩格式；对于具有简单形状和相对较少颜色的图像，可以使用"无损"压缩("无损"压缩对图片压缩的程度没有"照片"压缩的程度大)。

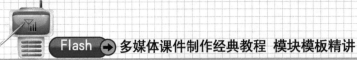

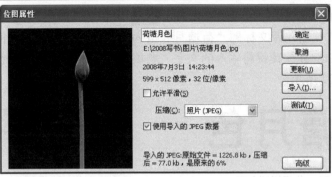

图 2.175 【位图属性】对话框

第 3 章

制作简单动态演示课件

  兴趣是最好的老师,是推动人们去寻求知识、探索真理的一种精神力量。利用多媒体课件进行教学,可以使情景不受时空的限制,而且动态演示与静态画面相结合,能有效地调动多种感官参与学习活动,从而提高学生学习的兴趣,激活和加速学生的认知活动。

  动画演示课件是最常见的课件类型,它以建立学习情景为主要目的。在教学活动中,动画演示课件能为学习者建立一个相对真实的环境,能形象、直观地表现事物发展和变化的过程。

  本章通过几个范例来讲解利用 Flash 制作动画演示课件的方法,包括时间轴中帧的各种操作、逐帧动画的制作以及补间动画的制作。

本章内容主要包括

- 时间轴和帧的使用方法
- 元件和库的使用方法
- 利用逐帧动画制作课件
- 利用"补间动画"制作课件
- 利用"补间形状"制作课件

3.1 利用逐帧动画制作课件

你见过电影的胶片吗？很长的电影胶片其实是由一张张"照片"组成的，连续播放这些"照片"，电影中的"人物"就动起来了。同样，"帧"就是 Flash 中的"照片"，连续播放很多帧中的内容，Flash 影片就活了起来。

顾名思义，逐帧动画就是将连续的不同内容的帧顺序播放形成的动画。在制作过程中，通过对帧上的内容进行修改，通过对时间轴的编辑，可以形成动画效果。这一节主要学习帧、时间轴等知识，掌握利用逐帧动画制作课件的方法。

3.1.1 时间轴

时间轴是制作 Flash 作品的核心部分，它由图层、帧和播放头组成，从形式上可以分为左右两部分，左侧是图层操作区，右侧是帧编辑区，本节主要介绍帧编辑区的内容，如图 3.1 所示。

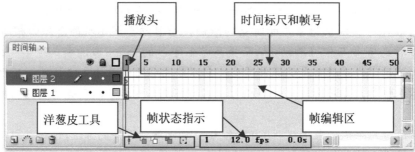

图 3.1 时间轴

- 播放头：播放文档时，播放头在时间轴上移动，指示当前显示在舞台中的帧。使用鼠标在时间轴中拖曳播放头，能够将播放头从一个区域移动到另一个区域，从而预览动画。要在舞台上显示帧，可以将播放头移动到时间轴中该帧的位置。
- 时间标尺和帧号：在时间标尺中，它的每一格表示一帧，一般每隔 5 帧显示一个数字表示帧号。
- 洋葱皮工具：包括"帧居中"、"绘图纸外观"、"绘图纸外观轮廓"和"编辑多个帧"四个按钮，利用它们可以进行编辑多个帧，使多帧的内容同时显示等操作。
- 帧状态指示：包括"帧指示器"，表示现在正在编辑的帧；"帧频指示器"，表示此文档设置的帧频；"运行时间指示器"，表示截止到播放头所在帧的播放时间。
- 帧编辑区：显示和编辑帧的区域，可以显示帧和编辑帧。

3.1.2 帧

在时间轴的右边有一些刻度和数字（1、5、10、15），与这些刻度相对应的每一个层上，在帧编辑区都有一些"格子",这些"格子"是放帧的位置。可以在时间轴上设置不同的帧类型,包括关键帧、空白关键帧、普通帧等,并以不同的图标来显示,如图 3.2 所示。

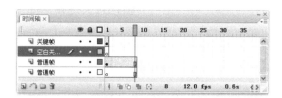

图 3.2 帧的类型

- 【关键帧】:关键帧中包含内容,它的内容是可以编辑的,用黑色实心点表示。
- 【空白关键帧】:空白关键帧和关键帧的性质相同,但不包含任何内容,用空心圆点表示。
- 普通帧:普通帧是关键帧的延续,在关键帧后出现的普通帧为灰色,在空白关键帧后出现的普通帧为白色。

在制作逐帧动画时,需要对帧进行编辑,包括插入帧、删除帧、复制帧和粘贴帧的操作。接下来通过一个"星星闪"的小例子来讲解关于帧的操作。

小例子"星星闪"动画的操作方法如下。

步骤 1 新建一个 Flash 文档。设置文档属性,将【大小】设置为"550×400 像素",【帧频】设置为 12 fps,【背景】设置为深蓝色,如图 3.3 所示。

图 3.3 新建文档

步骤 2 这时在时间轴上会自动生成一个图层,在这个图层上自动生成一个空白关键帧,如图 3.4 所示。

步骤 3 在舞台上绘制一个星星,如图 3.5 所示。

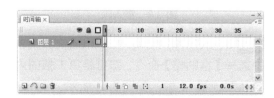

图 3.4 时间轴

图 3.5 绘制星星

步骤4 右击第 5 帧，弹出快捷菜单，如图 3.6 所示。

步骤5 在弹出的快捷菜单中选择【插入关键帧】命令(快捷键为 F6)，即可在第 5 帧插入关键帧，如图 3.7 所示。

图 3.6 快捷菜单

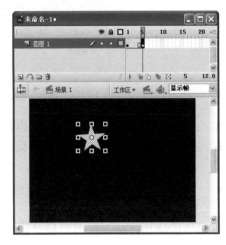

图 3.7 插入关键帧

步骤6 选中第 5 帧，删除舞台上绘制的星星，如图 3.8 所示。

步骤7 右击第 10 帧，在弹出的快捷菜单中选择【插入帧】命令(快捷键为 F5)，在第 10 帧插入一个普通帧，延续第 5 帧的空白关键帧到第 15 帧，如图 3.9 所示。

图 3.8 删除绘制的星星

图 3.9 插入帧

步骤8 右击第 1 帧，在弹出的快捷菜单中选择【复制帧】命令，复制第 1 帧的内容，如图 3.10 所示。

步骤9 右击第 11 帧，在弹出的快捷菜单中选择【粘贴帧】命令，即可将第 1 帧的内容粘贴到第 11 帧，如图 3.11 所示。

图 3.10 复制帧

图 3.11 粘贴帧

步骤 10 右击第 15 帧，在弹出的快捷菜单中选择【插入帧】命令，在第 15 帧插入一个普通帧，延续第 10 帧(关键帧)的内容到第 15 帧，如图 3.12 所示。

步骤 11 右击第 16 帧，在弹出的快捷菜单中选择【插入空白关键帧】命令，在第 16 帧插入空白关键帧，如图 3.13 所示。

图 3.12 插入帧

图 3.13 插入空白关键帧

步骤 12 右击第 20 帧，在弹出的快捷菜单中选择【插入帧】命令，在第 20 帧插入一个普通帧，将第 16 帧的空白关键帧延续到第 20 帧，如图 3.14 所示。

步骤 13 测试影片，这时会发现星星闪的频率太慢，选中第 2 帧并右击，在弹出的快捷菜单中选择【删除帧】命令，即可将第 2 帧删除，其他帧向前移一帧，如图 3.15 所示。

图 3.14 插入帧

图 3.15 删除帧

提示

选择多帧有两种方法，一种是按住 Shift 键并单击其帧，另一种是拖动鼠标选择。右击选中的多个帧并在弹出的快捷菜单中选择【删除帧】命令，即可删除多个帧。

步骤 14 用同样的方法，删除其他帧，如图 3.16 所示，"星星闪"动画就制作完成了。

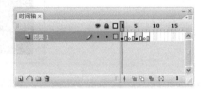

图 3.16 完成后时间轴

提示

调整时间轴上的帧也可以通过拖动要移动的帧来实现，选择要拖动的关键帧或空白关键帧，当鼠标指针下方出现拖动标记时，如图 3.17 所示，按住鼠标左键将帧拖动到相应的位置，释放鼠标，就可以移动关键帧的位置了。

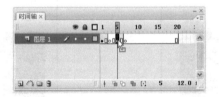

图 3.17 移动关键帧

3.1.3 课件实战——我爱北京天安门

本节要制作一个我爱北京天安门的动画演示课件，在一张天安门的背景图上出现一个打字的效果，如图 3.18 所示。

图 3.18 打字效果 我爱北京天安门

本节运用 Flash 中的关于逐帧动画的知识,制作了打字效果课件,制作本课件需要重点掌握逐帧动画的应用。

制作课件"我爱北京天安门"的方法如下。

步骤 1 新建一个 Flash 文档。设置文档属性,将【大小】设置为"550×400 像素",【帧频】设置为 5fps,如图 3.19 所示。

图 3.19 设置文档属性

步骤 2 将"图层 1"重命名为"背景",如图 3.20 所示。

步骤 3 在"背景"图层导入图片"天安门"(文件路径:配套光盘\素材\第 3 章),并调整到如图 3.21 所示的位置。

图 3.20 重命名"背景"图层

图 3.21 导入图片

步骤 4 新建图层,并将图层重命名为"文本",如图 3.22 所示。

步骤 5 在舞台上输入文字"我爱北京天安门,天安门上太阳升,伟大领袖毛主席,指引我们向前进。",如图 3.23 所示。

图 3.22 新建"文本"图层

图 3.23 输入文本

步骤6 选中文本,设置【字体】为"华文彩云",设置【颜色】为"白色",【字号】为"30",如图3.24所示。

图3.24 设置文本属性

步骤7 选中"文本"图层和"背景"图层的第50帧,插入关键帧,如图3.25所示。

步骤8 选中"文本"图层的第1~33帧,转换为关键帧,如图3.26所示。

图3.25 在第50帧插入帧

图3.26 将第1~33帧转换为关键帧

步骤9 选择"文本"图层的第32帧,删除文本末端的"。",如图3.27所示。

步骤10 选择"文本"图层的第31帧,删除文本末端的"进。",如图3.28所示。

图3.27 删除第32帧"。"

图3.28 删除第31帧"进。"

步骤11 同样的道理,每帧多删除一个字符,直到第1帧,文字全部被删除,如图3.29所示。

步骤12 测试影片,如图3.30所示。

第 3 章 制作简单动态演示课件

图 3.29　删除全部文字

图 3.30　测试影片

3.1.4　技巧与提高

通常情况下，在 Flash 工作区中只能看到一帧的画面，如果需要同时看到多帧内容，这时就会用到洋葱皮工具。洋葱皮工具在时间轴的左侧下方，由帧居中按钮、绘图纸外观模式按钮、绘图纸外轮廓模式按钮、编辑多个帧模式按钮和修改绘图纸标记按钮组成。使用这些工具可以改变帧的显示方式，方便对帧中对象的细致观察，并可同时显示或编辑多个帧的内容，如图 3.31 所示。

图 3.31　帧工具条

- 【帧居中】：使选中的帧居中显示。
- 【绘图纸外观】：可以查看各个帧中的内容，其中播放头所在的帧显示清晰的内容，可编辑，其他帧上的内容为模糊显示，不可编辑，从而方便调整帧中内容的位置和形状，如图 3.32 所示。

图 3.32　绘图纸外观

- 【绘图纸外观轮廓】：可以查看帧中内容的轮廓线，其中编辑帧并不是显示轮廓线，而是显示真实的内容，只有这帧的内容可编辑，其他不可编辑，如图 3.33 所示。

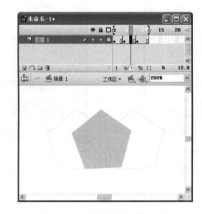

图 3.33　绘图纸外观轮廓

- 【编辑多个帧】：所有在绘图纸标记中的内容都显示，可以选中所有帧同时编辑，方便调整所有内容的位置，如图 3.34 所示。

图 3.34　编辑多个帧

- 【修改绘图纸标记】：决定进行绘图纸外观显示的方式。

提示

调节洋葱皮工具显示的帧，可以通过在时间标尺上的括号来调节。当鼠标指针移动到左边括号时会出现开始绘图纸外观的提示，这时拖动括号就可以扩大或缩小要显示的帧，同样的道理可以移动右边的括号，如图 3.35 所示。

图 3.35　编辑多个帧

3.2 利用补间形状制作课件

在 Flash 中，许多简单的动画都是通过使用补间来完成的。在时间轴某帧上定义一个对象的位置、大小和旋转等属性。然后在另一关键帧上改变该对象的属性。通过设置，Flash 会自动补间帧，形成补间动画。补间动画是创建随时间移动或更改动画的一种有效方法，并且可以最大限度地减小所生成的文件大小。

在 Flash 中可以创建两种类型的补间：动作补间动画和形状补间动画。动作补间动画和形状补间动画的主要区别在于，动作补间动画针对组合对象或元件操作，而形状补间动画适用于不是元件且未组合的对象。

3.2.1 补间形状的原理

利用形状补间动画来制作课件，可以实现某一个对象从一个形状到另一个形状的过渡。制作形状补间动画时，需要在起始帧绘制一个图形，然后在终止帧改变图形形状或者绘制其他形状，最后由软件直接生成动画。

形状补间动画操作的方法如下。

步骤 1 新建一个 Flash 文档，【大小】设置为"550×400 像素"，【帧频】设置为 30fps，如图 3.36 所示。

图 3.36 设置文档属性

步骤 2 在舞台上绘制一个圆形，如图 3.37 所示。

步骤 3 在第 20 帧插入空白关键帧，绘制一个正方形，如图 3.38 所示。

图 3.37 绘制圆形

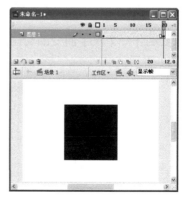

图 3.38 在第 20 帧绘制正方形

步骤 4 右击第 1~20 帧的任意帧，在弹出的快捷菜单中选择【创建补间形状】命令，创建形状补间动画，如图 3.39 所示。

步骤 5 这样一个从圆形变化到方形的形状补间动画就做好了。测试影片如图 3.40 所示。

图 3.39 创建形状补间动画

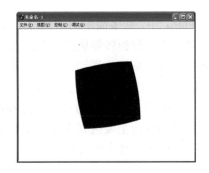

图 3.40 测试影片

步骤 6 选中补间，可以在【属性】面板中设置形状补间动画的缓动属性，如图 3.41 所示。

图 3.41 设置形状补间的属性

> **注 意**
>
> 【缓动】选项用来控制动画的加减速，其设置范围为-100~100。当设置为-100~-1 之间时，动画内容越来越快。当设置为 1~100 之间时，动画内容越来越慢。设置为 0 时匀速播放。缓动数值偏离 0 越多，动画内容的速度变化越明显。当值为-100 或 100 时，加减速幅度最大。适当应用此功能能创建出更自然、更生动的动画效果。

3.2.2 课件实战——汉字演变

本节要制作一个汉字演变的动画演示课件，演示一个汉字"王"的字形演变，最终效果如图 3.42 所示。

图 3.42 "汉字演变"的运行效果

第 3 章　制作简单动态演示课件

本节运用 Flash 制作汉字演变的动画演示课件，制作本课件需要重点掌握的内容是形状补间动画的应用。

课件"汉字演变"的制作方法如下。

步骤 1　新建一个 Flash 文档，【大小】设置为"300×300 像素"，【帧频】设置为 12fps，【背景】设置为"浅黄色"，如图 3.43 所示。

图 3.43　设置文档属性

步骤 2　选择菜单栏中的【文件】|【导入】|【导入到舞台】命令，导入图片"田字格"(文件路径：配套光盘\素材\第 3 章)，将该层命名为"田字格"，如图 3.44 所示。

步骤 3　新建一个"文字"图层，选择工具箱中的【文本工具】，在【属性】面板中修改文字属性，设置"字体"为"隶书"，"大小"为"200"，"颜色"为"黑色"，其他使用默认选项，在"文字"图层输入"王"，如图 3.45 所示。

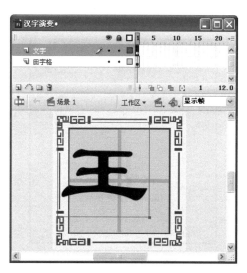

图 3.44　导入图片"田字格"　　　　图 3.45　输入文本

步骤 4　选择菜单栏中的【舞台】|【对齐】命令，调出【对齐】面板，使用对齐工具，把文本相对于舞台居中，如图 3.46 所示。

步骤 5　选中文本"王"，再选择【修改】|【分离】命令，将文本打散，如图 3.47 所示。

图 3.46 对齐文本

图 3.47 打散文本

步骤 6 在第 20 帧插入空白关键帧,然后选择工具箱中的【文本工具】,在【属性】面板中修改文字属性,设置字体为"楷体",字体大小为"200",颜色为"黑色",输入"王",并把文本相对于舞台居中,打散,如图 3.48 所示。

步骤 7 在"田字格"图层的第 20 帧插入帧,显示"田字格"图层的内容,如图 3.50 所示。

图 3.48 输入文本

图 3.49 插入帧

步骤 8 在"文字"图层,选中第 1 帧至第 19 帧中的任意一帧,在【属性】面板中将【补间】设置为"形状",创建形状补间动画,如图 3.50 所示。

图 3.50 创建形状补间动画

步骤 9 分别在"文字"图层和"田字格"图层的第 50 帧插入普通帧,为动画加一个停顿。这样一个汉字演变的动画课件就完成了。

此时若测试影片会发现变化过程并不流畅,变形过程不圆滑,这时可以使用形状提示来修改,使课件更加完美。

步骤 10 选中"文字"图层第 1 帧,选择【修改】|【形状】|【添加形状提示】命令,添加第一个形状提示,其标志为一个带圆圈的字母 a,如图 3.51 所示。

步骤 11 此时第 20 帧的舞台上也会自动生成一个形状提示,如图 3.52 所示。

图 3.51 添加第一个形状提示

图 3.52 第 20 帧自动生成的形状提示

步骤 12 拖动"文字"图层第 1 帧的形状提示至如图 3.53 所示的位置。

步骤 13 拖动"文字"图层第 20 帧的形状提示至如图 3.54 所示的位置。

图 3.53 拖动第 1 帧的形状提示

图 3.54 拖动第 20 帧的形状提示

> **注意**
>
> 形状提示包含字母(从 a~z),用于识别起始形状和结束形状中相对应的点。最多可以使用 26 个形状提示。只有关键帧上才有形状提示可以编辑。

步骤 14 当形状提示为红色时,表示其位置没有调整好,当形状提示位置调整好后,起始关键帧上的形状提示是黄色的,如图 3.55 所示。

步骤 15 当形状提示位置调整好后,结束关键帧的形状提示是绿色的,如图 3.56 所示。

图 3.55 调整好后第 1 帧的形状提示

图 3.56 调整好后第 20 帧的形状提示

步骤 16 重复步骤 10 到步骤 15 的操作,添加形状提示,并调整形状提示的位置,如图 3.57 所示。

步骤 17 拖动"文字"图层第 20 帧的形状提示至如图 3.58 所示的位置。

图 3.57 第 1 帧调整好所有的形状提示

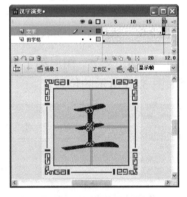

图 3.58 第 20 帧调整好所有的形状提示

步骤 18 这时测试影片,动画效果就会自然而流畅,如图 3.59 所示。

图 3.59 测试影片

3.3 利用动作补间动画制作课件

在制作动画课件时，可以利用元件制作动作补间动画，元件是一种可以重复使用的对象，被存储在当前文档的库里，从库里拖入舞台的是元件的实例，实例其实就是元件在舞台上的一次使用，重复使用实例不会增加文件的大小。元件还简化了文档的编辑；当编辑元件时，该元件的所有实例都会相应地更新。使用元件的另一个好处是可以创建完善的交互性。在 Flash 中元件的使用是重要的内容。

3.3.1 元件

在制作动作补间动画时，主要是对元件的操作。元件的类型可以分为影片剪辑元件、按钮元件和图形元件等。

- 影片剪辑元件：Flash 影片中的一个动画片段。
- 按钮元件：可以创建用于响应鼠标单击、滑过或其他动作的交互式按钮。
- 图形元件：可用于静态图像，并可用来创建连接到主时间轴的可重复使用的动画片段。

创建好元件后，都会自动在【库】面板中显示，【库】面板是存储和组织在 Flash 中创建的各种元件的地方，还用于存储和组织导入的文件，包括位图图形、声音文件和视频剪辑。【库】面板的组成如图 3.60 所示。

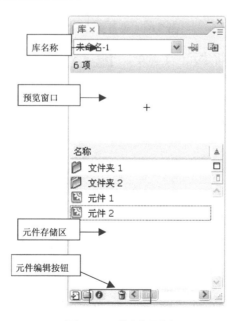

图 3.60 【库】面板

- 库名称：显示当前文档的名称。通过调整它可以切换各个文档的库面板，显示不同文档的元件。
- 预览窗口：选择元件库中的一个元件，就会在预览窗口中看见该元件的缩略图。若该元件为影片剪辑或声音文件，在预览窗口右上角就会出现【停止】和【播放】按钮，方便预览元件的效果。
- 元件存储区：元件存储的位置。
- 元件编辑按钮：包括新建元件、新建文件夹、属性和删除按钮，通过这些按钮可以在库面板中新建元件、文件夹；设置元件类型；删除元件或文件夹。

3.3.2 动作补间动画的制作方法

利用动作补间动画来制作课件，是实现某一个对象从一个位置到另一个位置的过渡。制作动作补间动画时，需要在起始帧制作一个元件，然后再在终止帧改变元件的属性或位置，最后由软件直接生成动画。接下来利用一个"流星"的小例子来展示动作补间的制作过程。

制作动作补间动画的方法如下。

步骤 1 新建一个 Flash 文档。设置文档属性，将【大小】设置为"550×400 像素"，【帧频】设置为12fps，【背景】设置为深蓝色，如图 3.61 所示。

图 3.61 设置文档属性

步骤 2 选择【插入】|【新建元件】命令，弹出【创建新元件】对话框。在【类型】中选中【影片剪辑】单选按钮，【名称】设置为"星星"，如图 3.62 所示。单击【确定】按钮。

步骤 3 此时，时间轴控制区会显示元件"星星"的内容，如图 3.63 所示。

图 3.62 【创建新元件】对话框

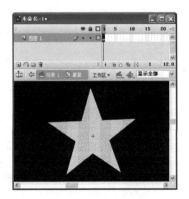

图 3.63 绘制星星

步骤 4　单击时间轴上的【场景1】按钮，返回主场景的时间轴，如图 3.64 所示。

步骤 5　在【库】面板中选择"星星"元件并拖动到舞台上，调整位置和大小到如图 3.65 所示的位置。

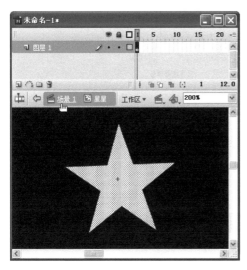

图 3.64　返回场景

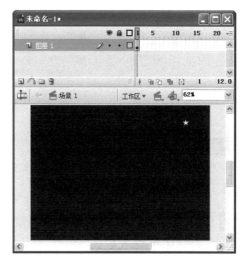

图 3.65　将"星星"元件拖动到舞台

步骤 6　在第 50 帧插入关键帧，并调整"星星"的大小和位置到如图 3.66 所示的位置。

步骤 7　右击第 1～49 帧之间的任意帧，在弹出的快捷菜单中选择"创建补间动画"命令，创建动作补间动画，如图 3.67 所示。

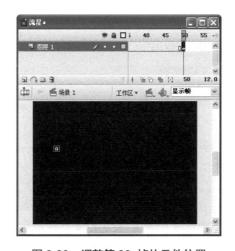

图 3.66　调整第 20 帧的元件位置

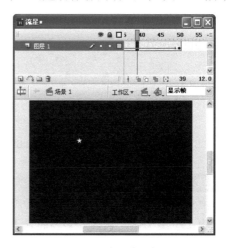

图 3.67　创建动作补间动画

注　意

动作补间动画，由两个关键帧和它们之间的动作补间组成，在这两个关键帧中只能存在一个元件。

步骤 8　这样,一个星星从右向左飞的动画就制作好了,但是效果不是很好,这时还可以选中补间,通过【属性】面板对动作补间进行设置,如图3.68所示。

图 3.68　对动作补间属性设置

注　意

选中补间,即添加了补间的帧,本例中为第1～49帧,选最后一帧不能设置补间的属性。

步骤 9　在【属性】面板中设置缓动为"100",让星星减速飞行。

步骤 10　在【属性】面板中设置旋转为"顺时针"、"1"次。使星星在运行时,有一个旋转的效果。

注　意

【旋转】选项用来控制动画运行的旋转方向和旋转次数。

步骤 11　选中第50帧上的"星星"元件,通过【属性】面板对元件实例的属性进行设置,如图3.69所示。

图 3.69　设置实例的属性

注　意

把元件从【库】面板中拖曳到舞台上,这时舞台上就创建了元件的实例,每个实例都有独立于该元件的属性:实例的色调、透明度、亮度等,改变这些属性并不会影响元件和此元件的其他实例。但是当修改元件时,会对这个元件的所有实例产生影响。

步骤 12　在【属性】面板中调整【颜色】项目中的 Alpha 值为"0%"。使星星在运行到最后时完全变透明消失,如图3.70所示。

步骤 13　测试影片。星星从右上角向左侧旋转飞行,越来越慢,慢慢消失,如图3.71所示。

第 3 章 制作简单动态演示课件

图 3.70 调整 Alpha 值

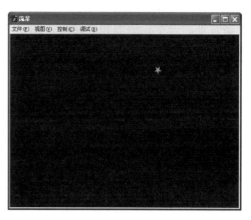

图 3.71 测试影片

3.3.3 课件实战——运动与静止的相对性

本节要制作一个讲解运动与静止的相对性的动画演示课件，演示一个汽车运行的动画过程，从而形象化地讲解运动与静止的相对性这个知识点，效果如图 3.72 所示。

本节运用 Flash 中的关于动作补间动画的知识，制作课件"运动与静止的相对性"，制作本课件需要重点掌握的内容是动作补间动画的应用，并对以前的知识进行复习。

图 3.72 运动与静止的相对性

制作课件"运动与静止的相对性"的方法如下。

步骤 1 新建一个 Flash 文档。设置文档【大小】为"550×400 像素"，【帧频】为 30fps，如图 3.73 所示。

图 3.73 设置文档属性

步骤2　将已有图层重命名为"背景",绘制背景、天空、地面和公路,如图3.74所示。

步骤3　在"背景"图层上新建图层"群山",绘制群山,宽度为"550",如图3.75所示。

图3.74　重命名"背景"图层

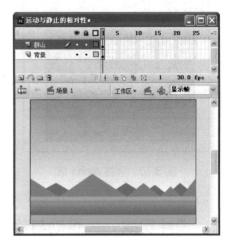

图3.75　绘制群山

步骤4　选中群山图形并右击,在弹出的快捷菜单中选择【复制】命令,然后右击舞台任意位置,在弹出的快捷菜单中选择【粘贴到当前位置】命令,在"群山"图形上就复制了一层和它形状位置完全一样的图形,在【属性】面板中修改它的x坐标为"-550"。调整复制的"群山",使其和原来的图形首尾相接,这样在群山图形的左边就接上了一段与它一模一样的图形,如图3.76所示。

步骤5　选择【编辑】|【全选】命令全选群山图形,在上面右击,在弹出的快捷菜单中选择【转换为元件】命令,转换为"群山"元件,如图3.77所示。

图3.76　制作群山

图3.77　转换为元件

步骤6 下面来制作一辆行驶中的汽车。选择【插入】|【新建元件】命令，将【名称】设置为"汽车"，在【类型】中选中【影片剪辑】单选按钮，然后单击【确定】按钮，如图3.78所示。

步骤7 将图层重命名为"车身"，并绘制车身，如图3.79所示。

图3.78 创建"汽车"元件

图3.79 绘制车身

步骤8 新建图层并命名为"车轮"，画出如图所示的同心圆作车轮，如图3.80所示。

步骤9 新建图层并命名为"投影"，把这一层拖曳到最下面作为底层。在该层画一个椭圆形，作为汽车的投影，填充灰色，如图3.81所示。

图3.80 绘制车轮

图3.81 绘制投影

步骤 10 给汽车加上行驶中轻微颠簸的简单动画。在各层的第 5 帧插入帧，然后在"车身"图层的第 3 帧插入关键帧。选中"车身"图层第 3 帧的全部内容，按键盘上方向键"↑"1～2 次，整体向上稍稍移动"车身"位置，如图 3.82 所示。

步骤 11 单击【时间轴】面板上的【场景 1】按钮回到场景舞台，如图 3.83 所示。

图 3.82 为汽车加动画

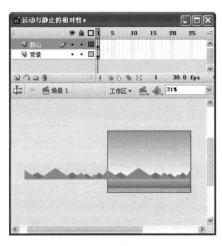

图 3.83 回到主场景

步骤 12 在最上层新建图层并命名为"汽车"，选择【窗口】|【库】命令打开【库】面板，找到元件"汽车"拖入舞台并调整它的大小，如图 3.84 所示。

步骤 13 返回到场景 1 的舞台。在全部图层的第 500 帧处插入帧，并在"群山"第 500 帧插入关键帧，选择第 500 帧上舞台中的"群山"元件，在【属性】面板中修改它的 x 坐标为 0，如图 3.85 所示。

图 3.84 将"汽车"元件拖入舞台

图 3.85 调整"群山"元件的位置

> **提示**
> 课件的制作思路是让汽车保持位置不变，通过调整作为背景的"群山"的位置，制作"群山"向后移动的动画，从而实现汽车向前移动的效果。

步骤 14 在"群山"图层上第 1～499 帧中的任意一帧上右击，在弹出的快捷菜单中选择【创建补间动画】命令，"群山"实例平移的动画效果就创建好了，如图 3.86 所示。

步骤 15 添加图层"知识点"，移到最上层，在舞台上输入标题和知识点，测试影片，如图 3.87 所示。

图 3.86　为群山加动画效果

图 3.87　测试影片

3.3.4　技巧与提高

在制作动作补间动画时，实例的中心点的调节也会影响动画的完成效果。将元件拖动到舞台后，选择任意变形工具，在中心都有一个白色的中心点。在制作动作补间动画时，要确保两个关键帧上的元件实例的中心点相对于元件的位置保持一致，从而保证运动的流畅性，如图 3.88 所示。

图 3.88　成功的动作补间动画效果

在制作时，若不小心移动了两个关键帧上某个元件实例的中心点，就会出现动画运动不成直线的情况和跳帧的现象，如图3.89所示。

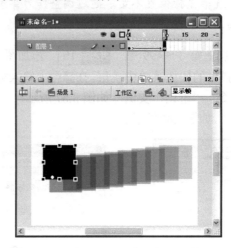

图3.89　有问题的动作补间动画效果

第 4 章

制作复杂动态演示课件

　　动画模拟演示课件是多媒体教学课件中经常用到的一种课件类型。在上一章介绍的逐帧动画和补间动画,是制作 Flash 课件时最基础的动画类型,利用这些动画类型可以制作出丰富多彩的多媒体课件。在平时观赏的 Flash 动画课件中,有的课件中的一些动画效果看上去很复杂,例如使物体沿着曲线路径运动、物体转动效果的动画等,需要利用更高级的动画技巧来制作。另外,加入声音、视频等媒体的课件,会大大加强学习者对课件的印象,使课件更加有活力。

　　本章将介绍两种比较复杂的动画类型——引导线动画和遮罩动画,并讲解声音和视频在 Flash 课件中的应用。在 Flash 中,可以添加引导层来指定动画中对象的运行轨迹,比如弧形轨迹,折线轨迹等。遮罩层动画就是给某个动画添加一个视窗,使动画在运行时只显示视窗部分。为课件添加声音和视频后,制作的课件中,图像、动画、声音、视频等交织在一起,多种媒体同时发挥作用,可以为学习者构造一个更加直观的学习环境。

　　本章将讲解制作引导线动画和遮罩动画以及为课件添加声音和视频的操作,通过对本章的学习,将能够熟练地制作出理想的动画效果。

本章内容主要包括

- 制作引导线动画
- 制作遮罩动画
- 在 Flash 课件中添加声音
- 在 Flash 中对导入的声音进行编辑
- 在 Flash 课件中添加视频

4.1 利用引导线动画制作课件

前面章节制作的动态演示课件中，对象都是沿直线运动的，这样是有一定局限性的，因为许多课件内容需要对象按照事先指定的路径进行运动。Flash 提供了一种引导线动画类型，利用这种动画类型，可以让课件中的对象沿着指定的路径进行运动。本节将讲解引导线动画的制作方法，并运用引导线制作一个物理课件"带电粒子从电场进入磁场的运动"。

4.1.1 认识引导线动画

使对象沿着指定的路径运动，这种动画形式就是引导线动画。引导线动画由运动引导层和被引导层组成，将对象放置在被引导层中，而在引导层中通常绘制一条线段用来指定对象的运行路径。这种动画形式的课件在导出时，运动引导层中的路径并不会被显示。

引导线动画设置的是一种运动轨迹，被引导层中的对象是沿着运动引导层中绘制的路径运动的，所以被引导层中最常见的动画形式是动作补间动画。

4.1.2 创建引导线动画

单击时间轴图层控制区左下方的 (引导层)按钮，则可以为当前图层添加一个引导层，在引导层中绘制对象的指定运动路径，在被引导层中制作该对象的补间动画，然后调整两个关键帧中对象的位置，使其中心点在引导线上。创建引导线动画的方法如下。

步骤 1 单击时间轴中的 按钮，添加一个引导层，如图 4.1 所示。

步骤 2 在引导层中绘制一条曲线，来指定对象的运动路径，如图 4.2 所示。

图 4.1　添加引导层

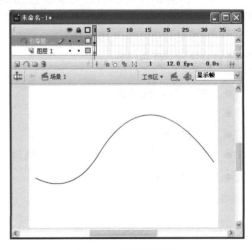

图 4.2　绘制引导线

步骤 3　在被引导层中制作一个补间动画，如图 4.3 所示。

步骤 4　延续引导层的帧使之与动画帧相同，调整补间动画的第 1 帧中实例的位置，使实例的中心点在引导线上，如图 4.4 所示。

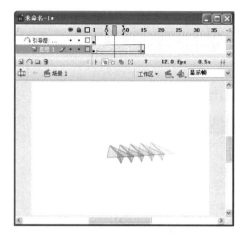

图 4.3　在被引导层中制作补间动画

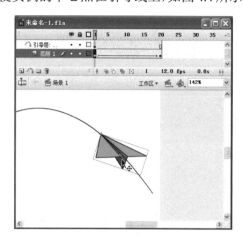

图 4.4　调整第 1 帧实例中心点

步骤 5　调整最后一帧的实例位置，使实例的中心点仍处于引导线上，如图 4.5 所示。

步骤 6　这样，引导线动画就制作完成，效果如图 4.6 所示。

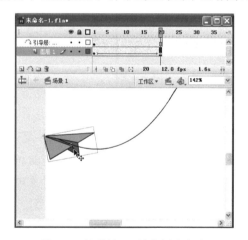

图 4.5　调整第 20 帧实例中心点

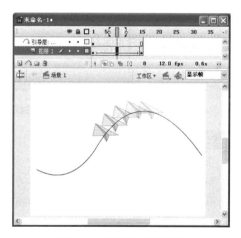

图 4.6　引导线动画效果

> **注意**
> 　　创建引导线动画时，引导线必须包括一个起点和一个终点。引导线可以是重叠的，例如螺旋状引导线，但是重叠处的线段必须保持平滑，使被引导的对象能够辨认出线段的走向，否则可能会出现问题。完全闭合的线，比如圆形外轮廓或方形外轮廓等，创建引导线时也可能会出现问题。

引导线动画创建完成之后，可以在被引导的补间动画【属性】面板中对其进行设置，其中经常用到的功能是"调整到路径"，如图 4.7 所示。选中【调整到路径】复选框后，补间对象的基线将调整到运动路径，效果如图 4.8 所示。

图 4.7　补间动画的【属性】面板

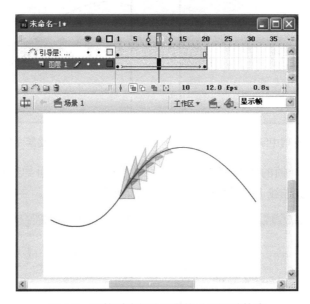

图 4.8　调整到路径的引导线动画运动轨迹

> **注意**
>
> 在制作引导线动画时，将被引导层上的对象吸附到引导线上是制作整个动画的关键，如果不能正确吸附，那么引导线动画将制作不成功。在拖放被引导层上的对象进行吸附引导线的操作之前，最好使工具箱中的【贴紧至对象】按钮处于选中状态。

4.1.3　课件实战——带电粒子从电场进入磁场的运动

下面是一个物理课件"带电粒子从电场进入磁场的运动"。课件中的动画分为四个部分，每个部分先在下方出现文字说明，然后出现相应的"带电粒子"运动演示动画。课件中根据"带电粒子"在电场和磁场中的运动规律，使元件"带电粒子"沿着引导线运动，效果如图 4.9 所示。

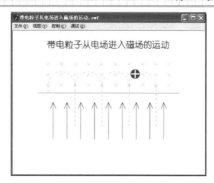

图 4.9 课件运行的一个画面

通过制作该课件,可以掌握在 Flash 中制作引导线动画的方法。制作"带电粒子从电场进入磁场的运动"课件的方法如下。

步骤 1 新建一个 Flash 文档,如图 4.10 所示。

步骤 2 用【线条工具】绘制电场和磁场,如图 4.11 所示。

图 4.10 新建空白文档

图 4.11 绘制电场和磁场

步骤 3 新建图形元件"粒子",用【椭圆工具】和【线条工具】绘制带电粒子,并填充颜色,如图 4.12 所示。

步骤 4 新建四个图形元件:"说明 1"、"说明 2"、"说明 3"和"说明 4",并分别输入各自的说明文字,"说明 1"元件如图 4.13 所示。

图 4.12 制作粒子元件

图 4.13 制作文字说明的元件

步骤5 回到场景中，新建"说明"图层，将元件"说明1"拖放到舞台中，并调整位置和大小，如图4.14所示。

步骤6 在第5帧插入关键帧，并将第1帧实例的Alpha值设置为"0%"，在两个关键帧之间创建补间动画，如图4.15所示。

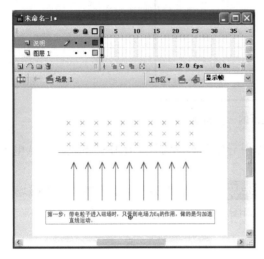

图4.14 将元件"说明1"拖动至舞台

图4.15 制作"说明1"文字的渐入动画

步骤7 在第65帧、第70帧插入关键帧，调整第70帧实例的Alpha值为"0%"，在两个关键帧之间创建补间动画，如图4.16所示。这样就制作完成了第一段说明文字的淡入淡出动画效果。

步骤8 用同样的方法制作其他说明文字元件的动画，在第110帧、第220帧、第330帧制作文字说明动画，并将所有图层帧延续到530帧处，如图4.17所示。

图4.16 制作"说明1"文字的淡出动画

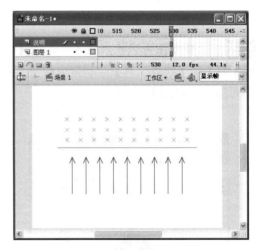

图4.17 延续至530帧处

步骤 9 文字动画制作完成以后，接下来制作粒子的运动动画。新建"粒子运动"图层，将元件"粒子"拖放到舞台中合适位置，如图 4.18 所示。

步骤 10 选中"粒子图层"，新建引导层，利用【椭圆工具】和【线条工具】绘制粒子的运动轨迹，如图 4.19 所示。需要注意的是，绘制的运动轨迹必须符合引导线的条件，否则引导动画不成立。

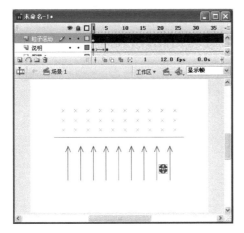

图 4.18 将"粒子"元件拖放到舞台

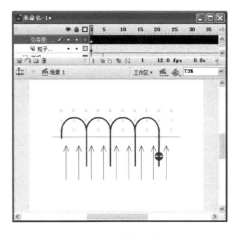

图 4.19 绘制引导线

步骤 11 将粒子元件的中心点调整到引导线上，在第 80 帧、第 95 帧处插入关键帧，并调整第 95 帧处粒子元件的位置，如图 4.20 所示。

步骤 12 在两个关键帧之间创建补间动画，由于带电粒子从电场进入磁场时做的是匀加速直线运动，所以设置补间动画缓动值为"-100"，这样就完成了粒子运动的第一段动画，如图 4.21 所示。

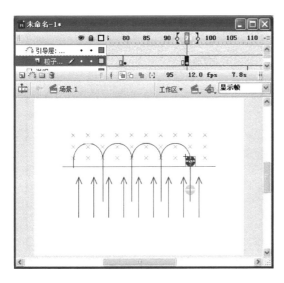

图 4.20 调整第 95 帧处粒子位置

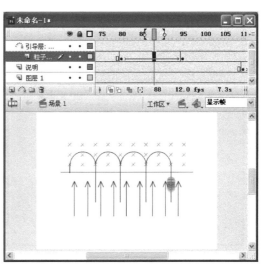

图 4.21 粒子从电场进入磁场的动画

步骤 13 接下来制作粒子的第二段动画，在第 190 帧、第 205 帧处插入关键帧，调整第 205 帧处粒子位置，如图 4.22 所示。

步骤 14 在两个关键帧之间创建补间动画，由于带电粒子在磁场中做的是匀速圆周运动，所以设置补间动画缓动值为"0"，这样就完成了粒子运动的第二段动画，如图 4.23 所示。

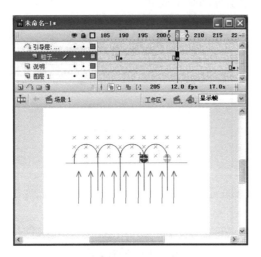

图 4.22 调整第 205 帧处粒子位置

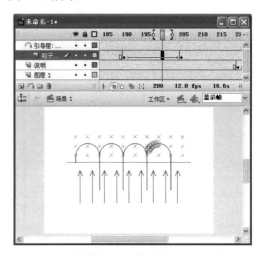

图 4.23 粒子在磁场中运动的动画

步骤 15 接下来制作粒子的第三段动画，在第 300 帧、第 315 帧处插入关键帧，调整第 315 帧处粒子位置与第 1 帧粒子位置水平对齐，如图 4.24 所示。

步骤 16 在两个关键帧之间创建补间动画，由于带电粒子脱离磁场时做的是匀减速直线运动，所以设置补间动画缓动值为"100"，这样就完成了粒子运动的第三段动画，如图 4.25 所示。

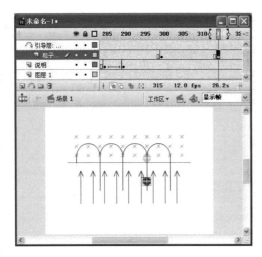

图 4.24 调整第 315 帧处粒子位置

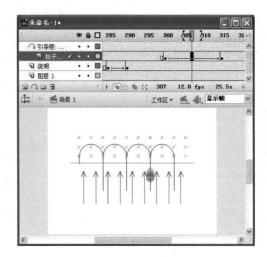

图 4.25 粒子脱离磁场动画

步骤 17 接下来制作粒子进入磁场、在磁场中和脱离磁场时的重复运动动画,如图 4.26 所示。这样,粒子在从电场进入磁场中的运动动画就制作完成了。

步骤 18 由于引导层在导出时是不可见的,为了强调带电粒子的运动轨迹,在这里将引导线复制到一个普通图层使引导线显示出来。在图层底端插入一个图层,将引导层的线条复制到该层中,并设置线条颜色为蓝色"#00CCFF",笔触样式设置为"虚线",如图 4.27 所示。

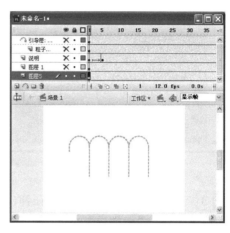

图 4.26　粒子脱离该磁场　　　　　图 4.27　复制引导线并修改样式

步骤 19 在图层顶端新建图层,输入课件标题并调整位置。这样整个课件就制作完成了,保存并测试课件,效果如图 4.9 所示。

4.2　利用遮罩动画制作课件

遮罩动画是 Flash 中一个重要的动画类型,很多效果丰富的动画都是通过遮罩动画来完成的,例如探照灯、百叶窗等效果,遮罩动画在制作课件时的用途也十分广泛。

4.2.1　认识遮罩

将某个图层作为遮罩层,以遮罩图层的区域来显示被遮罩图层的内容,就是遮罩效果。遮罩由遮罩层和被遮罩层组成,遮罩层相当于一个"视窗",该层下方的对象可以通过这个"视窗"显示出来,而"视窗"之外的对象将不会显示。

遮罩层中的内容可以是填充的形状、输入的文字或创建的元件,但线条不能作为遮罩层,更改遮罩层内容的颜色不会影响遮罩的效果;被遮罩层中可以放置任意内容。

要创建遮罩效果,至少需要两个图层。在上面的图层上右击,在弹出的快捷菜单中选择【遮罩层】命令,则可以将该图层转换为遮罩层,下一层会自动链接到遮罩层下成为被遮罩层。同时,遮罩层和被遮罩层会自动锁定,如果要对遮罩层和被遮罩层进行编辑,把它们开锁即可。制作遮罩效果的方法如下。

步骤 1 在舞台中导入一张图片，作为被遮罩层的内容，如图 4.28 所示。

步骤 2 新建一个图层并绘制一个圆的矢量图形，作为遮罩层的内容，如图 4.29 所示。

图 4.28　导入图片

图 4.29　绘制遮罩区域

步骤 3 在新建的图层上右击，在弹出的快捷菜单中选择【遮罩层】命令，如图 4.30 所示。

步骤 4 这样就可以将圆形作为下层图片的遮罩，只显示圆形区域的图片内容，如图 4.31 所示。

图 4.30　选择【遮罩层】命令

图 4.31　遮罩效果

4.2.2　创建遮罩动画

　　制作了遮罩效果后，还可以制作遮罩效果的动画。可以在遮罩层和被遮罩层中使用逐帧动画、形状补间动画和动作补间动画，但是不能使用引导线动画。创建遮罩动画的方法如下。

步骤 1 打开刚刚制作的具有遮罩效果的文件,将遮罩层解除锁定,如图 4.32 所示。

步骤 2 在遮罩层的第 18 帧插入关键帧,并将被遮罩层的帧延续到第 18 帧,如图 4.33 所示。

图 4.32 解除遮罩层的锁定

图 4.33 在遮罩层第 20 帧处插入关键帧

步骤 3 改变遮罩层中两个关键帧的圆形位置,如图 4.34 所示。

步骤 4 在两个关键帧之间创建补间形状动画,如图 4.35 所示。

图 4.34 改变圆形位置

图 4.35 在遮罩层创建圆形补间动画

步骤 5 这样就为遮罩层添加了动画,课件运行时只显示圆形经过区域,如图 4.36 所示。

图 4.36 遮罩效果动画运行的一个画面

4.2.3 课件实战——地球的自转

下面制作一个地理课件"地球的自转"。本课件运用遮罩动画,将地球制作成转动的效果。如图 4.37 所示,这就是课件运行时的效果。

图 4.37 课件运行的画面

通过制作该课件,可以掌握在 Flash 中制作遮罩动画的方法。制作"地球的自转"课件的方法如下。

步骤1 新建一个 Flash 文档,将文档帧频设置为"30 fps",背景颜色设置为蓝色(#0099FF),如图 4.38 所示。

步骤2 将图层名更改为"地球",绘制一个圆形,将其填充色设置为放射性渐变,中间为透明色,边缘为暗色,使边缘成投影效果,如图 4.39 所示。

图 4.38 新建空白文档

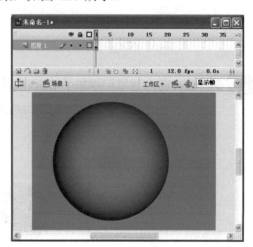

图 4.39 绘制地球

步骤 3 在"地球"图层下方新建图层"遮罩",绘制一个同样位置、同样大小的圆形,如图 4.40 所示。

步骤 4 在"遮罩"图层下方新建图层"地图 1",绘制地图形状并转换为图形元件"地图",如图 4.41 所示。

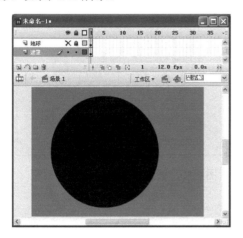

图 4.40 绘制遮罩层

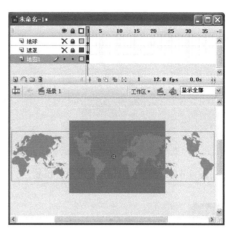

图 4.41 制作地图元件

步骤 5 在"遮罩"图层上右击,在弹出的快捷菜单中选择【遮罩层】命令,将该图层转换为遮罩层,如图 4.42 所示。

步骤 6 在"地图 1"图层第 100 帧插入关键帧,在其他图层第 100 帧插入帧。调整"地图 1"图层第 1 帧处的元件位置,如图 4.43 所示。

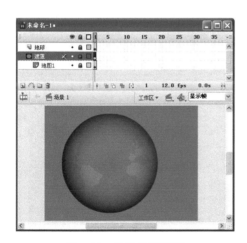

图 4.42 转换为遮罩层

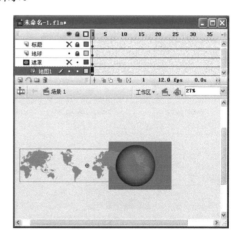

图 4.43 调整第 1 帧处元件位置

步骤 7 调整"地图 1"图层第 100 帧处的元件位置,如图 4.44 所示。

步骤 8 在两个关键帧之间创建补间动画,如图 4.45 所示。

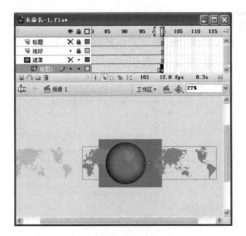

图 4.44 调整第 100 帧处元件位置

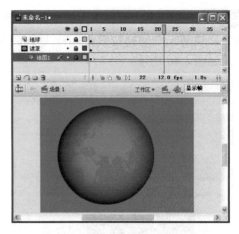

图 4.45 创建"地图 1"的补间动画

> **注意**
>
> 在这里,地球图案是左右相同的,在调整最后一帧地球图案位置时,要将地球图案左半部分与第 1 帧的地球图案右半部分基本重叠,这样制作出来的转动效果会更真实。

步骤 9 在"地图 1"图层下方新建图层"地图 2",同样设置"地图 2"图层为"遮罩"图层的被遮罩层,如图 4.46 所示。

步骤 10 将"地图"元件拖放到舞台,使其与上一图层的"地图"元件保持水平对齐,在【属性】面板中设置元件实例颜色的"亮度"为"-75%",效果如图 4.47 所示。

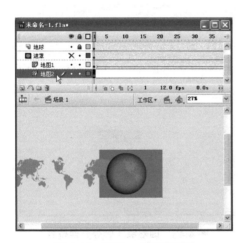

图 4.46 新建一个被遮罩层

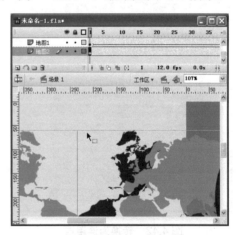

图 4.47 制作背面地图效果

步骤 11 选择【修改】|【变形】|【水平翻转】命令,将"地图"元件水平翻转,并调整到合适位置,如图 4.48 所示。

步骤 12 在第 100 帧插入关键帧,调整实例位置,如图 4.49 所示。

第 4 章 制作复杂动态演示课件

图 4.48 调整第 1 帧实例位置

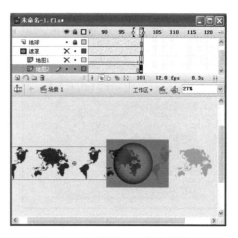

图 4.49 调整第 100 帧实例位置

注 意

本课件模拟了立体的地球转动效果,所以会出现些许误差,这就要求在制作过程中精细地调整地图的位置,使其尽可能接近真实的效果,例如暗色的大洋洲板块转出遮罩边线时,亮色的大洋洲转进来,避免地球的"前"、"后"同时出现一个板块,如图 4.50 所示。

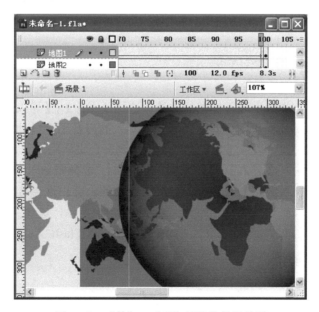

图 4.50 "前"、"后"板块的位置关系

步骤 13 在两个关键帧之间创建补间动画,如图 4.51 所示。

步骤 14 这样,遮罩动画就制作完成了。在"地球"图层上方新建"标题"图层,输入竖排文字"地球的自转"作为课件名,如图 4.52 所示。

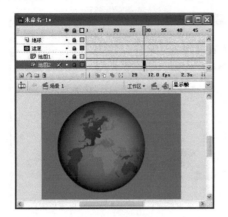

图 4.51 创建"地图 2"补间动画

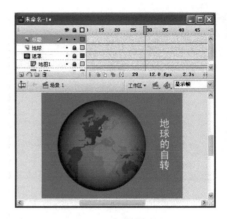

图 4.52 为课件命名

步骤 15 至此课件制作完成,保存并测试课件,效果如图 4.37 所示。

4.3 为课件导入声音

在前面章节制作的课件都是没有声音的,这样会使课件缺少吸引力。如果能将一些声音(声效、背景乐、解说词等)添加到制作的课件中,将会使课件更加丰富多彩和具有感染力。本节将介绍如何在 Flash 课件中添加声音和编辑声音。

4.3.1 导入声音

导入声音的方法,类似于导入位图的方法,选择【文件】|【导入到舞台】命令,弹出【导入】对话框,选择要导入的声音文件即可。导入的声音不会自动出现在舞台中,而是存放在库中,需要的时候可以从【库】面板中拖放到舞台来应用。导入声音的方法如下。

步骤 1 选择【文件】|【导入】|【导入到库】命令,打开【导入到库】对话框,如图 4.53 所示。

步骤 2 选择要导入的声音文件,单击【打开】按钮,会出现声音文件的导入进度条,如图 4.54 所示,进度完成之后,声音文件就会被导入 Flash 文档中并存放在库中。

图 4.53 【导入到库】对话框

图 4.54 进度条

> **提示**
>
> 一般常用的声音类型为 MP3 格式的，比其他类型的声音文件数据要小，另外还可以导入 WAV、MOV、AU、AIFF 等格式，其他类型的文件可以通过音频转换软件转换成 Flash 支持的声音格式，然后再导入 Flash 中。

4.3.2 编辑声音

声音文件导入后存放在库中，将其从【库】面板中拖放到舞台中就可以进行编辑了。编辑声音的方法如下。

步骤 1 选择要插入声音文件的帧，从【库】面板中将声音拖放到舞台，声音就会出现在时间轴中，如图 4.55 所示。

步骤 2 延续帧使声音的波形在时间轴显示完整，如图 4.56 所示。

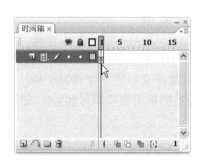

图 4.55　将声音导入时间轴

图 4.56　将声音波形显示完整

步骤 3 在声音的【属性】面板的【同步】下拉列表框中选择"数据流"选项，如图 4.57 所示。

图 4.57　制作粒子元件

> **注意**
>
> 【同步】下拉列表框中的选项："事件"选项使声音与某个事件同步播放，它的播放是独立于时间轴的，当播放头播放到时间轴的最后一帧时声音不会被停止。一般在定义按钮元件的声效时使用"事件"选项。"开始"选项与"事件"选项类似，只是当一个声音正在播放时，不会再播放新的声音。"停止"选项能使指定的声音静音。"数据流"选项可以使声音和时间轴同时播放，在定义声音和动画同步播放时，都要使用"数据流"选项。

步骤 4 单击【属性】面板中的【编辑】按钮,打开【编辑封套】对话框,如图4.58所示。

步骤 5 单击【编辑封套】对话框中的 按钮,使声音完全显示出来,拖动"开始时间"和"停止时间"控件,改变声音的起始点和终止点,如图4.59所示。

图 4.58 【编辑封套】对话框

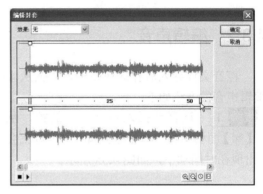

图 4.59 改变声音的起始点和终止点

步骤 6 上下拖动声道的封套手柄来改变对应的声道音量,如图4.60所示。

步骤 7 单击封套线,即可创建一个封套手柄,上下拖动该手柄即可在此处改变声音的音量(最多能创建8个封套手柄,将创建的封套手柄拖出窗口即可删除),如图4.61所示。

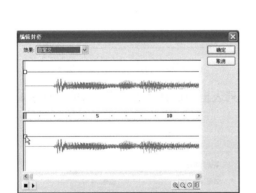

图 4.60 改变声音效果

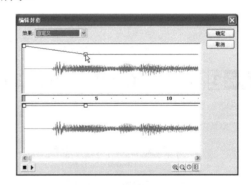

图 4.61 测试声音效果

步骤 8 编辑完成后,单击【开始播放】按钮 ▶ 测试编辑后的效果。

> **提 示**
> 在【编辑封套】对话框中,可以在左上角的【效果】下拉列表框中选择现有的声音效果;还可以在声音的【属性】面板的【效果】下拉列表框中选择声音效果。

4.3.3 课件实战——咏鹅诗朗诵

本实例为前面制作的"咏鹅"课件添加声音,并制作了伴随朗诵声音的古诗遮罩动画,将古诗以配乐诗朗诵的形式表现出来，文字随着声音而改变颜色。有了精美的画面，再加上美妙的旋律，使学生在欣赏和学习课件时印象会更加深刻，课件效果如图 4.62 所示。

图 4.62 "咏鹅"效果图

这个课件中导入了声音，制作成了有声课件。通过制作该课件，可以掌握在 Flash 中导入声音的方法，并能制作出想要的有声课件。制作"咏鹅诗朗诵"课件的方法如下。

步骤 1 打开第 2 章 2.3.8 节制作的"咏鹅"课件，如图 4.63 所示。

步骤 2 选择【文件】|【导入到库】命令，选择要导入的声音文件"咏鹅朗诵.mp3"(文件路径:配套光盘\素材\第 4 章)，如图 4.64 所示，单击【打开】按钮将声音导入库中。

图 4.63 打开"咏鹅"课件

图 4.64 导入声音

步骤 3 在图层顶端新建一个图层"声音"，打开【库】面板，将导入的声音文件拖放到舞台中，如图 4.65 所示。

步骤 4 在声音的【属性】面板中，设置声音的同步为"数据流"，并单击【编辑封套】按钮，打开【编辑封套】对话框。拖动"结束时间"控件至第 500 帧处，这样当声音播放到第 500 帧时结束，如图 4.66 所示，单击【确定】按钮。

图 4.65 将声音引用到场景中

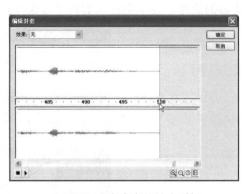

图 4.66 改变声音的结束时间

步骤 5 声音编辑完成之后，在声音图层第 500 帧处插入帧，使声音显示完整，在其他图层的第 500 帧处插入帧，使所有图层帧数相同，如图 4.67 所示。

步骤 6 下面利用遮罩动画来丰富课件，使文字随着朗读声音而变化。首先将"古诗"图层的字体打散为图形，并在下方新建一个图层命名为"遮罩"，将打散的文字复制到当前位置，如图 4.68 所示。

图 4.67 在所有图层 500 帧处插帧

图 4.68 复制打散的古诗文字

注意

如果制作字体遮罩动画，为了达到理想的效果，通常将字体打散为图形。另外，要原地复制对象，可以用快捷键 Ctrl+Shift+V，这是 Flash 中经常用到的操作。

步骤 7 在图层"遮罩"下方新建图层"颜色"，将图层"遮罩"设置为该层的遮罩层，如图 4.69 所示。

步骤 8 接下来根据声音的播放，来制作古诗字幕颜色的变化。声音"咏鹅朗诵.mp3"播放到第 124 帧处会开始朗读标题"咏鹅"两个字，所以在被遮罩层中的第 124 帧处插入关键帧，绘制一个红颜色的矩形来制作"咏鹅"二字的遮罩效果，如图 4.70 所示。

图 4.69 创建被遮罩层

图 4.70 绘制红色矩形

步骤 9 在第 140 帧插入关键帧，水平调整矩形位置，如图 4.71 所示。

步骤 10 在两个关键帧之间创建补间形状动画，锁定被遮罩层，测试遮罩效果，如图 4.72 所示。

图 4.71 调整矩形位置

图 4.72 创建被遮罩层动画

步骤 11 用同样的方法，根据声音"咏鹅朗诵.mp3"来制作古诗作者和古诗内容的遮罩动画。

提示

制作时要对各行文字分别在单独的图层中制作遮罩动画。

步骤 12 保存并测试课件，动画效果为古诗文字的颜色随着声音的播放而改变。效果如图 4.62 所示。

4.3.4 技巧与提高

导入声音之后，可以在【库】面板中双击声音图标，打开【声音属性】对话框，如

图 4.73 所示。可以对当前声音的压缩方式进行调整，也可以更换导入文件的名称，还可以查看属性信息等。

图 4.73 【声音属性】对话框

【声音属性】对话框顶部文本框中显示声音的名称，其下方是声音文件的基本信息，左侧是输入声音的波形图。对话框下方是【导出设置】栏，在这里可以对声音文件的压缩方式进行设置，在【压缩】下拉列表框中共有 5 个选项，分别为"默认值"、ADPCM、MP3、"原始"和"语音"。对声音进行压缩可以减少动画的体积，随着声音采样比率和压缩程度的不同，声音的质量和声音的大小也有所不同。

- 默认值：该压缩方式在导出时不会对声音进行压缩。
- ADPCM：用于设置 16 位的声音数据的压缩，一般在输出短时间声音时使用该选项。
- MP3：以 MP3 格式导出声音，适用于导出较长音频。
- 原始：将不对声音文件进行压缩，这里只能设置声音的声道转换和采样率。
- 语音：适用于对语音进行压缩，在音频中只能设置采样率。

4.4 为课件导入视频

视频是制作 Flash 课件时经常使用的媒体素材，视频媒体能够更真实地演示教学内容，是制作多媒体课件必不可少的一种素材类型。本节就以一个化学课件范例的制作，讨论将视频素材运用到 Flash 课件中的方法。

4.4.1 Flash 支持的视频格式

可以在 Flash 中导入多种格式的视频文件，例如 AVI、MPG/MPEG、MOV 等格式。如果试图导入系统不支持的文件格式，则 Flash 会显示一条警告消息，指明无法完成该操作。

可以利用一些视频转换工具，将不支持的视频格式转换为 Flash 支持的视频格式，例如将.rm 格式的视频转换为.avi 格式或.flv 格式的视频，然后再导入 Flash 中。视频转换工具可以从互联网上搜索并下载。

4.4.2 导入视频的方法

在 Flash 中导入的视频，与导入的位图和声音文件一样，将成为 Flash 文档的一部分。下面是导入视频的方法。

步骤 1 选择【文件】|【导入】|【导入视频】命令，打开【导入视频】对话框，如图 4.74 所示。

步骤 2 单击【文件路径】文本框右侧的【浏览】按钮，打开【打开】对话框，选择要导入的视频文件，如图 4.75 所示。单击【打开】按钮，这样，【文件路径】文本框中会出现要导入的视频文件路径。

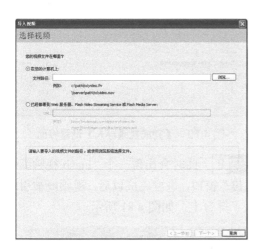

图 4.74 【导入视频】对话框

图 4.75 选择要导入的视频文件

步骤 3 单击【下一个】按钮，出现【部署】对话框，如图 4.76 所示，其中有 5 个选项，可以根据需要选择对应的选项。

步骤 4 单击【下一个】按钮，出现【编码】设置界面，如图 4.77 所示。在这里对导出的视频品质进行设置。

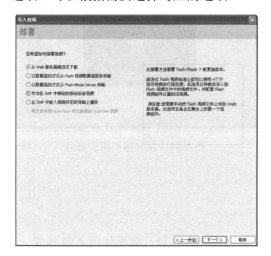

图 4.76 【部署】设置界面

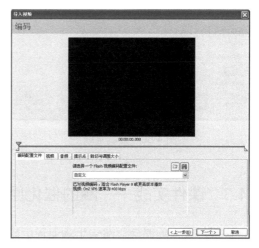

图 4.77 【编码】设置界面

步骤5　单击【下一个】按钮，出现【外观】设置界面，如图4.78所示。在【外观】下拉列表框中可以选择视频控制条的外观。

步骤6　单击【下一个】按钮，出现【完成视频导入】设置界面，如图4.79所示。

图4.78　【外观】设置界面

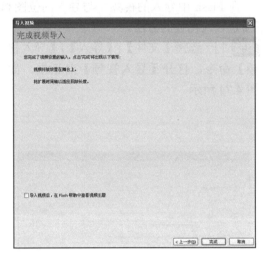

图4.79　【完成视频导入】设置界面

步骤7　单击【完成】按钮，打开【另存为】对话框，选择要保存文件的位置，单击【保存】按钮，如图4.80所示。

步骤8　此时会出现一个"Flash视频编码进度"窗口，进度完成以后，视频就被引用到了舞台上，如图4.81所示。

图4.80　绘制直线

图4.81　视频被引用到舞台

4.4.3　课件实战——酶的催化原理

这是一个生物课件，演示生物课程中酶的催化原理，课件运行效果如图4.82所示。

第 4 章 制作复杂动态演示课件

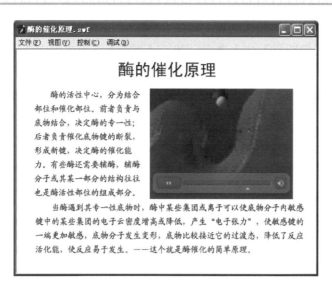

图 4.82 导入视频效果

通过制作该课件，可以掌握在 Flash 中导入视频的方法，并能制作出带有视频的课件。制作"酶的催化原理"课件的方法如下。

步骤 1 新建一个 Flash 文档，如图 4.83 所示。

步骤 2 选择【文件】|【导入】|【导入视频】命令，在弹出的【导入视频】对话框中，单击【浏览】按钮，在弹出的【打开】对话框中选择要导入的视频"酶的催化原理.avi"(文件路径：配套光盘\素材\第 4 章)，如图 4.84 所示。

图 4.83 新建文档

图 4.84 选择视频文件

步骤3　单击【打开】按钮，视频文件的路径会出现在【文件路径】文本框中，如图 4.85 所示。

步骤4　单击【下一个】按钮，在弹出的【部署】设置界面中选中【从 Web 服务器渐进式下载】单选按钮，如图 4.86 所示。

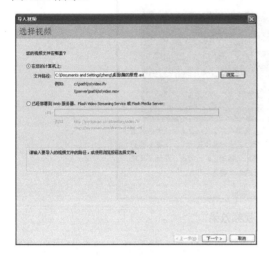

图 4.85　出现视频文件路径

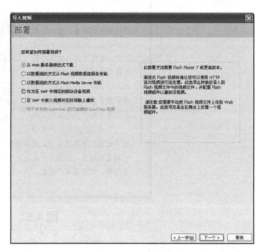

图 4.86　选择部署方式

步骤5　单击【下一个】按钮，弹出【编码】设置界面，如图 4.87 所示。

步骤6　单击【下一个】按钮，弹出【外观】设置界面，选择 ClearOverPlaySeeMute.swf 外观，如图 4.88 所示。

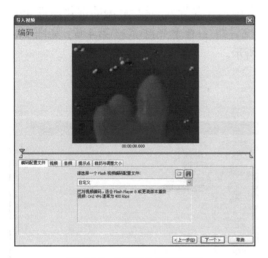

图 4.87　【编码】设置界面

图 4.88　【外观】设置界面

步骤7　单击【下一个】按钮，弹出【完成视频导入】设置界面，单击【完成】按钮，如图 4.89 所示。

步骤8　单击【完成】按钮，弹出【另存为】对话框，选择要保存的位置，单击【保存】按钮，如图 4.90 所示。

图 4.89 【完成视频导入】设置界面

图 4.90 保存文件

步骤 9 此时出现一个导入进度窗口，进度完成以后，视频就被导入舞台中。调整视频在舞台的位置和大小，如图 4.91 所示。

步骤 10 新建图层，输入课件标题和内容，如图 4.92 所示。

图 4.91 视频被导入舞台

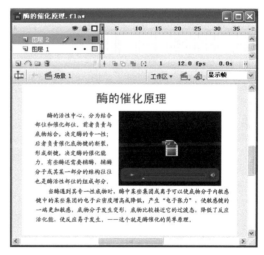

图 4.92 输入课件标题和内容

步骤 11 保存并测试课件，效果如图 4.82 所示。

第 5 章

制作幻灯片演示文稿类课件

在课堂上使用的教学课件，幻灯片形式的占了很大一部分。本章就来讲解通过创建"Flash 幻灯片演示文稿"制作 Flash 课件的方法。

在前面的章节中，课件都是通过创建"Flash 文件"实现的，其中包括了"时间轴"、"帧"、"图层"等概念及其应用的方法。这里引入一个新的概念"屏幕"。

屏幕是 Flash 2004 版本开始增加的功能，它提供了一个结构化的创作界面，用户可以使用屏幕轻松创建幻灯片演示文稿。

从本章开始，将逐步学习"Flash 幻灯片演示文稿"的相关知识，由浅入深地制作 Flash 幻灯片课件。首先学习创建幻灯片演示文稿、【屏幕轮廓】窗格、主屏幕、子屏幕、文档结构和层次结构，然后利用【行为】控制面板为幻灯片添加行为，从而实现更加绚丽的效果及"Flash 幻灯片演示文稿"课件的交互。

本章内容主要包括

- 基于屏幕的文档和屏幕创作环境
- 屏幕轮廓窗格
- 文档结构和层次结构
- 将内容添加到屏幕
- 为屏幕添加行为

5.1 用演示文稿制作幻灯片课件

基于屏幕的幻灯片演示文稿，适用于幻灯片演示和多媒体演示等连续性内容。使用幻灯片演示文稿来制作演示类课件，可以绕过令人望而生畏的 ActionScript 脚本语言，实现较为丰富的效果。

5.1.1 演示文稿的基础知识

Flash 幻灯片演示文稿的基础知识，包括创建、保存、编辑等。
首先，创建一个 Flash 幻灯片演示文稿。

步骤 1 选择【文件】|【新建】命令，打开【新建文档】对话框，切换到【常规】选项卡，在【类型】列表框中选择【Flash 幻灯片演示文稿】选项，如图 5.1 所示。

图 5.1 新建"Flash 幻灯片演示文稿"

步骤 2 单击【确定】按钮，创建一个新的幻灯片演示文稿。新建好的 Flash 幻灯片演示文稿如图 5.2 所示。

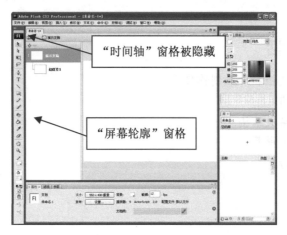

图 5.2 幻灯片演示文稿的默认创作环境

第 5 章 制作幻灯片演示文稿类课件

> **提示**
> 新创建好的 Flash 幻灯片演示文稿的默认创作环境与普通的 Flash 文件不同,即【时间轴】窗格被隐藏了,增加了一个【屏幕轮廓】窗格。

步骤 3 为新建的幻灯片演示文稿设置文档属性,修改【帧频】为 30,如图 5.3 所示。

图 5.3 幻灯片演示文稿的【属性】面板

> **注意**
> 幻灯片演示文稿的文档属性设置和普通的 Flash 文档一致。

在 Flash 幻灯片演示文稿的制作中,多出了一个【屏幕轮廓】窗格,Flash 幻灯片演示文稿的基本操作就是围绕着【屏幕轮廓】窗格进行的。下面通过制作"HELLO!FLASH!"幻灯片来熟悉【屏幕轮廓】窗格。

下面通过一个小例子,逐步掌握屏幕的基本操作。

步骤 1 选择【文件】|【新建】命令,打开【新建文档】对话框,切换到【常规】选项卡,在【类型】列表框中选择【Flash 幻灯片演示文稿】选项,然后单击【确定】按钮,创建一个新的幻灯片演示文稿,如图 5.4 所示。

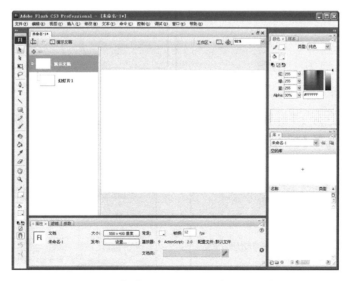

图 5.4 新建的 Flash 幻灯片演示文稿

步骤 2 制作幻灯片主屏幕。单击【屏幕轮廓】窗格中的"演示文稿"缩略图,在文档窗口中显示该屏幕,如图 5.5 所示。

步骤 3 利用文本工具,在文档窗口中输入"HELLO!FLASH!"字样,如图 5.6 所示。

图 5.5 选中"演示文稿"缩略图

图 5.6 为"演示文稿"屏幕添加文字

注 意

在 Flash 幻灯片演示文稿中,顶层屏幕在默认情况下称为"演示文稿"。顶层屏幕是容纳向文档中添加的所有内容(包括其他屏幕)的容器。可以将内容放在顶层屏幕上,但不能删除或移动顶层屏幕。

步骤 4 在【屏幕轮廓】窗格中,选中"幻灯片 1"缩略图,如图 5.7 所示。

步骤 5 为"幻灯片 1"屏幕添加文字内容,如图 5.8 所示。

图 5.7 选中"幻灯片 1"缩略图

图 5.8 为"幻灯片 1"屏幕添加文字

步骤 6 在"幻灯片 1"屏幕上右击,在弹出的快捷菜单中选择【插入屏幕】命令,如图 5.9 所示。

步骤 7 为新插入的屏幕添加文字内容,如图 5.10 所示。

图 5.9 选择【插入屏幕】命令

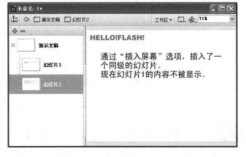

图 5.10 为"幻灯片 2"屏幕添加文字

第 5 章 制作幻灯片演示文稿类课件

> **提示**
> 可以通过【屏幕轮廓】窗格上方的 ➕ 按钮来插入一个屏幕，通过 ➖ 按钮来删除一个屏幕。

> **注意**
> 同级别的幻灯片是顺次被显示的，当播放到下一张幻灯片时，上一张幻灯片的内容就看不到了。而不同级别的幻灯片，所选屏幕和它的第一个嵌套屏幕是同时被显示出来的。

步骤 8 在"幻灯片 2"屏幕上右击，在弹出的快捷菜单中选择【插入嵌套屏幕】命令，如图 5.11 所示。

步骤 9 为新插入的屏幕添加文字内容，如图 5.12 所示。

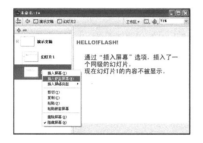

图 5.11 选择【插入嵌套屏幕】命令

图 5.12 为"幻灯片 3"屏幕添加文字

> **注意**
> 一个 Flash 幻灯片演示文稿可以包含多个屏幕，并且可以根据需要将一个屏幕嵌套在其他屏幕内。在一个屏幕内部的屏幕是它的子项，包含屏幕的屏幕被称为父项，如果某个屏幕嵌套在了若干层深，则该屏幕之上的所有屏幕都是它的始祖；位于同一层中的屏幕称为兄弟屏幕；嵌套在一个屏幕中的所有屏幕都是它的后代。子屏幕包含其始祖屏幕的所有内容。本例中，"幻灯片 1"和"幻灯片 2"为兄弟屏幕，"幻灯片 3"为"幻灯片 2"的子项。

步骤 10 在"幻灯片 3"屏幕上右击，在弹出的快捷菜单中选择【复制】命令，如图 5.13 所示。

步骤 11 在"幻灯片 1"屏幕上右击，在弹出的快捷菜单中选择【粘贴】命令，如图 5.14 所示。

图 5.13 选择【复制】命令

图 5.14 粘贴屏幕

步骤 12 新建屏幕的内容,和被复制屏幕的内容一致,位置在"幻灯片 1"屏幕的下方,如图 5.15 所示。

步骤 13 修改"幻灯片 3_副本"屏幕的内容,如图 5.16 所示。

图 5.15 复制完成后的幻灯片

图 5.16 修改"幻灯片 3_副本"屏幕的内容

步骤 14 选中"幻灯片 2"屏幕并右击,在弹出的快捷菜单中选择【复制】命令,如图 5.17 所示。

步骤 15 在"幻灯片 3_副本"屏幕上右击,在弹出的快捷菜单中选择【粘贴】命令,如图 5.18 所示。

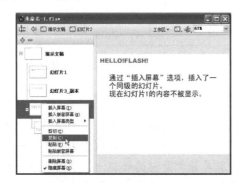

图 5.17 选择【复制】命令

图 5.18 执行粘贴操作

步骤 16 "幻灯片 2"屏幕和嵌套屏幕"幻灯片 3"一起被复制,粘贴到了"幻灯片 3_副本"屏幕的下方,如图 5.19 所示。

步骤 17 修改"幻灯片 2_副本"屏幕的内容,如图 5.20 所示。

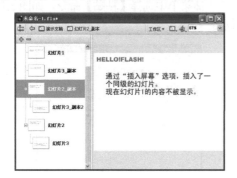

图 5.19 复制完成后的幻灯片

图 5.20 修改"幻灯片 2_副本"屏幕的内容

> **注意**
>
> 如果被复制的屏幕包含嵌套屏幕，那么父项被复制时，所有的嵌套屏幕也会一起被复制。

步骤 18 选中"幻灯片 3_副本"屏幕并右击，在弹出的快捷菜单中选择【剪切】命令，如图 5.21 所示。

步骤 19 选中"幻灯片 1"屏幕并右击，在弹出的快捷菜单中选择【粘贴嵌套屏幕】命令，如图 5.22 所示。

图 5.21　选择【剪切】命令

图 5.22　选择【粘贴嵌套屏幕】命令

步骤 20 "幻灯片 3_副本"屏幕成为"幻灯片 1"屏幕的嵌套屏幕，如图 5.23 所示。

步骤 21 修改"幻灯片 3_副本"屏幕的内容，如图 5.24 所示。

图 5.23　粘贴为嵌套屏幕

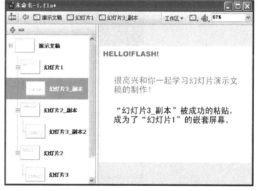

图 5.24　修改"幻灯片 3_副本"屏幕的内容

步骤 22 单击"幻灯片 2_副本"屏幕和"幻灯片 2"屏幕缩略图前面的⊟按钮，折叠这两个屏幕的嵌套屏幕，此时⊟按钮变为⊞按钮，灵活使用这两个按钮，可以使层次结构更加清晰，如图 5.25 所示。

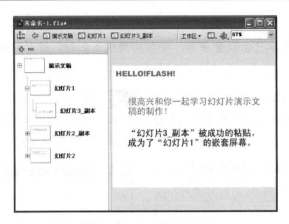

图 5.25 幻灯片的层次结构

5.1.2 课件实战——我们的地球

下面通过创建 Flash 幻灯片演示文稿，制作地理课件"我们的地球"。制作完成的课件效果如图 5.26 所示。

图 5.26 "我们的地球"运行画面

课件通过键盘上的"←"箭头和"→"箭头控制，每按一下，幻灯片向前或向后跳转一张。

通过学习"我们的地球"课件的制作，可以掌握使用 Flash 幻灯片演示文稿制作课件的基础知识。其中需要重点学习的是屏幕的操作，例如复制、粘贴、删除等。制作过程中存在一个难点，就是屏幕和嵌套屏幕的关系，需要仔细体会。制作"我们的地球"课件的方法如下。

步骤1 选择【文件】|【新建】命令，打开【新建文档】对话框，切换到【常规】选项卡，在【类型】列表框中选择【Flash 幻灯片演示文稿】选项，然后单击【确定】按钮，

创建一个新的幻灯片演示文稿。如图 5.27 所示。

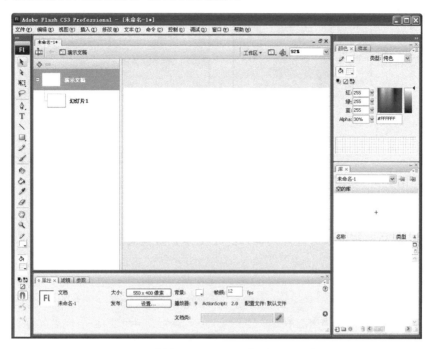

图 5.27　新建的"Flash 幻灯片演示文稿"

步骤 2　制作幻灯片主屏幕。选择【屏幕轮廓】窗格中的"演示文稿"缩略图，在文档窗口中显示该屏幕，如图 5.28 所示。

步骤 3　选择【文件】|【导入】|【导入到舞台】命令，打开【导入】对话框，导入图片"背景.jpg"（文件路径：配套光盘\素材\第 5 章\5.1），调整图片的位置，如图 5.29 所示。

图 5.28　选中"演示文稿"屏幕

图 5.29　为"演示文稿"屏幕添加图片

步骤 4　修改屏幕的名称。双击【屏幕轮廓】窗格中的"幻灯片 1"缩略图(或单击选中"幻灯片1"缩略图，然后按键盘上的F2 键)，更改屏幕的名称为"标题"，如图 5.30 所示。

步骤 5　利用文本工具为幻灯片制作标题。在文档窗口中显示"标题"屏幕。利用文本工具输入"我们的地球"字样，然后复制粘贴，制作阴影效果，如图 5.31 所示。

图 5.30　更改屏幕名称

图 5.31　制作标题

提　示

修改屏幕的名称可以通过修改屏幕的【属性】面板来实现，屏幕的【属性】面板如图 5.32 所示。

图 5.32　屏幕的属性

步骤 6　插入一个新的屏幕。选中"标题"屏幕的缩略图，右击，在弹出的快捷菜单中选择【插入屏幕】命令，为"标题"屏幕添加兄弟屏幕，命名为"地球形状的猜测"，如图 5.33 所示。

步骤 7　为新插入的屏幕添加内容。在文档窗口中，利用绘图工具绘制一个圆角长方形的框，作为将要添加的文字的背景，如图 5.34 所示。

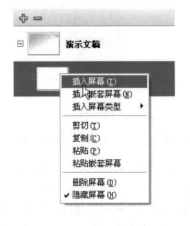
图 5.33　插入新屏幕

图 5.34　"地球形状的猜测"屏幕中的内容

步骤 8 插入一个嵌套屏幕,作为"地球形状的猜测"屏幕的子项。在【屏幕轮廓】窗格中选中"地球形状的猜测"屏幕并右击,在弹出的快捷菜单中选择【插入嵌套屏幕】命令。将新插入的屏幕命名为"意见1",如图 5.35 所示。

步骤 9 在文档窗口中,利用文本工具输入"古代中国人对地球形状的认识"字样,调整至圆角方框位置,如图 5.36 所示。

图 5.35 插入"意见 1"屏幕

图 5.36 "意见 1"屏幕的内容

步骤 10 插入一个新屏幕,作为"意见 1"屏幕的子项。在【屏幕轮廓】窗格中选中"意见 1"屏幕并右击,在弹出的快捷菜单中选择【插入嵌套屏幕】命令。将新插入的屏幕命名为"猜测 1",如图 5.37 所示。

步骤 11 在文档窗口中,利用文本工具输入关于古代中国人对于地球形状猜测的文字。在文档窗口中调整文本内容的位置,如图 5.38 所示。

图 5.37 插入"猜测 1"屏幕

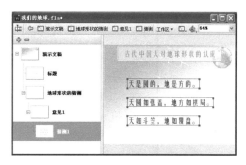

图 5.38 "猜测 1"屏幕的内容

步骤 12 插入一个新屏幕,作为"猜测 1"屏幕的兄弟项。将新插入的屏幕更名为"图例 1"。在文档窗口中插入两张关于中国古代认识地球形状的图片(文件路径:配套光盘\素材\第 5 章\5.1\盖天说.jpg 和浑天说.jpg),如图 5.39 所示。

步骤 13 按照上面的步骤,添加"古代印度人对地球形状认识"的内容。完成后的效果如图 5.40 所示。

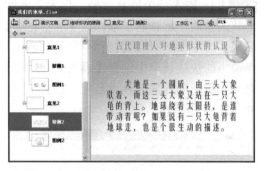

图 5.39　制作"图例 1"屏幕　　　　　图 5.40　古代印度人认识地球的相关内容

提示

制作古代印度人对地球形状的认识部分时,可以利用复制、粘贴幻灯片的操作来简便实现。因为古代印度人对地球形状的认识部分,和古代中国人对地球形状的认识部分的结构一致,只是内容有所差别,利用复制、粘贴屏幕的操作,可以大大节省制作时间。

步骤 14　利用上面学到的知识,继续制作课件。为课件添加"真实的地球形状"部分,完成后的效果如图 5.41 所示。

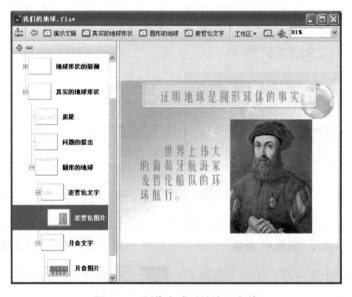

图 5.41　制作完成后的演示文稿

至此本课件制作结束。幻灯片演示文稿是基于屏幕组织构建的,在本节的学习中,主要了解了屏幕的概念,掌握了针对于【屏幕轮廓】窗格的操作。幻灯片演示文稿的制作方法和以前学到的 Flash 文件不同,需要认真学习。

第 5 章 制作幻灯片演示文稿类课件

5.2 制作复杂的幻灯片演示文稿

制作幻灯片演示文稿，不能忽略的两个重要部分是时间轴和元件的应用。结合时间轴与元件，Flash 幻灯片演示文稿可以实现更加丰富的效果。

每个屏幕都有自己的时间轴，这些时间轴在默认情况下处于折叠状态，如图 5.42 所示。

图 5.42 时间轴处于折叠状态

要使用帧或图层，请单击 按钮展开时间轴。

元件在幻灯片演示文稿中的运用，和在普通的 Flash 文档中一致。

5.2.1 时间轴和屏幕

下面通过制作实例"骑车的小人"来讲解时间轴在幻灯片演示文稿中的运用。

步骤 1 新建一个幻灯片演示文稿，如图 5.43 所示。

步骤 2 选中"演示文稿"屏幕，利用文本工具在【文档】窗口中输入"骑车的小人"字样，如图 5.44 所示。

图 5.43 新建幻灯片演示文稿

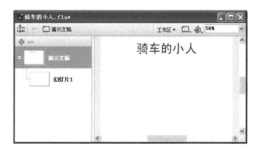

图 5.44 添加标题

步骤 3 将鼠标指针移动到窗口的左上角，找到 按钮，如图 5.45 所示。

步骤 4 单击 按钮，展开时间轴面板，如图 5.46 所示。

图 5.45 选中【显示时间轴】按钮

图 5.46 展开时间轴面板

步骤 5 选中"幻灯片 1"屏幕,在文档窗口中绘制一个骑车的小人,如图 5.47 所示。

步骤 6 分别在第 4、7、10 帧绘制骑车小人的不同姿势,使这 4 帧形成小人骑车的连贯动作,如图 5.48 所示。

图 5.47 绘制一个骑车的小人

图 5.48 制作小人骑车动画

步骤 7 至此"骑车的小人"制作完毕,运行效果如图 5.49 所示。

图 5.49 制作的小人骑车动画

> **提示**
>
> 每个屏幕都有属于自己的时间轴，当没有程序或人为控制的情况下，播放头在本屏幕的时间轴里是循环播放的。

5.2.2 元件和屏幕

在幻灯片演示文稿的制作中，可以将需要重复使用的内容制作成元件。通过引用这些元件的实例，可以使整个制作过程更加便捷。下面继续制作"骑车的小人"来讲解元件在幻灯片演示文稿中的运用。

步骤 1 打开 5.2.1 节制作的"骑车的小人"，创建一个"仙人掌"影片剪辑元件，如图 5.50 所示。

步骤 2 绘制两个仙人掌，如图 5.51 所示。

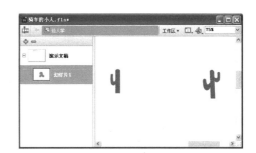

图 5.50 新建"仙人掌"元件　　　图 5.51 绘制仙人掌

步骤 3 创建"背景"元件，如图 5.52 所示。

步骤 4 编辑"背景"元件。展开时间轴，利用"仙人掌"元件的实例创建一段动画，内容为仙人掌由画面左端移动到画面右端，如图 5.53 所示。

图 5.52 新建"背景"元件　　　图 5.53 制作补间动画

步骤 5 单击【屏幕轮廓】窗格中的"幻灯片 1"缩略图，以编辑"幻灯片 1"屏幕，如图 5.54 所示。

步骤 6 新建"图层 2"，将制作完成的"背景"元件从库中拖曳到"幻灯片 1"中，在第 12 帧插入帧，如图 5.55 所示。

图 5.54　切换到"幻灯片 1"　　　　图 5.55　将背景元件拖曳到"幻灯片 1"中

步骤 7　至此"骑车的小人"制作完毕,运行效果如图 5.56 所示。

图 5.56　制作的小人骑车动画

5.2.3　课件实战——实验室制取氧气

下面结合元件、时间轴的知识,制作化学课件"实验室制取氧气"。课件分为检查气密性、组装实验仪器、进行实验三个部分,其中检查气密性部分如图 5.57 所示。

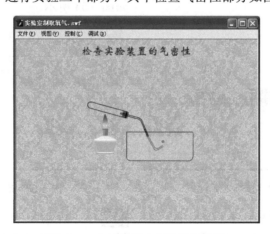

图 5.57　气密性检查部分运行效果

进行实验部分运行效果如图 5.58 所示。

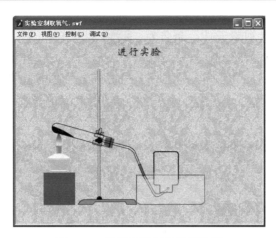

图 5.58　进行实验部分运行效果

课件通过键盘上的"←"箭头和"→"箭头控制前进和倒退。

在"实验室制取氧气"课件中，涉及屏幕和时间轴、动画的综合使用。这也是本课件中较难理解的知识点。制作"实验室制取氧气"课件的方法如下。

步骤 1　创建一个新的 Flash 幻灯片演示文稿，将文档属性中的【大小】设置为"550×400 像素"，【背景】设置为"白色"，【帧频】设置为 30fps，如图 5.59 所示。

图 5.59　属性设置

首先，制作课件中用到的元件。

步骤 2　新建一个影片剪辑元件，命名为"铁架台"。在【文档】窗口中绘制一个铁架台，如图 5.60 所示。

步骤 3　新建一个影片剪辑元件，命名为"水槽"。在【文档】窗口中绘制一个水槽，如图 5.61 所示。

图 5.60　"铁架台"元件

图 5.61　"水槽"元件

步骤 4　新建一个影片剪辑元件，命名为"木块"。在【文档】窗口中绘制一个木块，如图5.62所示。

步骤 5　新建一个影片剪辑元件，命名为"气泡"。在文档窗口中绘制一个气泡，展开时间轴，在第10帧插入关键帧，制作一段气泡上浮的形状补间动画，如图5.63所示。

图5.62　"木块"元件

图5.63　"气泡"元件

提 示

在图5.63中，为了使补间动画的效果更直观，使用了"绘图纸外观"功能。在制作动画时，巧妙地运用【绘图纸外观】按钮，可以使补间动画的效果更直观地显现，从而使对动画的调整更加精确，贴近制作者的意愿。

步骤 6　新建一个影片剪辑元件，命名为"酒精灯"。在【文档】窗口中绘制一个酒精灯，如图5.64所示。

步骤 7　新建一个影片剪辑元件，命名为"帽"。在文档窗口中绘制一个酒精灯的盖子，如图5.65所示。

图5.64　"酒精灯"元件

图5.65　"帽"元件

步骤 8　新建一个影片剪辑元件，命名为"火焰"。制作一段10帧长度的逐帧动画，内容为跳动的火焰，如图5.66所示。

步骤 9　新建一个影片剪辑元件，命名为"集气瓶_空"。在文档窗口中绘制一个空的集气瓶，如图5.67所示。

第 5 章 制作幻灯片演示文稿类课件

图 5.66 "火焰"元件

图 5.67 "集气瓶_空"元件

步骤 10 新建一个影片剪辑元件,命名为"集气瓶_满"。在文档窗口中绘制一个"满"的集气瓶,如图 5.68 所示。

步骤 11 新建一个影片剪辑元件,命名为"有盖的集气瓶"。在【文档】窗口中绘制一个有盖子的集气瓶,如图 5.69 所示。

图 5.68 "集气瓶_满"元件

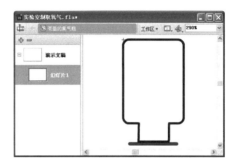

图 5.69 "有盖的集气瓶"元件

提示

"集气瓶_空"、"集气瓶_满"、"有盖的集气瓶"三个元件中的集气瓶,大小是完全一致的,使用复制、粘贴的方法来制作这三个元件,会使制作过程更加简便。

步骤 12 新建一个影片剪辑元件,命名为"空试管"。在【文档】窗口中绘制一个空的试管,然后绘制橡皮塞和导管,如图 5.70 所示。

步骤 13 新建一个影片剪辑元件,命名为"带药剂的试管"。复制步骤 12 中绘制的内容,粘贴后,在试管中绘制药剂,如图 5.71 所示。

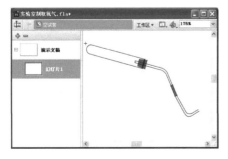

图 5.70 "空试管"元件

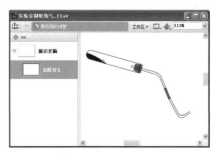

图 5.71 "带药剂的试管"元件

141

制作好课件需要用到的元件以后，下面将按步骤制作课件。

步骤 14 将顶层屏幕的名称更改为"制取氧气"，如图 5.72 所示。

步骤 15 选择【文件】|【导入】|【导入到舞台】命令，打开【导入】对话框，导入图片"背景.jpg"（文件路径：配套光盘\素材\第 5 章\5.2），调整图片的位置，如图 5.73 所示。

图 5.72　修改顶层屏幕名称

图 5.73　导入课件的背景图片

步骤 16 将"幻灯片 1"屏幕更名为"标题"，选中"标题"缩略图，在文档窗口中用文本工具输入本课件的标题"实验室制取氧气"，如图 5.74 所示。

步骤 17 插入一个新的屏幕，命名为"实验过程"，在文档窗口中用文本工具输入实验室制取氧气的过程，如图 5.75 所示。

图 5.74　制作课件的标题

图 5.75　制作"实验过程"屏幕

步骤 18 插入一个新的屏幕，命名为"检查气密性"，在文档窗口中输入"检查实验装置的气密性"字样，如图 5.76 所示。

步骤 19 为"检查气密性"屏幕插入一个嵌套屏幕，命名为"文字"。在文档窗口中输入检查实验装置气密性的方法，如图 5.77 所示。

图 5.76　插入"检查气密性"屏幕

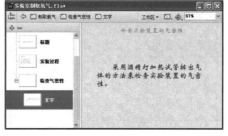

图 5.77　制作"文字"屏幕

步骤 20 为"文字"屏幕插入一个兄弟屏幕，命名为"实验"。在库中将"空试管"、"水槽"两个元件拖曳到文档窗口内，调整位置。展开时间轴，在第 30 帧插入帧，如图 5.78 所示。

步骤 21 在"图层 1"的上方插入一个图层，在库中将"酒精灯"元件拖曳到文档窗口，调整位置。分别在"图层 2"的第 15 帧和第 30 帧插入关键帧，调整第 15 帧的酒精灯的位置，然后制作补间动画，使酒精灯在试管的下缘晃动，如图 5.79 所示。

图 5.78 插入"实验"屏幕

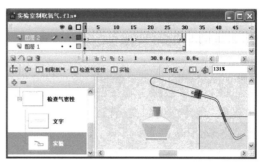

图 5.79 制作酒精灯晃动的动画

步骤 22 在"图层 2"的上方插入一个图层，在库中将"火焰"元件拖曳到文档窗口中，根据酒精灯调整火焰位置。分别在"图层 3"的第 15 帧和第 30 帧插入关键帧，调整第 15 帧的火焰的位置，然后制作补间动画，使火焰随着酒精灯的轨迹移动，如图 5.80 所示。

步骤 23 在"图层 3"的上方插入一个图层，在库中将"气泡"元件拖曳到【文档】窗口内。调整"气泡"的位置，将其移动到导管的出口处，如图 5.81 所示。

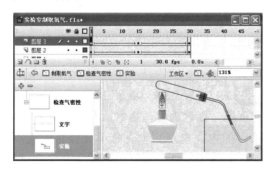

图 5.80 制作"火焰"晃动动画

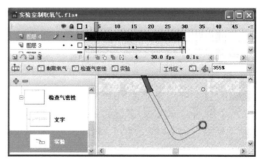

图 5.81 添加"气泡"

步骤 24 为"检查气密性"屏幕插入一个兄弟屏幕，命名为"组装实验仪器"。在文档窗口中输入"组装实验仪器"字样，如图 5.82 所示。

步骤 25 为"组装实验仪器"屏幕插入一个嵌套屏幕，命名为"步骤1"。在库中将"木块"、"酒精灯"、"铁架台"和"水槽"四个元件拖曳到文档窗口中，调整位置，如图 5.83 所示。

143

图 5.82　插入"组装实验仪器"屏幕

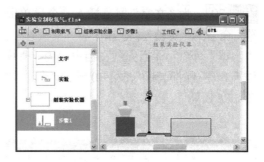

图 5.83　组装实验仪器的第一步

步骤 26　在"步骤 1"下插入一个兄弟屏幕,命名为"步骤 2"。在库中将"带药剂的试管"元件拖曳到文档窗口中,调整位置,如图 5.84 所示。

步骤 27　在"步骤 2"下插入一个兄弟屏幕,命名为"步骤 3"。在库中将"集气瓶_满"元件拖曳到文档窗口中,调整位置和角度。并在集气瓶口处用线条工具绘制一条灰色的线段,作为毛玻璃盖住集气瓶口,如图 5.85 所示。

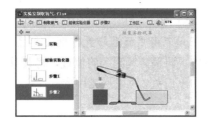

图 5.84　组装实验仪器的第二步

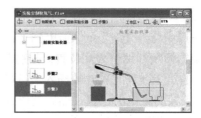

图 5.85　组装实验仪器的第三步

注意

调整带药剂的试管的位置时,需要注意调整试管的角度,使试管口微微向下倾斜,试管夹要夹在靠近试管口的位置。

步骤 28　为"组装实验仪器"屏幕插入一个兄弟屏幕,命名为"进行实验"。在文档窗口中输入"进行实验"字样,如图 5.86 所示。

步骤 29　为"进行实验"屏幕插入一个嵌套屏幕,命名为"预热"。将"步骤 3"屏幕中的内容复制到本屏幕中并保持位置不变,删除酒精灯。展开时间轴,在第 30 帧插入帧,如图 5.87 所示。

图 5.86　插入"进行实验"屏幕

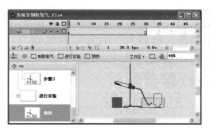

图 5.87　插入"预热"屏幕

步骤 30 新建一个图层,在库中将"气泡"元件拖曳到"预热"屏幕中,调整位置,如图 5.88 所示。

步骤 31 新建两个图层,分别制作酒精灯和火焰在试管下方移动的动画,如图 5.89 所示。

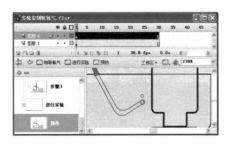

图 5.88 添加气泡

图 5.89 添加酒精灯和火焰

步骤 32 为"预热"屏幕插入一个兄弟屏幕,命名为"收集气体"。将"预热"屏幕第 1 帧的所有内容复制到本屏幕,保持位置不变。删除"集气瓶_满"元件,从库中拖曳"集气瓶_空"元件到文档窗口中,并调整位置。在第 240 帧插入帧,如图 5.90 所示。

步骤 33 新建一个图层,命名为"图层 3",绘制集气瓶的填充形状,如图 5.91 所示。

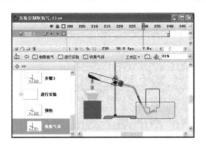

图 5.90 插入"收集气体"屏幕

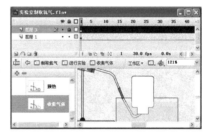

图 5.91 绘制集气瓶的填充形状

步骤 34 在"图层 3"下建立一个图层,创建一段 240 帧的补间形状动画。内容为一个大小微微大于集气瓶的方形(颜色和水槽的颜色一致),由上至下逐渐缩短,如图 5.92 所示。

步骤 35 将"图层 3"设置为遮罩层。这样就形成了一段气体逐渐将水排出集气瓶的动画,如图 5.93 所示。

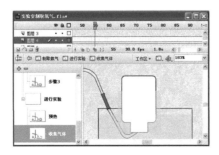

图 5.92 制作补间形状动画

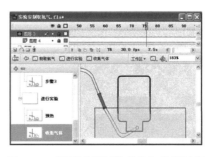

图 5.93 利用遮罩制作收集气体的过程

步骤 36 插入一个新屏幕,作为"收集气体"屏幕的兄弟项,命名为"取出集气瓶"。将"收集气体"屏幕中"图层 1"中的所有内容复制到本屏幕,保持位置不变,删除集气瓶,在第 120 帧插入帧,如图 5.94 所示。

步骤 37 新建一个图层,在库中拖入"集气瓶_空"元件并调整位置,如图 5.95 所示。

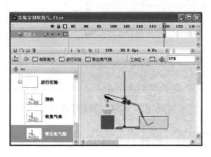

图 5.94 插入"取出集气瓶"屏幕

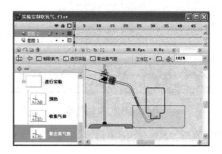

图 5.95 放置"集气瓶"

步骤 38 在"图层 2"的第 10 帧插入关键帧,调整集气瓶的位置,创建一段集气瓶移动的补间动画,如图 5.96 所示。

步骤 39 在"图层 2"的第 26 帧插入帧。新建一个图层命名为"图层 3",在第 15 帧插入关键帧,用线条工具绘制一条线段,如图 5.97 所示。

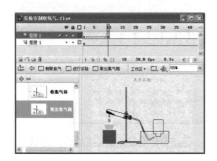

图 5.96 制作集气瓶移动的动画

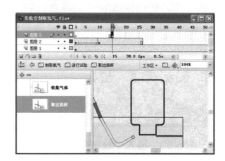

图 5.97 绘制集气瓶的"盖子"

步骤 40 在第 25 帧插入关键帧,调整线段的位置正好盖住集气瓶口,创建一段补间形状,如图 5.98 所示。

步骤 41 在"图层 2"的第 27 帧到第 37 帧创建一段集气瓶由水槽中拿出的动画,如图 5.99 所示。

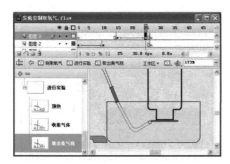

图 5.98 制作盖子盖住集气瓶的动画

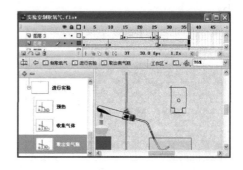

图 5.99 制作集气瓶从水中拿出的动画

步骤 42 在"图层 2"的第 45 帧到第 60 帧创建一段集气瓶翻转的动画,如图 5.100 所示。

步骤 43 为"取出集气瓶"插入一个兄弟屏幕,命名为"熄灭酒精灯"。将"木块"、"酒精灯"、"铁架台"、"带药剂的试管"放置到文档窗口中并调整位置,在第 99 帧插入帧,如图 5.101 所示。

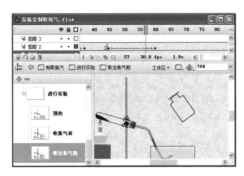

图 5.100 制作集气瓶翻转的动画

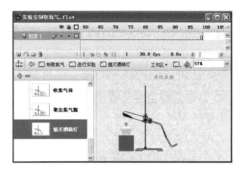

图 5.101 插入"熄灭酒精灯"屏幕

步骤 44 新建一个图层,将"水槽"放置到文档窗口中。创建一段水槽移动的动画,如图 5.102 所示。

步骤 45 新建一个图层,将"火焰"放置到文档窗口中。在第 29 帧插入空白关键帧,如图 5.103 所示。

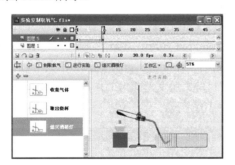

图 5.102 制作水槽移动的动画

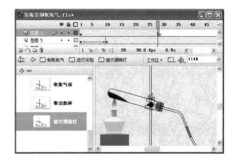

图 5.103 将"火焰"放置到文档窗口中

步骤 46 新建一个图层,在第 20 帧到第 45 帧创建一段用熄灭火焰的动画,如图 5.104 所示。

步骤 47 插入"进行实验"屏幕的兄弟屏幕,命名为"实验完成"。在文档窗口中输入"实验完成"四个字,如图 5.105 所示。

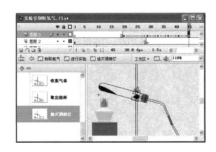

图 5.104 制作熄灭酒精灯的动画

图 5.105 插入"实验完成"屏幕

至此本课件制作完毕。

5.3 为幻灯片课件添加行为

本节将学习一个新概念：行为。在制作 Flash 幻灯片演示文稿时，可以通过行为来实现幻灯片的交互和绚丽的切换效果。行为是预先编写的 ActionScript 脚本，以简单的可视化操作向文档添加 ActionScript 代码，无需自己编写。

通过行为可以实现对屏幕的交互控制，比如转到另一个屏幕、隐藏一个屏幕或显示一个屏幕，还可以创建视觉动画实现屏幕的切换。

在 ActionScript 2.0 版本的 Flash 文档中，也可以添加行为。行为在 ActionScript 3.0 中不可用。

5.3.1 为幻灯片添加交互控制

要使用行为向屏幕添加控件，需要将行为附加到一个触发器(如按钮、影片剪辑或屏幕)，并确定受行为影响的目标屏幕，然后选择触发该行为的事件。下面通过制作一个小例子，来学习如何为幻灯片添加行为。

步骤 1 新建一个 Flash 幻灯片演示文稿，如图 5.106 所示。

步骤 2 在菜单栏中选择【窗口】|【公共库】|【按钮】命令，在公共库中找到 rounded grey stop，rounded grey back，rounded grey forward 三个按钮将它们拖曳到文档窗口中并调整位置，如图 5.107 所示。

图 5.106 新建 Flash 幻灯片演示文稿

图 5.107 放置按钮

> **提示**
> 添加的三个按钮用于对幻灯片的控制，分别表示跳转到第一张幻灯片、播放上一张幻灯片和播放下一张幻灯片。

步骤 3 在"幻灯片 1"屏幕中输入"ONE",调整字体和字号,如图 5.108 所示。

步骤 4 插入新屏幕,在"幻灯片 2"屏幕中输入"TWO"并调整字体和字号,如图 5.109 所示。

图 5.108 输入"ONE"

图 5.109 插入"幻灯片 2"屏幕

步骤 5 插入新屏幕,在"幻灯片 3"屏幕中输入"THREE"并调整字体和字号,如图 5.110 所示。

步骤 6 在"演示文稿"屏幕中选择 rounded grey stop 按钮,在菜单栏中选择【窗口】|【行为】命令,打开【行为】面板。效果如图 5.111 所示。

图 5.110 插入"幻灯片 3"屏幕

图 5.111 【行为】面板

步骤 7 将鼠标指针移动到【行为】面板左上角的 (添加行为)按钮上,如图 5.112 所示。

步骤 8 单击 按钮,在弹出的下拉菜单中选择【屏幕】|【转到幻灯片】命令,如图 5.113 所示。

图 5.112 找到【添加行为】按钮

图 5.113 添加行为

步骤 9 弹出【选择屏幕】对话框，如图 5.114 所示。

步骤 10 展开"演示文稿"屏幕，选中"幻灯片 1"屏幕，如图 5.115 所示。

图 5.114 【选择屏幕】对话框

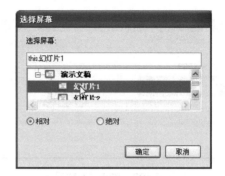

图 5.115 选择"幻灯片 1"

> **注 意**
>
> 为幻灯片添加行为，首先选择要触发行为的按钮、影片剪辑或屏幕，然后单击 ➕ 按钮，在弹出的下拉菜单中选择【屏幕】命令，最后从子菜单中选择所需的行为。

步骤 11 单击【确定】按钮，这样就为 rounded grey stop 按钮添加了释放按钮时跳转到"幻灯片 1"的行为，如图 5.116 所示。

步骤 12 选中 rounded grey back 按钮，在单击 ➕ 后弹出的下拉菜单中选择【屏幕】|【转到前一幻灯片】命令，这样就为 rounded grey back 按钮添加了释放按钮时跳转到前一幻灯片的行为，如图 5.117 所示。

图 5.116 添加"转到幻灯片"行为

图 5.117 添加"转到前一幻灯片"行为

> **注 意**
>
> 添加行为后，可以在【行为】面板中更改触发行为的事件。

步骤 13 用同样的方法为 rounded grey forward 按钮添加释放按钮时跳转到下一幻灯片的行为，如图 5.118 所示。

步骤 14 测试幻灯片，单击 按钮会跳转到下一幻灯片，单击 按钮会跳转到前一幻灯片，单击 按钮会跳转到"幻灯片 1"，如图 5.119 所示。

图 5.118　添加"转到下一幻灯片"行为

图 5.119　测试幻灯片

5.3.2　为幻灯片添加过渡

使用屏幕过渡行为能够在屏幕之间添加动画的过渡效果。

步骤 1　新建一个 Flash 幻灯片演示文稿，在"幻灯片 1"和"幻灯片 2"中分别插入两张图片，如图 5.120 所示。

步骤 2　在【屏幕轮廓】窗格中选中"幻灯片 1"，打开【行为】面板，选择【屏幕】|【转变】命令，如图 5.121 所示。

图 5.120　新建 Flash 幻灯片演示文稿

图 5.121　添加"转变"行为

> **提示**
> 要使用行为添加过渡，应将行为直接附加到屏幕。

步骤 3　在弹出的对话框中，选择【像素溶解】选项，保持其各选项属性不变，单击【确定】按钮，如图 5.122 所示。

步骤 4　为"幻灯片 2"添加"转变"行为，选择【光圈】选项，保持其各选项属性不变，单击【确定】按钮，如图 5.123 所示。

图 5.122　【转变】对话框

图 5.123　选择【光圈】选项

> **注 意**
>
> 【转变】对话框中提供了若干种动画效果。每一种都有配套的属性可以对其进行细微的调整。在制作幻灯片演示文稿时,可根据具体情况进行设置,以实现最和谐的效果。

步骤 5 测试幻灯片,此时控制幻灯片切换两张图片,中间会以动画的形式来过渡,如图 5.124 所示。

图 5.124 测试影片

5.3.3 课件实战——日月潭

本例将制作一个小学语文课件。本课件通过创建 Flash 幻灯片演示文稿的方法制作,利用行为为课件添加导航、添加幻灯片的动画切换效果。运行效果如图 5.125 所示。

图 5.125 "日月潭"课件的标题

课件的操作方法有两种，一种是通过键盘上的左右箭头来控制，一种是通过单击画面下方的导航按钮来控制，如图5.126所示。

图5.126　"日月潭"课件的运行画面

"日月潭"课件中不但包含了为幻灯片演示文稿添加了"跳转"行为的知识，还包含了为幻灯片演示文稿添加过渡效果的知识。其中"跳转"行为类似于PowerPoint中的链接，而过渡效果则类似于PowerPoint中幻灯片切换时的动画效果。制作"日月潭"课件的方法如下。

步骤1　新建一个Flash幻灯片演示文稿，将文档属性中的【大小】设置为"550×400像素"，【背景】设置为"白色"，【帧频】设置为30fps，如图5.127所示。

图5.127　课件的文档属性

下面来制作课件中用到的元件(本课件中只用到两个按钮元件)。

步骤2　新建一个按钮元件并命名为"按钮1"。每帧上的内容如图5.128所示。

步骤3　新建一个按钮元件并命名为"按钮2"。每帧上的内容如图5.129所示。

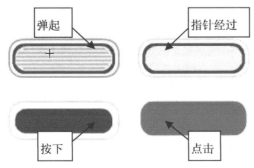

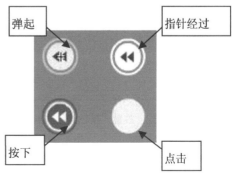

图5.128　"按钮1"元件的各帧内容　　　　图5.129　"按钮2"元件的各帧内容

提示

本例中用到的两个按钮，可以在公用库(【窗口】|【公用库】)的按钮库中找到相应的按钮，修改后得到。

到这里元件就制作完成了，下面开始制作课件。

步骤 4 新建一个 Flash 幻灯片演示文稿并命名为"日月潭"。导入"背景.jpg"图片(文件路径：配套光盘\素材\第 5 章\5.3)，放置到文档窗口并调整位置，作为本课件的背景图，如图 5.130 所示。

步骤 5 展开时间轴，新建一个图层，将"按钮 2"元件拖曳到文档窗口中。复制一个"按钮 2"并水平翻转。调整这两个按钮的位置，如图 5.131 所示。

图 5.130 新建 Flash 幻灯片演示文稿

图 5.131 放置"按钮 2"

提示

水平翻转操作，可以通过菜单栏中的【修改】|【变形】|【水平翻转】命令实现。

步骤 6 在库中将"按钮 1"元件拖曳到【文档】窗口中，并复制 4 份。调整这 5 个按钮的位置，如图 5.132 所示。

步骤 7 新建一个图层，在步骤 6 插入的 5 个按钮上，用文本工具分别输入"段一"、"段二"、"段三"、"段四"和"段五"，如图 5.133 所示。

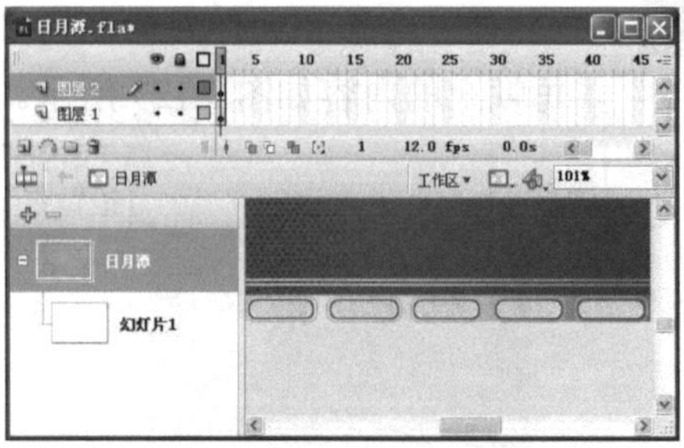

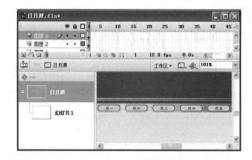

图 5.132 放置"按钮 1"并复制 4 个

图 5.133 为按钮添加标签

步骤 8 修改"幻灯片 1"的名称为"标题"，制作本课件的标题，如图 5.134 所示。

步骤 9 插入一个新屏幕，命名为"段一"。在文档窗口中输入课文的第一段文字，如图 5.135 所示。

第5章 制作幻灯片演示文稿类课件

图 5.134　制作标题

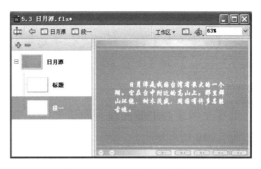

图 5.135　制作第一段课文

步骤 10　选中"段一"屏幕，打开【行为】面板，单击 ➕ 按钮，在弹出的下拉菜单中选择【屏幕】|【转变】命令，如图 5.136 所示。

步骤 11　选择【遮帘】选项，将【持续时间】设置为 1 秒，【遮帘数量】设置为 20，如图 5.137 所示。

图 5.136　为"段一"屏幕添加"转变"行为

图 5.137　选择【遮帘】选项

> **提示**
> 【遮帘】转变效果类似于百叶窗效果，【遮帘数量】选项控制了百叶窗的数量，更改【放松】下拉列表框中的项目，可以对动画效果做细微的调整。

步骤 12　将本课件用到的 5 张图导入库中。插入一个新屏幕，命名为"图一"。在文档窗口插入图"1.jpg"(文件路径：配套光盘\素材\第 5 章\5.3)，如图 5.138 所示。

步骤 13　选中"图一"屏幕，为"图一"添加"转变"行为。选择【像素溶解】选项，设置【持续时间】为 1 秒，【水平溶解块数】更改为"20"，如图 5.139 所示。

图 5.138　添加第一张图片

图 5.139　为"图一"屏幕添加转变行为

155

> **提示**
> 【像素溶解】转变效果类似于马赛克效果，对象屏幕会一小块一小块地出现，【水平溶解块数】和【垂直溶解块数】分别控制了"马赛克"的水平和垂直数量。

步骤 14 插入一个新屏幕，命名为"段二"。在文档窗口中输入课文的第二段文字，如图 5.140 所示。

步骤 15 选中"段二"屏幕，为"段二"添加"转变"行为。选择【缩放】选项，设置【持续时间】为 1 秒，如图 5.141 所示。

图 5.140 制作第二段课文

图 5.141 为"段二"屏幕添加转变行为

步骤 16 插入一个新屏幕并命名为"图二"。在文档窗口中插入图"2.jpg"（文件路径:配套光盘\素材\第 5 章\5.3)，如图 5.142 所示。

步骤 17 选中"图二"屏幕，为"图二"添加"转变"行为。选择【飞翔】选项，如图 5.143 所示。

图 5.142 添加第二张图片

图 5.143 为"图二"屏幕添加"转变"行为

步骤 18 插入一个新屏幕并命名为"段三"。在文档窗口中输入课文的第三段文字，如图 5.144 所示。

步骤 19 选中"段三"屏幕，为"段三"添加【转变】行为。选择【遮帘】选项，调整【持续时间】为 1 秒,【遮帘数量】为"20",【方向】为水平，如图 5.145 所示。

第 5 章　制作幻灯片演示文稿类课件

图 5.144　制作第三段课文

图 5.145　为"段三"屏幕添加转变行为

步骤 20　插入一个新屏幕并命名为"图三"。在文档窗口中插入图"3.jpg"（文件路径：配套光盘\素材\第 5 章\5.3），如图 5.146 所示。

步骤 21　选中"图三"屏幕，为"图三"添加"转变"行为。选中【像素溶解】选项，调整【水平溶解块数】为"20"，如图 5.147 所示。

图 5.146　插入第三张图片

图 5.147　为"图三"屏幕添加转变行为

步骤 22　插入一个新屏幕并命名为"段四"。在文档窗口中输入课文的第四段文字，如图 5.148 所示。

步骤 23　选中"段四"屏幕，为"段四"添加"转变"行为。选择【缩放】选项，调整【持续时间】为 1 秒，如图 5.149 所示。

图 5.148　制作第四段课文

图 5.149　为"段四"屏幕添加转变行为

步骤 24　插入一个新屏幕并命名为"图四"。在文档窗口中插入图"4.jpg"（文件路径：配套光盘\素材\第5章\5.3），如图5.150所示。

步骤 25　选中"图四"屏幕，为"图四"添加"转变"行为。选择【飞翔】选项，调整【持续时间】为1秒，如图5.151所示。

图 5.150　插入第四张图片

图 5.151　为"图四"屏幕添加转变行为

步骤 26　插入一个新屏幕并命名为"段五"。在文档窗口中输入课文的第五段文字，如图5.152所示。

步骤 27　选中"段五"屏幕，为"段五"添加"转变"行为。选择【光圈】选项，调整【持续时间】为1秒，如图5.153所示。

图 5.152　制作第五段课文

图 5.153　为"段五"屏幕添加转变行为

步骤 28　插入一个新屏幕并命名为"图五"。在文档窗口中插入图"5.jpg"（文件路径：配套光盘\素材\第5章\5.3），如图5.154所示。

步骤 29　选中"图五"屏幕，为"图五"添加"转变"行为。选择【像素溶解】选项。调整【水平溶解块数】为"20"，如图5.155所示。

图 5.154　插入第五张图

图 5.155　为"图五"屏幕添加转变行为

步骤 30 插入一个新屏幕并命名为"结束"。在文档窗口中输入课文的第六段文字，如图 5.156 所示。

步骤 31 选中"日月潭"屏幕。选中 按钮，为其添加释放时跳转到前一幻灯片的行为，如图 5.157 所示。

图 5.156 制作最后一段课文

图 5.157 为"向前"按钮添加行为

步骤 32 选中 按钮，为其添加释放时跳转到下一幻灯片的行为，效果如图 5.158 所示。

步骤 33 选中文字"段一"对应的按钮，打开【行为】面板，在单击 后弹出的下拉菜单中选择【屏幕】|【转到幻灯片】命令，如图 5.159 所示。

图 5.158 为"向后"按钮添加行为

图 5.159 为"段一"按钮添加行为

步骤 34 在弹出的【选择屏幕】对话框中选择【段一】选项，如图 5.160 所示。

步骤 35 单击【确定】按钮，这样就为"段一"按钮添加了释放时跳转到"段一"屏幕的行为。利用同样的方法为其他四个按钮添加【转到幻灯片】行为，如图 5.161 所示。

图 5.160 【选择屏幕】对话框

图 5.161 为其他按钮添加行为

5.4 利用模板制作幻灯片课件

制作幻灯片演示类课件，除了运用 Flash 幻灯片演示文稿外，还可以通过 Flash 模板来实现。Flash 模板为创作各种常见项目提供了易于使用的起点，在类型上可以分为移动设备模板、测验模板、广告模板和照片幻灯片模板。本节要讲解的就是其中的照片幻灯片模板。

下面利用照片幻灯片模板来制作课件"动物世界"。

步骤 1 在菜单栏中选择【文件】|【新建】命令，打开【从模板新建】对话框，切换至【模板】选项卡，如图 5.162 所示。

步骤 2 在【类别】列表框中选择【照片幻灯片放映】选项，单击【确定】按钮建立文档，如图 5.163 所示。

图 5.162　【模板】选项卡

图 5.163　选择【照片幻灯片放映】选项

步骤 3 新建好的模板如图 5.164 所示。

步骤 4 将本例用到的五张图片导入库中（文件路径：配套光盘\素材\第 5 章\5.4），如图 5.165 所示。

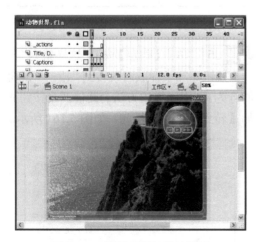

图 5.164　照片幻灯片放映模板

图 5.165　导入图片

步骤 5 将 picture layer 图层的第 1 帧中的图片删除，在库中将"斑马.jpg"放置到场景中并调整位置，如图 5.166 所示。

步骤 6 利用库中其他的图片替换 picture layer 图层剩余帧的内容，如图 5.167 所示。

图 5.166 更换图片

图 5.167 更换剩余的图片

步骤 7 在 picture layer 图层的第 5 帧插入空白关键帧，在库中将"熊猫.jpg"放置到场景中并调整位置，如图 5.168 所示。

步骤 8 将所有图层的第 5 帧用普通帧补齐，将 Captions 图层的第 5 帧转换为关键帧，如图 5.169 所示。

图 5.168 增加第五张图片

图 5.169 补齐剩余帧

> **注 意**
> 照片幻灯片模板预设了 4 张图片，但是没有对图片的数目进行限制。如果需要制作的幻灯片照片数量少于 4 张，只需要删除多余的帧即可。同理，如果照片数量多于 4 张，就需要插入相应数量的帧。

步骤 9 将 Title, Date 图层中的文本更改为"动物世界",如图 5.170 所示。

步骤 10 将 Captions 图层每 1 帧中的文本更改为对应图片的名称,如图 5.171 所示。

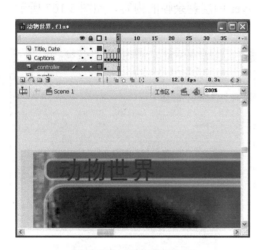

图 5.170 更改课件标题

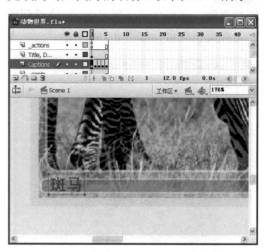

图 5.171 更改每一张图片对应的标签

步骤 11 测试影片,单击▷按钮会切换到下一张图片,如图 5.172 所示。

步骤 12 单击◁按钮会切换到上一张图片,如图 5.173 所示。

图 5.172 单击▷按钮切换到下一张图片

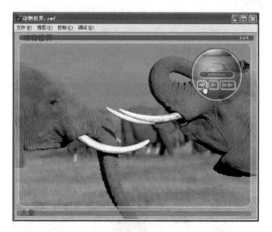

图 5.173 单击◁按钮切换到上一张图片

步骤 13 单击▷▷按钮,会每隔一定时间切换图片,形成幻灯片放映,此时 ⬚⬚ 按钮出现,单击此按钮会停止幻灯片放映,如图 5.174 所示。

步骤 14 拖动 ⌒ 按钮,Flash 的控制盘会被拖动,如图 5.175 所示。

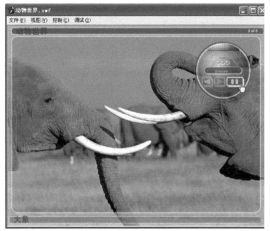

图 5.174　顺序放映照片　　　　　图 5.175　拖动"控制盘"

第 6 章

制作判断题型课件

判断题是一种常见的题型,本章主要讲解判断题型课件的制作方法。通过本章的学习,读者可以掌握使用 Flash 制作判断题型课件的思路和方法。

从本章开始,将要介绍 Flash 中 ActionScript 的相关知识。要想使课件具有良好的交互性和强大的智能性就要在课件中加入程序。Flash 提供了脚本撰写语言 ActionScript。使用 ActionScript 可以让 Flash 以非线性方式播放,从而实现更丰富的功能和效果。

Flash CS3 中提供了两种脚本语言,分别是 ActionScript 2.0 和 ActionScript 3.0,这两种脚本语言在架构上的差别很大。本书中的程序使用 ActionScript 2.0。

本章内容主要包括

- 在按钮上添加代码的方法
- 用代码控制帧的跳转
- 有关变量的知识
- 利用条件控制语句判断正误
- 有关动态文本框的知识

6.1 制作简单的判断题型课件

本节将利用 ActionScript 中的一些基础知识来制作一个简单的判断题课件。

6.1.1 解析重点知识

本节的知识点主要有：在帧和按钮上添加代码，on 处理函数，用代码控制主场景和影片剪辑的播放。

1.【动作】面板简介

【动作】面板是用来输入 ActionScript 代码的面板。选择菜单中的【窗口】|【动作】命令或按键盘上的 F9 键，可以打开【动作】面板，如图 6.1 所示。

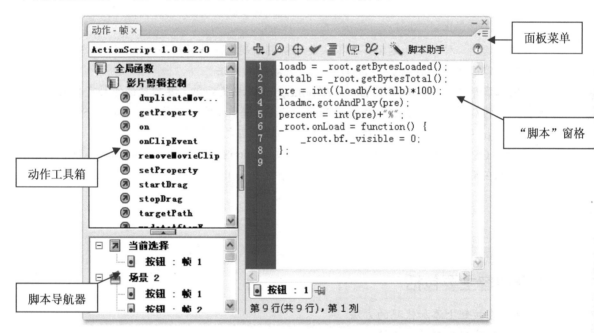

图 6.1 【动作】面板

【动作】面板由三个窗格构成：【脚本窗格】(可以在其中输入 ActionScript 代码)，【动作工具箱】(按类别对 ActionScript 代码进行分组)和【脚本导航器】(可以快速地在 Flash 文档中的脚本间导航)。

2. on 处理函数

添加在按钮上的代码必须在 on 处理函数中。

- 用法

    on(事件的触发器) {

语句;
}

on 后面的小括号中是参数,当事件发生时,执行该事件后面大括号中的语句。

- 参数

  press：当鼠标指针滑到按钮上时按下鼠标按键。

  release：当鼠标指针滑到按钮上时释放鼠标按键。

  releaseOutside：当鼠标指针滑到按钮上时按下鼠标按键,然后在释放鼠标按键前滑出此按钮区域。press 和 dragOut 事件始终在 releaseOutside 事件之前发生。

  rollOut：鼠标指针滑出按钮区域。

  rollOver：鼠标指针滑到按钮上。

  dragOut：当鼠标指针滑到按钮上时按下鼠标按键,然后滑出此按钮区域。

  dragOver：当鼠标指针滑到按钮上时按下鼠标按键,然后滑出该按钮区域,接着滑回到该按钮上。

  keyPress "＜key＞"：按下指定的键盘键。

3. play();

在时间轴中让播放头向前移动。这个函数的作用是开始播放一段动画,没有参数。

4. stop();

在时间轴中停止播放头的移动。这个函数的作用是停止播放一段动画,没有参数。

5. gotoAndStop();

- 用法

  ```
  gotoAndStop([scene], frame)
  ```

  将播放头转到场景中指定的帧并停止在该帧。如果未指定场景,播放头则转到当前场景中的指定帧。

- 参数

  scene [可选]：一个字符串,指定播放头要转到其中的场景的名称。

  frame：表示播放头转到的帧编号的数字,或者表示播放头转到的帧标签的字符串。

6. gotoAndPlay();

- 用法

  ```
  gotoAndPlay([scene], frame)
  ```

  将播放头转到场景中指定的帧并从该帧开始播放。如果未指定场景,则播放头将转到当前场景中的指定帧。

- 参数

  scene [可选]：一个字符串,指定播放头要转到其中的场景的名称。

  frame：表示播放头转到的帧编号的数字,或者表示播放头转到的帧标签的字符串。

7. _visible

实例的属性，表示影片剪辑是否处于可见状态。

用法：

实例名._visible=1(0);

当_visible 的值为 1 时，表示实例处于可见状态。当 visible 的值为 0 时，表示实例处于不可见状态。

利用上面的知识点制作一个控制汽车运动的小例子，通过这个例子，可以更深入地了解这些语句的用法。

步骤 1 新建一个 Flash 文档(ActionScript 2.0)，如图 6.2 所示。【背景】设置为"白色"，【帧频】设置为 30fps。

步骤 2 修改图层名为"背景"，在第 1 帧绘制一幅背景图，如图 6.3 所示。

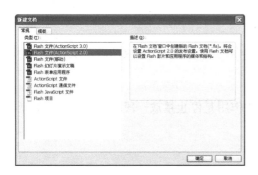

图 6.2 新建 Flash 文件

图 6.3 绘制背景

步骤 3 新建一层并命名为"汽车"，在该层制作一辆汽车从舞台左侧移动到右侧的动画(动画共 100 帧)，如图 6.4 所示。

步骤 4 新建一层并命名为"按钮"，从公用库中找出"播放"、"暂停"和"停止"三个按钮放到汽车的下方，如图 6.5 所示。

图 6.4 制作小汽车动画

图 6.5 将按钮放在舞台

步骤 5 在 action 图层的第 100 帧插入关键帧，选择【窗口】|【动作】命令或按下 F9 键，打开【动作】面板，在【动作】面板的"脚本窗格"中输入以下代码，如图 6.6 所示。

```
stop();
```

这句代码的作用是：测试影片后，动画播放到第 100 帧后停止。

步骤 6 选中【播放】按钮，在【动作】面板的"脚本窗格"中输入以下代码，如图 6.7 所示。

```
on (release) {
    play();
}
```

这段代码的作用是：当单击【播放】按钮时，动画开始播放。

图 6.6 在第 1 帧添加代码

图 6.7 在【播放】按钮上添加代码

> **提示**
> 在关键帧上添加代码后，关键帧上会显示一个字母"a"和一个小圆圈，如图 6.8 所示。这也是写有代码的关键帧和普通关键帧之间的区别。另外代码不能写在普通帧上，如果选中一个普通帧，并在【动作】面板中输入代码，则代码会被写在这个普通帧前面的关键帧上。

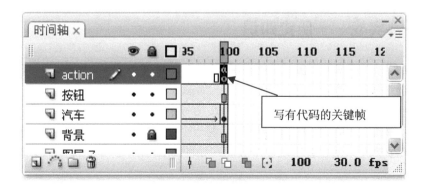

图 6.8 写有代码的关键帧

步骤7 选中【暂停】按钮,打开【动作】面板,在【动作】面板的"脚本窗格"中输入以下代码,如图6.9所示。

```
on (release) {
    stop();
}
```

这段代码的作用是:当单击【暂停】按钮时,动画暂停播放,停在当前播放的帧。

步骤8 选中【停止】按钮,打开【动作】面板,在【动作】面板的"脚本窗格"中输入以下代码,如图6.10所示。

```
on (release) {
    gotoAndStop(1);
}
```

这段代码的作用是:当单击【停止】按钮时,动画停止播放,跳到第1帧并停止。

图6.9 在【暂停】按钮上添加代码　　　图6.10 在【停止】按钮上添加代码

　　至此这个控制汽车运动的示例就完成了。按Ctrl+Enter快捷键测试影片,汽车开始从画面的左侧向右运动,单击【暂停】按钮,汽车就停止运动;单击【播放】按钮,汽车又开始向右运动;单击【停止】按钮,汽车回到画面左侧并停止。
　　本例介绍了控制动画播放流程的代码,以及如何将它们添加到帧上和按钮上。
　　本例讲解了怎样控制主时间轴上帧的跳转,在下一小节中将讲解怎样控制影片剪辑中帧的跳转。

6.1.2 课件实战——历史知识

　　本节将制作一个有关近代历史的判断题型课件,共有5道题,同时显示在场景中,每道题后的括号中都有一个灰色的对号和叉号,如图6.11所示。
　　如果认为这道题正确,单击对号,就会在括号中间出现一个红色的对号。如果认为这道题不正确,单击叉号,就会在括号中间出现一个红色的叉号。如果判断对了,会在这道题后面出现一个笑脸,反之会出现一个哭脸,如图6.12所示。单击【重做】按钮会重新开始判断。

第 6 章 制作判断题型课件

图 6.11 历史知识课件运行效果一

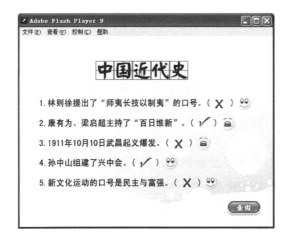

图 6.12 历史知识课件运行效果二

本课件需要重点掌握的内容有：怎样制作按钮，怎样在按钮和关键帧上添加代码，怎样控制影片剪辑实例的播放流程。

制作"历史知识"课件的方法如下。

步骤 1 新建一个 Flash 文档(ActionScript 2.0)，将文档属性中的【大小】设置为"550×400 像素"，【背景】设置为"白色"，【帧频】设置为 30fps，如图 6.13 所示。

图 6.13 【属性】面板

步骤 2 将"图层 1"改为"背景"，从外部导入一张"背景图"(文件路径：配套光盘\素材\第 6 章\6.1)，并在【属性】面板中把图片的 X:和 Y:都设置为 0，作为本课件的背景，如图 6.14 所示。

171

图 6.14 导入课件背景

下面制作课件中要用到的元件。

本课件需要三个按钮元件,分别是用来判断的【对号】、【叉号】和【重做】按钮。需要三个影片剪辑元件,分别是显示判断结果的"判断"以及显示反馈的"哭脸"和"笑脸"。导入两个声音文件 sound_dui 和 sound_cuo(文件路径:配套光盘\素材\第 6 章\6.1)。

步骤3 新建按钮元件并将其命名为"对号",如果认为一道题是正确的就单击这个按钮。在按钮的【弹起】帧绘制一个灰色的对号,在【指针经过】帧插入关键帧,将对号的颜色变浅,并调整一个角度,这样在鼠标划过时按钮会有变化。在【按下】帧插入关键帧内容与【弹起】帧相同。在【点击】帧绘制一个比对号略大的矩形,作为按钮的感应区。【对号】按钮的 4 个关键帧中的内容如图 6.15~图 6.18 所示。

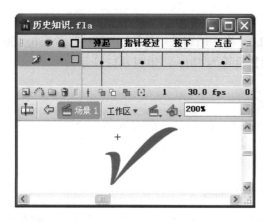

图 6.15 【弹起】帧

图 6.16 【指针经过】帧

图 6.17 【按下】帧

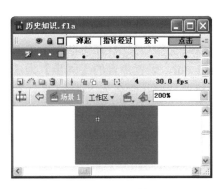

图 6.18 【点击】帧

> **注意**
>
> 为什么本例要在【点击】帧中绘制一个矩形呢？因为如果这一帧是空白的，鼠标只有划到对号时才会有响应，而划到对号中间的空白处时没有响应，这样不便于操作，所以要在这一帧绘制一个规则图形作为感应区。感应区可以是任意颜色，因为导出影片后【点击】关键帧中的内容是不会显示的。
>
> 一般把一些不规则的图形或文字制作成按钮时，为了操作方便都会在【点击】帧绘制一个规则图形。

步骤 4 新建按钮元件并将其命名为"叉号"，如果认为一道题是错误的就单击这个按钮。在按钮的【弹起】帧绘制一个灰色的叉号，在【指针经过】帧插入关键帧，将对号的颜色变浅，并调整一个角度。在【按下】帧插入关键帧内容与【弹起】帧相同。在【点击】帧绘制一个比叉号略大的矩形，作为按钮的感应区，如图 6.19 所示。

步骤 5 新建影片剪辑元件并将其命名为"判断"，在第 1 帧添加代码"stop();"，在第 2 帧插入关键帧，绘制一个红色的对号，在第 3 帧插入关键帧，绘制一个红色的叉号。这个元件用来显示用户做出的判断，如果单击了【对号】按钮，这个元件就会显示一个红色的对号。如果单击了【叉号】按钮，这个元件就会显示一个红色的叉号，如图 6.20 所示。

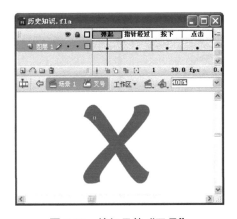

图 6.19 按钮元件"叉号"

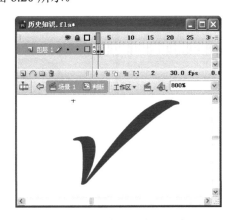

图 6.20 影片剪辑元件"判断"

步骤6 新建影片剪辑元件并将其命名为"笑脸",将"图层1"改名为"表情",在第2帧绘制一个笑脸,在每两帧中插入声音 sound_dui,设置声音的【同步】为【事件】。新建一层并命名为"action",在第1帧和第13帧都添加代码"stop();"。这个元件是正确反馈,如图6.21所示。

步骤7 新建影片剪辑元件并将其命名为"哭脸",将"图层1"改名为"表情",在第2帧绘制一个哭脸,在每两帧中插入声音 sound_cuo,设置声音的【同步】为【事件】。新建一层并命名为"action",在第1帧和第7帧都添加代码"stop();"。这个元件是错误反馈,如图6.22所示。

图6.21 影片剪辑元件"笑脸"

图6.22 影片剪辑元件"哭脸"

步骤8 新建按钮元件并将其命名为"重做_bt",单击这个按钮可以重新开始判断,制作过程不再详细介绍,如图6.23所示。

图6.23 "重做"按钮

至此,元件制作完成,下面进行场景布置,将元件放到舞台上适当的位置,并对元件的实例进行命名。

步骤 9 新建一层并命名为"标题",在场景上方输入文字"中国近代史",作为课件的标题,如图6.24所示。

步骤 10 新建一层并命名为"题目",在场景上方输入文字"1.林则徐提出了'师夷长技以制夷'的口号。",作为被判断的对象,在后面输入一对小括号,放置用来判断的按钮和显示判断的结果,如图6.25所示。

图 6.24　添加标题

图 6.25　输入题目

步骤 11 新建一层并命名为"按钮",把"对号"和"叉号"两个按钮元件放到括号中,如图6.26所示。

步骤 12 下面为按钮元件"对号"的实例命名。选择按钮元件"对号"的实例,打开【属性】面板,在【实例名称】文本框中输入"dui1_bt",如图6.27所示。

图 6.26　"对号"和"叉号"

图 6.27　为"对号"实例命名

> **注意**
>
> 在 ActionScript 中使用实例名称来引用实例。若要用 ActionScript 来控制实例，就需要为单个时间轴内的每个实例提供唯一的名称，所以为实例命名的操作非常关键。例如本课件中需要控制按钮"对号"的"可见状态"属性(_visible)，就必须为该元件的实例命名。

步骤 13 选择按钮元件"叉号"的实例，打开【属性】面板，在【实例名称】文本框中输入"cuo1_bt"，如图 6.28 所示。

步骤 14 新建一层并命名为"判断"，把影片剪辑元件"判断"放到括号中，调整其位置使判断的结果显示在括号的中央。将实例命名为"pan1_MC"，如图 6.29 所示。

图 6.28 为"叉号"实例命名

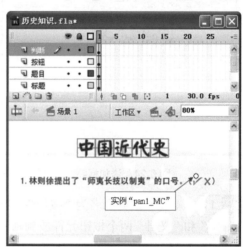

图 6.29 pan1_MC 实例

> **注意**
>
> 因为元件的第 1 帧是空的，所以它的实例只显示一个小圆点儿。这种实例的宽度和高度都为 0，但它同样具有影片剪辑元件实例的所有属性，可以在属性面板中设置它的位置、亮度、Alpha 值等。

步骤 15 新建一层并命名为"笑脸"，把影片剪辑元件"笑脸"放到括号右侧。将实例命名为"smile1_MC"。再新建一层，命名为"哭脸"，把影片剪辑元件"哭脸"放到括号右侧与笑脸相同的位置。将实例命名为"cry1_MC"，如图 6.30 所示。

步骤 16 新建一层，命名为"重做"，把按钮元件"重做_bt"放到舞台的右下角，如图 6.31 所示。

第 6 章 制作判断题型课件

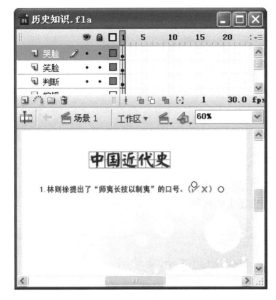

图 6.30 smile1_MC 和 cry1_MC 实例

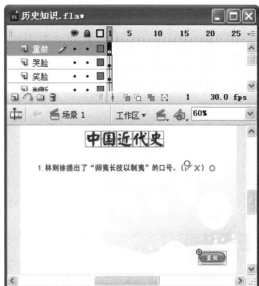

图 6.31 将【重做】按钮放到舞台

至此场景就布置好了，下面开始添加代码。在添加代码之前，先介绍一下该判断题型课件的制作思路。其中有几个关键点：

- 灰色的对号和叉号是按钮，用来供用户单击判断。红色的对号和叉号是影片剪辑，仅反应此次操作的结果。
- 单击"对号"按钮和"叉号"按钮中的任何一个，两个按钮都消失。
- 单击"对号"按钮元件，"判断"的实例 pan1_MC 跳转到第 2 帧，显示红色的对号。单击"叉号"按钮元件，"判断"的实例 pan1_MC 跳转到第 3 帧，显示红色的叉号。
- 如果这道题是正确的，单击"对号"时出现笑脸，单击"叉号"时出现哭脸。反之，单击"对号"时出现哭脸，单击"叉号"时出现笑脸。

步骤 17 选择按钮"对号"的实例 dui1_bt，打开【动作】面板，添加如下代码，如图 6.32 所示。

```
on (release) {
    _root.dui1_bt._visible = 0;
    //按钮"对号"消失
    _root.cuo1_bt._visible = 0;
    //按钮"叉号"消失
    _root.pan1_MC.gotoAndStop(2);
    //括号中的实例 pan1_MC 跳转到第 2 帧，显示红色的对号
    _root.cry1_MC.play();
    //题目后面显示哭脸。因为这道题目是不正确的，单击对号按钮则判断错误
}
```

上面这段代码实现的效果是：当单击灰色的"对号"按钮时，括号中的"对号"和"叉号"按钮都消失，一个红色的对号显示在括号中，同时哭脸作为反馈出现在括号后

177

面，说明做出的判断是错误的。

图6.32 "对号"按钮上的代码

> **提示**
>
> _root是指主时间轴提到_root就必须要提到Flash中的路径,要控制一个实例的属性,就必须指定它的路径,如上面代码中的实例名 dui1_bt 前面的_root 就是实例 dui1_bt 的路径。_root 可以理解为主时间轴,因为实例 dui1_bt 位于主时间轴上,所以它的路径就是_root,如果 dui1_bt 位于另一个主时间轴中的实例 aa 中,那么它的路径就是_root.aa.dui1_bt。
>
> _root 和实例名 dui1_bt 之间、dui1_bt 和实例的属性_visible 之间的点,起什么作用呢?这个点被称为"点运算符",用于定位影片剪辑的层次结构,以便访问嵌套的(子级)影片剪辑、变量或属性。这个点可以理解为"的"。

步骤 18 选择按钮"叉号"的实例 cuo1_bt,打开【动作】面板,添加如下代码,如图 6.33 所示。

```
on (release) {
    _root.dui1_bt._visible = 0;
    //按钮"对号"消失
    _root.cuo1_bt._visible = 0;
    //按钮"叉号"消失
    _root.pan1_MC.gotoAndStop(3);
    //括号中的实例 pan1_MC 跳转到第 3 帧,显示红色的叉号
    _root.smile1_MC.play();
    //题目后面显示笑脸。因为这道题目是不正确的,单击叉号按钮则判断正确
}
```

上面这段代码实现的效果是:当单击灰色的"叉号"按钮时,括号中的"对号"和"叉号"按钮都消失,一个红色的叉号显示在括号中,同时笑脸作为反馈出现在括号后面,说明做出的判断是正确的。

第 6 章 制作判断题型课件

图 6.33 "叉号"按钮上的代码

> **注 意**
>
> "//"是 ActionScript 中的注释符号，执行代码时会忽略双斜杠后面一行的所有文本。在写代码时应该养成写注释的习惯，这样可以增强代码的可读性。

步骤 19 选择按钮"重做"，打开【动作】面板，添加如下代码，如图 6.34 所示。

```
on (release) {
    _root.pan1_MC.gotoAndStop(1);
    //显示判断结果的实例消失
    _root.dui1_bt._visible = 1;
    _root.cuo1_bt._visible = 1;
    //用来判断的两个按钮显示出来
    _root.cry1_MC.gotoAndStop(1);
    _root.smile1_MC.gotoAndStop(1);
    //用来显示反馈的笑脸和哭脸消失
}
```

上面这段代码的作用是单击"重做"按钮后，重新回到判断以前的状态。

图 6.34 "重做"按钮上的代码

179

步骤 20 其他 4 道题的制作方法与第 1 道题相似。最后场景的安排如图 6.35 所示。

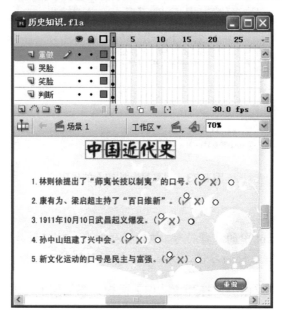

图 6.35 场景最终效果

步骤 21 继续在"重做"按钮上添加代码,如图 6.36 所示,最终的代码如下。

```
on (release) {
    _root.pan1_MC.gotoAndStop(1);
    _root.pan2_MC.gotoAndStop(1);
    _root.pan3_MC.gotoAndStop(1);
    _root.pan4_MC.gotoAndStop(1);
    _root.pan5_MC.gotoAndStop(1);
    //用来显示判断结果的实例跳转到第1帧(消失)
    _root.dui1_bt._visible = 1;
    _root.dui2_bt._visible = 1;
    _root.dui3_bt._visible = 1;
    _root.dui4_bt._visible = 1;
    _root.dui5_bt._visible = 1;
    //按钮"对号"的5个实例显示出来
    _root.cuo1_bt._visible = 1;
    _root.cuo2_bt._visible = 1;
    _root.cuo3_bt._visible = 1;
    _root.cuo4_bt._visible = 1;
    _root.cuo5_bt._visible = 1;
    //按钮"叉号"的5个实例显示出来
    _root.cry1_MC.gotoAndStop(1);
    _root.cry2_MC.gotoAndStop(1);
    _root.cry3_MC.gotoAndStop(1);
    _root.cry4_MC.gotoAndStop(1);
    _root.cry5_MC.gotoAndStop(1);
    //"哭脸"的5个实例跳转到第1帧(消失)
```

```
        _root.smile1_MC.gotoAndStop(1);
        _root.smile2_MC.gotoAndStop(1);
        _root.smile3_MC.gotoAndStop(1);
        _root.smile4_MC.gotoAndStop(1);
        _root.smile5_MC.gotoAndStop(1);
    //"笑脸"的 5 个实例跳转到第 1 帧(消失)
}
```

图 6.36 "重做"按钮上最终的代码

至此,本课件制作完毕。下面总结两点添加代码时应该注意的事项。
- 写代码之前要确认当前选择的对象是什么,比如要在按钮上添加代码必须先选择这个按钮,写在按钮上的代码必须在 on 处理函数中,否则会报错。要在关键帧上添加代码必须先选中这个关键帧。代码还可以写在影片剪辑上,在以后的章节中会介绍。
- 要用程序控制一个实例就必须为这个实例命名,并在写代码时写清楚实例的路径。

6.2 制作有成绩统计的判断题型课件

上一节利用 ActionScript 中的一些基础知识制作了一个简单的判断题课件。本节将利用变量的知识制作一个可以统计成绩的判断题课件。

6.2.1 解析重点知识

本节用到的知识主要有 if…else 语句、AND 和 OR 运算符、变量、动态文本的应用、按钮的状态 enabled、当前帧_currentframe 的用法等。

- if 语句
  ◆ 用法

    ```
    if(条件) {
    语句;
    }
    ```

    如果条件小括号中的条件成立(值为 true)，则 Flash 将运行条件后面花括号内的语句。如果条件不成立(值为 false)，则 Flash 将跳过花括号内的语句，而运行花括号后面的语句。

  ◆ 参数

    一个计算结果为 true 或 false 的表达式。

- else 语句

  用法：

    ```
    if (条件){
    语句1;
    } else {
    语句2;
    }
    ```

    当 if 语句中的条件不成立(值为 false)时，执行 else 大括号中的语句 2。

下面就利用 if…else 知识制作一个小例子。

步骤1 新建一个 Flash 文档(ActionScript 2.0)，如图 6.37 所示。

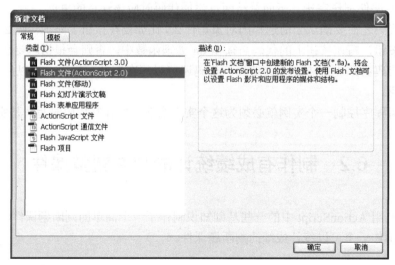

图 6.37 新建 Flash 文件

步骤 2 　选择第 1 帧，打开【动作】面板，添加以下代码，如图 6.38 所示。

```
if (8<9) {
    trace("正确");
} else {
    trace("错误");
}
```

步骤 3 　按 Ctrl+Enter 快捷键，预览影片，会弹出【输出】面板，且【输出】面板中会出现"正确"一词，如图 6.39 所示。

图 6.38　添加代码

图 6.39　【输出】面板 1

提示

trace() 函数可以输出并显示结果。预览影片时，会在【输出】面板中显示小括号中的内容，当要输出的内容为字符串时，需要将字符串写在双引号中，例如：trace("小燕子")。只有在预览影片时，trace() 函数才起作用，运行*.swf 文件时 trace() 函数不起作用。

步骤 4 　选择第 1 帧，打开【动作】面板，将 if 后小括号中的"8<9"改为"8>9"，如图 6.40 所示。

步骤 5 　按 Ctrl+Enter 快捷键，预览影片，会弹出【输出】面板，且【输出】面板中会出现"错误"一词，如图 6.41 所示。

图 6.40　修改代码

图 6.41　【输出】面板 2

因为"8<9"为真(true)，所以条件成立，执行语句条件后面花括号中的语句"trace("正确");"。因为"8>9"为假(false)，所以执行 else 后面花括号中的语句"trace("错误");"。

- && 运算符

  表达式1 && 表达式2

  对两个表达式的值执行布尔运算。如果表达式 1 和表达式 2 都为 true，则返回 true；否则返回 false。

表 达 式	计算结果
true && true	true
true && false	false
false && false	false
false && true	false

- || 运算符

  表达式1 || 表达式2

  如果其中任意一个表达式(或两者)的计算结果为 true，则结果为 true；只有当两个表达式的计算结果都为 false 时，结果才为 false。

表 达 式	计算结果
true || true	true
true || false	true
false || true	true
false || false	false

- 变量

  变量是保存信息的容器。容器(用变量名表示)在 ActionScript 中始终不变，但内容(值)可以更改。在一个脚本中，可以任意次更改变量的值。通过在播放 SWF 文件时更改变量的值，可以记录和保存有关用户所执行操作的信息、记录当 SWF 文件播放时更改的值，或者计算某个条件是 true 还是 false。在 SWF 文件播放时可能需要不断更新变量，例如在 Flash 游戏中玩家的分数不断变化。

  变量名必须遵守一定的规则。第一个字符必须为字母、下划线 (_) 或美元符号 ($)。其后的字符可以是数字、字母、下划线或美元符号；不能是关键字或 ActionScript 文本。

- 关于赋值

  可以定义一个值作为变量的当前内容。该值可以是字符串、数字、数组、对象、XML、日期。例如，给声明的变量 score 赋值：

  score=10;

- 动态文本

  使用动态文本可以显示动态更新的文本，如游戏的分数、股票报价或天气预报。下面通过一个小例子介绍动态文本的创建方法和使用方法。

第 6 章 制作判断题型课件

步骤 1 新建一个 Flash 文档(ActionScript 2.0)。选择文本工具 T，在【属性】面板中单击文本类型下拉列表框，如图 6.42 所示。

图 6.42 设置文本类型

步骤 2 选择【动态文本】选项，在舞台上单击，这时就在舞台上创建了一个动态文本，与静态文本不同的是，动态文本的手柄在下方，如图 6.43 所示。

图 6.43 创建动态文本

步骤 3 选择这个动态文本，在【属性】面板的【变量】文本框中输入"output"，如图 6.44 所示。

图 6.44 【变量】文本框

步骤 4 在"图层 1"的第 1 帧添加以下代码，如图 6.45 所示。

output = "这是一个动态文本框";
//给动态文本框赋值(如果所赋的值是字符串类型，要用双引号引起来)

步骤 5 按 Ctrl+Enter 快捷键，预览影片，会发现给动态文本赋的值显示在动态文本框中(如果创建的文本框不能完全显示文本内容，可以拖动手柄把文本框加长)，如图 6.46 所示。

图 6.45 给动态文本赋值

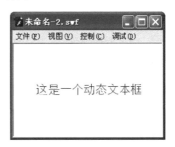

图 6.46 动态文本显示的内容

185

- nextFrame();
  将播放头转到下一帧。
- _currentframe
  返回当前帧的编号。
  如影片剪辑"boy"处于第 2 帧,那么 boy._currentframe 的值为 2。
- enabled
  布尔值,指定按钮是否处于启用状态。按钮被禁用时(enabled 属性设置为 false),该按钮虽然可见,但不能被单击。默认值为 true。
  为了深入了解以上知识点,下面利用 if…else 语句、变量和动态文本框的知识制作一个小例子。

步骤 1 新建一个 Flash 文档(ActionScript 2.0),在【属性】面板中将【大小】设置为"400×300 像素",如图 6.47 所示。

图 6.47 设置文档属性

步骤 2 将图层名改为"按钮",选择【窗口】|【公用库】|【按钮】菜单命令,打开按钮公用库,如图 6.48 所示。

步骤 3 从公用库中找到两个按钮并放到舞台上方,在两个按钮下方分别输入文字"按钮 1"和"按钮 2",再从公用库中找一个 Enter 按钮放到舞台下方,如图 6.49 所示。

图 6.48 按钮公用库

图 6.49 从公用库中拖出三个按钮

步骤 4 新建一个图层并命名为"动态文本",在该层插入一个动态文本,并在【属性】面板的【变量】文本框中输入"output_txt",如图 6.50 所示。

步骤 5 新建一个图层并命名为"action",在第 1 帧添加如下代码,如图 6.51 所示。

```
btn1_click = 0;
btn2_click = 0;
//自定义两个变量并给两个变量赋初值
```

图 6.50 创建动态文本

图 6.51 自定义两个变量

步骤 6 选择左侧的绿色按钮,打开【动作】面板,添加以下代码,如图 6.52 所示。

```
on (release) {
    btn1_click = 1;
}
//单击按钮后变量"btn1_click"等于 1
```

步骤 7 选择右侧的红色按钮,打开【动作】面板,添加以下代码,如图 6.53 所示。

```
on (release) {
    btn2_click = 1;
}
//单击按钮后变量"btn2_click"等于 1
```

图 6.52 绿色按钮上的代码

图 6.53 红色按钮上的代码

步骤 8 选择舞台下方的 Enter 按钮,打开【动作】面板,添加以下代码,如图 6.54 所示。

```
on (release) {
    if (btn1_click == 0 && btn2_click == 0) {
    //如果变量"btn1_click"等于 0 且"btn0_click"等于 0(两个按钮都没单击)
```

```
            output_txt = "您没有单击任何按钮!";
        }
        if (btn1_click == 1 || btn2_click == 1) {
//如果变量"btn1_click"等于1或"btn0_click"等于1(单击了其中一个按钮)
            output_txt = "您单击了一个按钮!";
        }
        if (btn1_click == 1 && btn2_click == 1) {
//如果变量"btn1_click"等于1且"btn0_click"等于1(单击了两个按钮)
            output_txt = "您单击了两个按钮!";
        }
    }
```

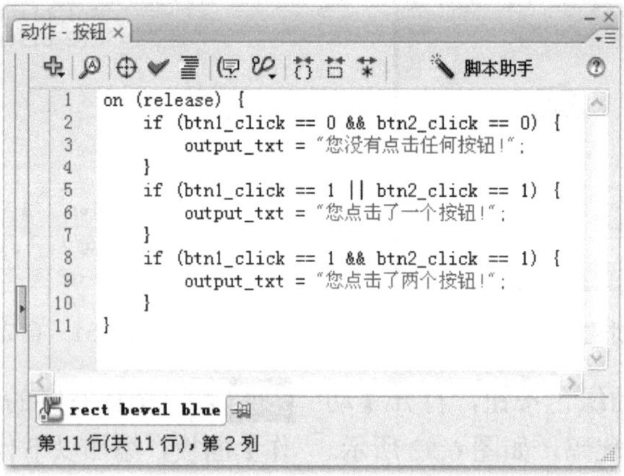

图 6.54 Enter 按钮上的代码

预览影片后，如果没有单击上面两个按钮，而单击 Enter 按钮，动态文本会显示"您没有单击任何按钮!"；如果单击了上面的一个按钮，再单击 Enter 按钮，动态文本会显示"您单击了一个按钮!"；如果上面两个按钮都单击了，再单击 Enter 按钮，动态文本会显示"您单击了两个按钮!"。

在这个例子中，变量 btn1_click 和 btn2_click 分别用来记录绿色按钮和红色按钮是否被单击。当 btn1_click 为 0 时，代表绿色按钮未被单击；当 btn1_click 为 1 时，代表绿色按钮已被单击。

6.2.2 课件实战——奥运知识

本节将制作一个有关奥运知识的判断题型课件。共有 10 道题，每次只显示一道题，单击对号或叉号判断，判断完会在题目上出现反馈，反馈过后会自动显示下一道题，如图 6.55 所示。

10 道题全部判断完后，会统计出判断的结果，正确几道，错误几道。单击"重做"按钮会重新开始判断，如图 6.56 所示。

第 6 章 制作判断题型课件

图 6.55 奥运知识课件运行效果一

图 6.56 奥运知识课件运行效果二

本课件需要重点掌握的内容有：变量的应用、条件控制语句的用法、动态文本框的用法、按钮的状态 enabled 的用法、当前帧_currentframe 的用法。

制作"奥运知识"课件的方法如下。

步骤 1 新建一个 Flash 文档(ActionScript 2.0)，将文档属性中的【大小】设置为"550×400像素"，【背景】设置为"白色"，【帧频】设置为"25fps"，如图 6.57 所示。

图 6.57 【属性】面板

首先制作课件中要用到的元件。

本课件需要三个按钮元件，分别是用来判断的"对号"、"叉号"和"重做"按钮。需要三个影片剪辑元件，分别是显示题目的"题目"和显示反馈的"正确反馈"和"错误反馈"。导入两个声音文件 sound_dui 和 sound_cuo（文件路径：配套光盘\素材\第 6 章\6.2）。

步骤 2　新建一个影片剪辑元件并将其命名为"题目"，在第 2~10 帧插入空白关键帧，分别在第 1~10 关键帧的每一帧插入文本框并输入一道关于奥运知识的题目。新建一个图层，选中"图层 2"的第 1 帧，打开【动作】面板，添加代码"stop();"，如图 6.58 所示。本课件把 10 道题全部放在一个影片剪辑元件中，需要控制这个元件实例跳转帧来显示这些题目。

图 6.58　影片剪辑元件"题目"

步骤 3　新建按钮元件并将其命名为"对号"，在按钮的【弹起】帧绘制一个红色的对号，在【指针经过】帧将对号的颜色变浅，并调整一个角度，【按下】帧与【弹起】帧的内容相同。在【点击】帧绘制一个比对号略大的矩形，作为按钮的感应区，如图 6.59 所示。

步骤 4　新建按钮元件并将其命名为"叉号"，在按钮的【弹起】帧绘制一个红色的叉号，在【指针经过】帧将对号的颜色变浅，并调整一个角度，【按下】帧与【弹起】帧的内容相同。在【点击】帧绘制一个比叉号略大的矩形，作为按钮的感应区，如图 6.60 所示。

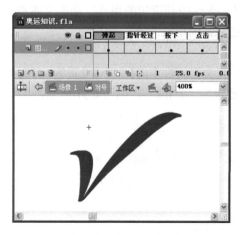

图 6.59　"对号"按钮

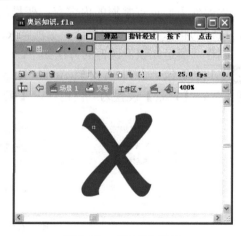

图 6.60　"叉号"按钮

步骤5 新建一个影片剪辑元件并将其命名为"正确反馈",将图层命名为"动画",制作一个从第2帧到第7帧打对号的动画,如图6.61所示。

图6.61 影片剪辑元件"正确反馈"的第2、4、7帧

步骤6 新建一层并命名为"sound",在第2帧插入声音sound_dui。再新建一层并命名为"action",在第1帧添加代码"stop();",将三个图层的第20帧插入帧,如图6.62所示。

步骤7 新建一个影片剪辑元件并将其命名为"错误反馈",将图层命名为"动画",在第2帧插入关键帧,绘制一个红色的问号,调整问号的中心点到底部,在第3帧到第10帧插入关键帧,并调整每一帧问号的角度,制作问号左右摇摆的动画,如图6.63所示。

图6.62 影片剪辑元件"正确反馈"　　　　图6.63 制作问号摇摆的动画

步骤8 新建一层并命名为"sound",在第2帧插入声音sound_cuo。再新建一层并命名为"action",在第1帧添加代码"stop();",如图6.64所示。

步骤9 新建按钮元件并将其命名为"重做",单击这个按钮可以重新开始判断,制作过程不再详细介绍,如图6.65所示。

图 6.64　影片剪辑元件"错误反馈"

图 6.65　按钮元件"重做"

元件制作完成了，下面进行场景布置，将元件放到舞台上适当的位置，并对元件的实例进行命名。

步骤 10　将图层名改为"背景"，在该层绘制一幅课件的背景图，如图 6.66 所示。

步骤 11　新建一层并命名为"标题"，在该层制作一个标题，如图 6.67 所示。

图 6.66　绘制课件背景

图 6.67　绘制标题

步骤 12　新建一层并命名为"题板"，在舞台的中部绘制一个半透明的矩形,题目将放在这个矩形上，如图 6.68 所示。

步骤 13　新建一层并命名为"题目"，将影片剪辑元件"题目"放在题板上居中的位置，选中该实例，在【属性】面板中的【实例名称】文本框中输入"timu_MC"，给实例命名，如图 6.69 所示。

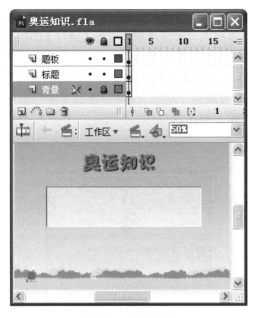

图 6.68 绘制题板

图 6.69 实例 "timu_MC"

步骤 14 新建一层并命名为"对\错",将按钮元件"对号"和"叉号"放在题板的下方,分别将两个实例命名为"dui_bt"和"cuo_bt",如图 6.70 所示。

步骤 15 新建一层并命名为"反馈",把影片剪辑元件"正确反馈"和"错误反馈"放到题板上,将实例分别命名为"dui_MC"和"cuo_MC",如图 6.71 所示。

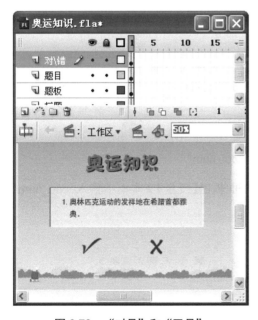

图 6.70 "对号"和"叉号"

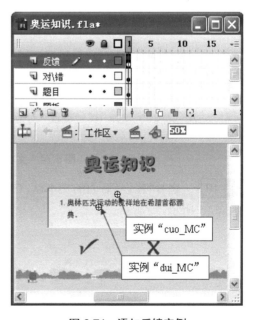

图 6.71 添加反馈实例

步骤 16 新建一层并命名为"统计",在第 2 帧插入关键帧,在舞台中部绘制一个奥运五环图案,在五环下方输入"你做了 10 道题,正确 道,错误 道。",在"正确"和"错误"后各空出一个数字的位置。在图层"背景"的第 2 帧插入帧,其他层插入空白关键帧,如图 6.72 所示。

步骤 17 选择文本工具,在文字"正确"后面插入一个文本框,单击【属性】面板中的【文本类型】下拉列表框,选择"动态文本",调整文本框的宽度使其能显示两位数字。复制这个动态文本框,放到文字"错误"后面,图 6.73 所示。

图 6.72 统计成绩界面

图 6.73 插入动态文本框

步骤 18 选择"正确"后面的文本框,在【属性】面板的【变量】文本框中输入"dui_num",如图 6.74 所示。

图 6.74 文本变量"dui_num"

步骤 19 选择"错误"后面的文本框,在【属性】面板的【变量】文本框中输入"cuo_num",如图 6.75 所示。

图 6.75 文本变量"cuo_num"

步骤 20 新建一个图层并命名为"重做",在第 2 帧插入关键帧,将"重做"按钮放到舞台的右下角，如图 6.76 所示。

图 6.76 "重做"按钮的实例

场景布置好后，开始添加代码。在添加代码之前，先介绍一下该判断题型课件的制作思路。

与上一节不同的是，上一节课件每道题都有一个用来判断的按钮，而本课件的 10 道题都用一对"对号"和"叉号"判断，这就需要记录当前正处于第几道题，10 道题分别在实例"timu_MC"的第 1～10 帧中，所以可以用"timu_MC"的当前帧号代表当前处于第几题。"timu_MC"在第 1 帧时，说明当前处于第 1 道题，如果这道题正确，单击"对号"按钮时出现正确反馈，单击"叉号"按钮出现错误反馈。每判断一次，实例"timu_MC"都跳转到下一帧。另外还有两个变量记录正确和错误的题目数，最后用动态文本框显示出来。

步骤 21 新建一个图层并命名为"action"，选择第 1 帧，打开【动作】面板，添加如下代码，如图 6.77 所示。

```
stop();
dui_num = 0;
//定义一个变量 dui_num，用来记录判断正确几道题
cuo_num = 0;
//定义一个变量 cuo_num，用来记录判断错误几道题
```

图 6.77 第 1 帧上的代码

步骤 22 选择"对号"按钮，打开【动作】面板，添加如下代码，如图 6.78 所示。

```
on (release) {
```

```
        if (_root.timu_MC._currentframe = = 1 ||_root.timu_MC._currentframe
= = 2 ||
            _root.timu_MC._currentframe = = 4 ||_root.timu_MC._currentframe
= = 5 ||
            _root.timu_MC._currentframe = = 8 ||_root.timu_MC._currentframe
= = 9)
//实例timu_MC处于第1、2、4、5、8、9帧时(这6道题是正确的)
{
            _root.dui_MC.play();
//出现正确反馈
            _root.dui_num++;
            //记录正确个数的变量加1
        } else {
            _root.cuo_MC.play();
            //出现错误反馈
            _root.cuo_num++;
            //记录错误个数的变量加1
        }
    }
```

这段代码的作用是，当实例 timu_MC 处于第 1、2、4、5、8、9 帧，也就是出现正确的题目时，单击"对号"出现正确反馈，记录正确个数的变量加 1。如果 timu_MC 处于其他帧时，单击"对号"按钮则出现错误反馈，记录错误个数的变量加 1。

图 6.78 "对号"按钮上的代码

提 示

上面的代码中，_root.dui_num++ 的作用是：变量 _root.dui_num 加 1。等同于 _root.dui_num=_root.dui_num+1，也等同于_root.dui_num+=1。

步骤 23 选中"叉号"按钮，打开【动作】面板，添加如下代码，如图 6.79 所示。

```
on (release) {
    if(_root.timu_MC._currentframe==3||_root.timu_MC._currentframe==6||
_root.timu_MC._currentframe = = 7 ||_root.timu_MC._currentframe = = 10)
//实例timu_MC处于第3、6、7、10帧时(这4道题是错误的)
    {
```

```
        _root.dui_MC.play();
//出现正确反馈
        _root.dui_num++;
//记录正确个数的变量加 1
    } else {
        _root.cuo_MC.play();
//出现错误反馈
        _root.cuo_num++;
//记录错误个数的变量加 1
    }
}
```

这段代码的作用是，当实例 timu_MC 处于第 3、6、7、10 帧，也就是出现错误的题目时，单击"叉号"出现正确反馈，记录正确个数的变量加 1。如果 timu_MC 处于其他帧时，单击"叉号"按钮则出现错误反馈，记录错误个数的变量加 1。

图 6.79　"叉号"按钮上的代码

步骤 24　双击【库】面板中的影片剪辑元件"正确反馈"，进入元件编辑界面，在 action 层的第 2 帧插入关键帧，并添加如下代码，如图 6.80 所示。

```
_root.dui_bt.enabled = 0;
_root.cuo_bt.enabled = 0;
```

这段代码的作用是，当"正确反馈"元件播放到第 2 帧时，"对号"和"叉号"处于不可用状态。

图 6.80　"重做"按钮上的代码

> **提示**
>
> enabled 是一个布尔值，布尔值是 true 或 false 中的一个。0 等同于 false，1 等同于 true，所以 dui_bt.enabled =0 也可以写成 dui_bt.enabled =false，dui_bt.enabled =1 也可以写成 dui_bt.enabled =true。

步骤 25 在影片剪辑元件"错误反馈"的 action 层的第 2 帧插入关键帧，在这一帧添加第 24 步中的两行代码。

步骤 26 在影片剪辑元件"正确反馈"的 action 图层的第 20 帧插入关键帧，并添加如下代码，如图 6.81 所示。

```
_root.dui_bt.enabled = 1;
_root.cuo_bt.enabled = 1;
//"对号"和"叉号"按钮处于可用状态
if (_root.timu_MC._currentframe == 10) {
    _root.gotoAndStop(2);
//如果10道题全部判断完了，主场景就跳转到第2帧
} else {
    _root.timu_MC.nextFrame();
}
//如果"timu_MC"的当前帧不是10，就跳转到下一帧
```

上面这段代码的作用是，当元件"正确反馈"播放到第 23 帧时，"对号"和"叉号"处于可用状态。如果放题目的 timu_MC 实例的当前帧为 10，说明题目全判断完了，主场景跳转到第 2 帧的统计界面，否则 timu_MC 跳转到下一帧，显示下一道题目。

图 6.81 场景最终效果

步骤 27 在影片剪辑元件"错误反馈"的 action 层的第 20 帧插入关键帧，在这一帧添加步骤 26 中的代码。

步骤 28 选择"重做"按钮，打开【动作】面板，并添加如下代码，如图 6.82 所示。

```
on (release) {
    gotoAndStop(1);
}
//单击"重做"按钮时，主场景跳转到第1帧，重新判断
```

图 6.82 "重做"按钮上的代码

至此，本课件制作完毕。本例制作了有成绩统计的判断题课件。需要确定所做的判断是否正确，本例使用的方法是用实例的当前帧号确定当前是第几道题，这道题如果是正确的，单击对号就出现正确反馈，反之出现错误反馈。其中用到了条件判断语句(if…else)，条件判断语句在制作课件时很常用，在后面要讲的填空题型和选择题型课件中都会用到，应该熟练掌握。

本例的重点还有用变量记录判断正确几道题和判断错误几道题，最后用动态文本框将两个变量显示出来，这种方法在课件制作中也很常用。

第 7 章

制作拖曳题型课件

  Flash 课件的交互性在拖曳题型课件中有深刻的体现。本章就来讲解拖曳题型课件的制作方法。

  在第 6 章中，初步认识了动作面板，学习了条件控制语句、变量等知识，制作了判断题型课件。本章将继续循序渐进地讲解简单、常用的程序。其中有已学内容的高级用法，比如运用帧标签来控制播放头的跳转；也有一些新的简单的知识，比如运用程序控制鼠标执行拖曳操作等。

  本章在讲解知识点的同时，会逐步制作出两个拖曳题型课件，分别是"认识五官"和"质数与合数"。前者较为简单，是学习英语单词方面的课件；后者包含的知识点比较丰富，是数学中有关数的分类的课件。

本章内容主要包括

- 利用帧标签控制播放头的跳转
- 鼠标拖曳操作的实现
- 为影片剪辑添加行为
- startDrag 语句的可选参数
- 碰撞检测的实现

7.1 制作拖曳题型课件

本节将围绕一个简单的拖曳类型课件展开，学习制作一个简单的拖曳类型课件必备的基础知识。

7.1.1 解析重点知识

本节用到的知识点主要有利用帧标签控制播放头跳转、**startDrag** 语句、**stopDrag** 语句以及为实例添加"移到最前"行为。另外，本节还会介绍利用行为为影片添加声音，并对其进行控制的方法。

1. 利用帧标签控制播放头跳转

gotoAndPlay()和 gotoAndStop()语句已经在第 6 章中学习过。这两个语句通过指定帧号来控制播放头跳转，进而实现控制影片播放的效果。通过帧标签，同样可以控制播放头的跳转。

```
gotoAndPlay("帧标签");
gotoAndStop("帧标签");
```

帧标签是一个帧的"名字"，一般用一串字符来表示。只有关键帧才能指定帧标签。

下面通过制作一个简单的例子来实践利用帧标签控制播放头跳转的用法。

步骤1 打开"帧标签控制播放头跳转.fla"文档(文件路径：配套光盘\源文件\实例\第 7 章)，如图 7.1 所示。

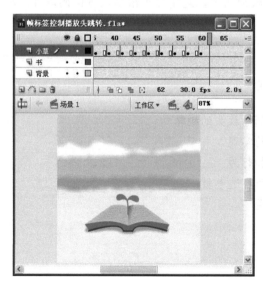

图 7.1 打开 Flash 文档

步骤2 在"小草"图层的第 2 帧插入空白关键帧(第 1 帧内容删除)，在【属性】面板中设置帧标签为"a",如图 7.2 所示。

图 7.2 设置帧标签

步骤 3 为第 60 帧添加帧标签"b",如图 7.3 所示。

步骤 4 选择菜单栏中的【窗口】|【公用库】|【按钮】命令,打开公用按钮库,找到 按钮,如图 7.4 所示。

图 7.3 帧标签在时间轴上的显示

图 7.4 公用库中的按钮

步骤 5 将 按钮放置到场景中并调整位置,如图 7.5 所示。

步骤 6 选择菜单栏中的【窗口】|【公用库】|【按钮】命令,打开公用按钮库,找到 按钮。将其放置到场景中并调整位置,如图 7.6 所示。

图 7.5 放置向后跳转按钮

图 7.6 放置向前跳转按钮

步骤 7　单击 ▶ 按钮，打开【动作】面板，添加 on 处理函数。将光标移动到大括号中间位置，准备继续添加代码，如图 7.7 所示。

步骤 8　继续添加 gotoAndPlay 方法，如图 7.8 所示。

图 7.7　添加 on 处理函数

图 7.8　添加 gotoAndPlay 方法

提示

在需要查看代码提示的时候，可以将光标移动至需要代码提示的位置，然后单击【动作】面板上的 按钮来获得。如果 Flash 存在适合的提示，就会弹出。

步骤 9　为 gotoAndPlay 方法添加参数，单击【自动套用格式】按钮，格式化代码，如图 7.9 所示。

步骤 10　格式化代码会实现自动换行、缩进等增强代码阅读性的操作，如图 7.10 所示。

图 7.9　单击【自动套用格式】按钮

图 7.10　自动套用格式成功后

注意

一般在执行格式化代码的操作前，要检查代码是否有格式或语法上的错误。检错的操作可以通过单击 ✓ 按钮来实现。如果代码没有语法上的错误，那么会弹出对话框表示代码的语法正确。反之，则会在【编译器错误】窗口中指明出现错误代码的位置。

步骤 11　选中【动作】面板中的所有代码并右击，在弹出的快捷菜单中，选择【复制】命令，如图 7.11 所示。

步骤 12　将代码粘贴到 ◀ 按钮上，并进行修改，如图 7.12 所示。

第 7 章 制作拖曳题型课件

图 7.11 复制代码 　　　　　　图 7.12 粘贴并修改代码

步骤 13 添加一个新的图层并命名为"action",如图 7.13 所示。

步骤 14 在 action 图层的第 1 帧添加 stop 方法,如图 7.14 所示。

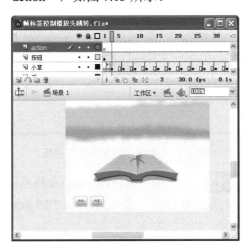

图 7.13 新建 action 层 　　　　　　图 7.14 添加 stop 方法

步骤 15 影片制作完成后,测试影片。单击 按钮可以跳转到小草长大以后处继续播放,单击 按钮可以跳转到小草刚刚开始生长处开始播放,如图 7.15 所示。

图 7.15 测试影片

2. 行为对声音的控制

本书第 5 章讲解了【行为】面板针对于屏幕的使用方法，在本节中，将要讲解如何利用行为为影片添加声音并控制声音的播放和停止。

继续制作刚才的例子以利用行为控制声音。

步骤 1 新建一个按钮元件并命名为"播放声音"，如图 7.16 所示。

步骤 2 新建一个按钮元件并命名为"停止声音"，如图 7.17 所示。

图 7.16 新建"播放声音"按钮

图 7.17 新建"停止声音"按钮

步骤 3 新建一个图层并命名为"声音控制按钮"，将刚刚制作完成的两个按钮放置到场景中，如图 7.18 所示。

步骤 4 导入声音文件 bg.mp3 (文件路径：配套光盘\素材\第 7 章\7.1)，如图 7.19 所示。

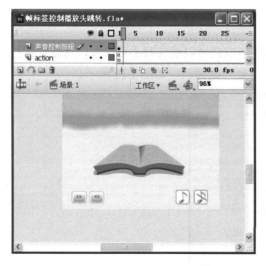

图 7.18 "声音控制按钮"图层

图 7.19 导入声音

步骤 5　在【库】面板中选择 bg.mp3，右击，在弹出的快捷菜单中选择【链接】命令，如图 7.20 所示。

步骤 6　在【链接属性】对话框中选中【为 ActionScript 导出】复选框，在【标识符】文本框中输入"bg"，如图 7.21 所示。

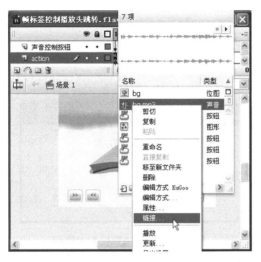

图 7.20　为声音添加链接

图 7.21　【链接属性】对话框

注 意

指定链接标识符是利用 ActionScript 调用库中资源的必要途径。这个标识符是唯一的，不能重复。

步骤 7　选中 action 图层的第 1 帧，打开【行为】面板。选择【声音】|【从库加载声音】命令，如图 7.22 所示。

步骤 8　在【从库加载声音】对话框中，添加链接 ID "bg"，添加声音实例的名称"music"，取消选中【加载时播放此声音】复选框，如图 7.23 所示。

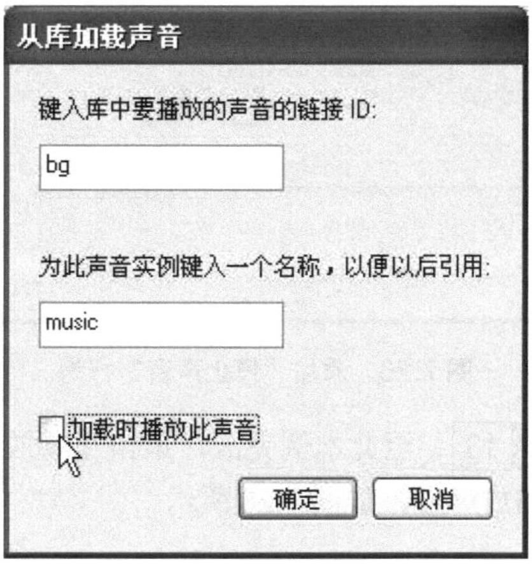

图 7.22　添加【从库加载声音】行为

图 7.23　【从库加载声音】对话框

步骤 9　单击【播放声音】按钮，打开【行为】面板，选择【声音】|【播放声音】命令，如图 7.24 所示。

步骤 10　在弹出的【播放声音】对话框中，添加要播放的声音实例的名称"music"，如图 7.25 所示。

图 7.24　添加"播放声音"行为

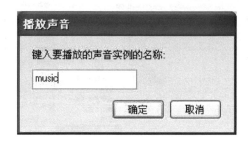

图 7.25　【播放声音】对话框

步骤 11　单击【停止声音】按钮，在【行为】面板中选择【声音】|【停止声音】命令，如图 7.26 所示。

步骤 12　在弹出的【停止声音】对话框中添加要停止声音的链接 ID"bg"，添加要停止声音实例的名称"music"，如图 7.27 所示。

图 7.26　添加"停止声音"行为

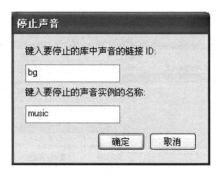

图 7.27　【停止声音】对话框

步骤 13　至此本例完成，单击【播放声音】按钮播放声音，单击【停止声音】按钮停止播放声音，如图 7.28 所示。

图 7.28　测试影片

3．鼠标拖曳实例移动

```
on (press) {
    startDrag(this);
}
on (release) {
    stopDrag();
}
```

将上面的程序添加到影片剪辑实例上，就可以实现鼠标对影片剪辑实例的拖曳功能。按住鼠标左键可以拖动实例，松开鼠标后停止拖动。

下面通过制作一个简单的例子来学习拖曳代码的使用。

步骤 1　新建一个 Flash 文档(ActionScript 2.0)，【背景】设置为"白色"，【帧频】设置为 30fps。新建"面板 1"影片剪辑元件，绘制一个写字板，随后输入数字 1 作为标识，如图 7.29 所示。

步骤 2　用同样的方法制作"面板 2"和"面板 3"。将这 3 个元件拖曳到场景中，如图 7.30 所示。

图 7.29　"面板 1"元件

图 7.30　布置场景

步骤 3 选中"面板1",打开【动作】面板,添加 on 处理函数,如图 7.31 所示。

步骤 4 单击按钮,选择【全局函数】|【影片剪辑控制】| startDrag 命令,如图 7.32 所示。

图 7.31 为"a"添加 on 处理函数

图 7.32 添加 startDrag 方法

步骤 5 添加 startDrag 方法后,如图 7.33 所示。

步骤 6 为 startDrag 方法加入参数"this",如图 7.34 所示。

图 7.33 startDrag 方法的参数提示

图 7.34 为 startDrag 方法添加参数

步骤 7 添加 on 处理函数,如图 7.35 所示。

步骤 8 单击按钮,选择【全局函数】|【影片剪辑控制】| stopDrag 命令,如图 7.36 所示。

图 7.35 为"a"添加 on 处理函数

图 7.36 添加 stopDrag 方法

步骤 9 添加 stopDrag 方法完成后，如图 7.37 所示。

步骤 10 将上面的代码复制到其他两个面板上。测试影片，此时每个面板都能被拖动了，如图 7.38 所示。

图 7.37 添加 startDrag 方法后

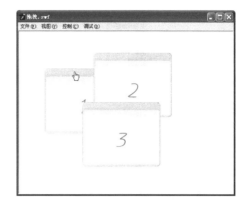

图 7.38 测试影片

4. 通过添加行为将影片剪辑置顶

本书第 5 章讲解了【行为】面板针对于屏幕的使用方法，在本节中，将要讲解【行为】面板针对影片剪辑的用法。其中"移到最前"较为常用，将"移到最前"行为添加给影片剪辑，会使该影片剪辑置顶。

继续制作刚才的例子以应用【移到最前】行为。

步骤 1 选中"面板 1"，打开【行为】面板，单击 ➕ 按钮，在下拉菜单中选择【影片剪辑】|【移到最前】命令，如图 7.39 所示。

步骤 2 在弹出的【移到最前】对话框中找到"面板 1"，单击【确定】按钮，如图 7.40 所示。

图 7.39 为"面板 1"添加"移到最前"行为

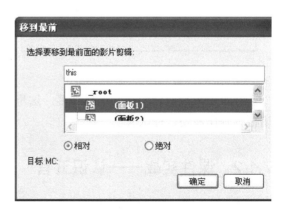

图 7.40 【移到最前】对话框

步骤 3 这样就为"面板 1"添加了一个"移到最前"行为。在【行为】面板中修改触发动作的事件，在下拉列表中选择【按下时】选项，如图 7.41 所示。

步骤 4 添加行为后，【动作】面板中会自动生成对应的代码，如图 7.42 所示。

图 7.41 修改【事件】

图 7.42 添加行为后的动作面板

步骤 5 用同样的方法为其他两个面板添加"移到最前"行为。测试影片，如图 7.43 所示。

步骤 6 这样，当用鼠标拖动面板时，被拖动面板会移到最前面，如图 7.44 所示。

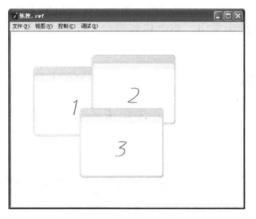

图 7.43 测试影片

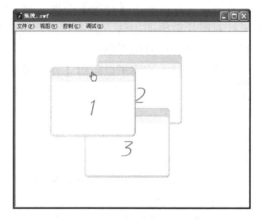

图 7.44 面板可拖动同时移到最前

针对于影片剪辑的行为还有许多，这里不一一列举。添加这些行为的方法大同小异，请根据制作需要自行试验。

7.1.2 课件实战——认识五官

本节将制作一个英语课件，本课件通过交互操作学习面部器官的英文单词。课件中，每个器官都作为独立的单位，都可以被拖动。当鼠标移动到每个器官上时，会显示该器官的名称。影片操作时效果如图 7.45 所示。

图 7.45　操作界面

课件风格可爱，操作简单，可以直观地认识单词，通过交互操作能够加深对单词的记忆。操作完成后的课件如图 7.46 所示。

图 7.46　操作完成后的课件

通过制作本课件，可以掌握【动作】面板的使用，以及添加动作脚本，实现拖曳功能的操作。另外还复习了第 5 章学过的【行为】面板，通过行为面板实现单击按钮时发出声音的功能。制作"认识五官"课件的方法如下。

步骤 1　新建一个 Flash 文档(ActionScript 2.0)，将文档属性中的【大小】设置为"350×350

像素",【背景】设置为"白色",【帧频】设置为30fps,如图7.47所示。

图7.47 文档属性设置

下面来制作本课件用到的元件。本课件大量运用了影片剪辑元件来表示各种器官。这些元件结构一致,只是在具体内容上有所差别。

步骤2 新建影片剪辑元件"脸"。绘制一个小男孩的脸。这个元件将作为课件的"背景",如图7.48所示。

步骤3 新建影片剪辑元件"眼睛"。绘制一个卡通风格的眼睛,如图7.49所示。

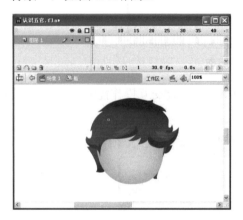

图7.48 "脸"元件

图7.49 绘制眼睛的形状

步骤4 选中"眼睛"元件的第1帧,在【属性】面板中设置帧标签为"qiguan",如图7.50所示。

步骤5 在"眼睛"元件中插入第2帧,复制第1帧中的"眼睛"到同样的位置,用文本工具输入"眼睛(eye)",如图7.51所示。

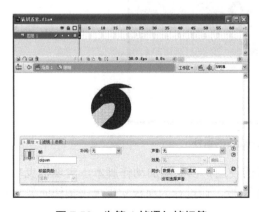

图7.50 为第1帧添加帧标签

图7.51 制作"眼睛"元件的第2帧

步骤 6　修改第 2 帧的帧标签为"zhushi"，如图 7.52 所示。

步骤 7　新建一个图层，打开动作面板输入"stop()"。这样在影片运行时，"眼睛"元件不会自动播放，如图 7.53 所示。

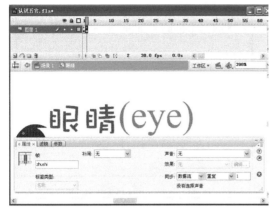

图 7.52　为第 2 帧添加帧标签

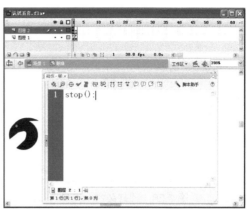

图 7.53　添加 stop 方法

提 示

因为两个眼睛的差别不大，同时为了凸显课件的卡通风格，所以只制作了一个"眼睛"元件。布置场景时，左右眼都是"眼睛"元件的实例引用。

步骤 8　用同样的方法制作"嘴巴"元件，如图 7.54 所示。

步骤 9　制作"鼻子"元件，如图 7.55 所示。

图 7.54　"嘴巴"元件

图 7.55　"鼻子"元件

步骤 10　制作"耳朵右"元件，如图 7.56 所示。

步骤 11　制作"耳朵左"元件，如图 7.57 所示。

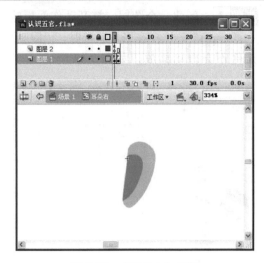

图 7.56 "耳朵右"元件

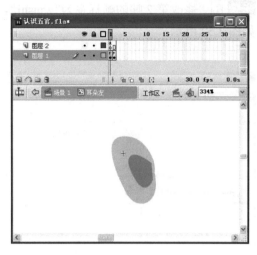

图 7.57 "耳朵左"元件

注 意

两个耳朵在绘制过程中要尽量使大小基本一致。

步骤 12 制作"眉毛右"元件,如图 7.58 所示。

步骤 13 制作"眉毛左"元件,如图 7.59 所示。

图 7.58 "眉毛右"元件

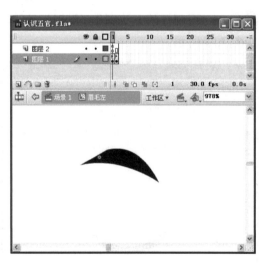

图 7.59 "眉毛左"元件

至此元件制作完成,下面布置场景,将元件放到舞台上适当的位置。

步骤 14 切换到影片的主场景中,修改图层名称为"背景"。导入 bg.jpg(文件路径:配套光盘\素材\第 7 章\7.1),放置到"背景"图层中并调整位置,如图 7.60 所示。

步骤 15 新建一个图层并命名为"标题"。制作本课件的标题,如图 7.61 所示。

图 7.60　导入图片　　　　　　　　　图 7.61　绘制标题

步骤 16　切换到影片的主场景，修改图层名称为"脸"。将制作的"脸"元件从【库】面板中拖出，放置到场景中，如图 7.62 所示。

步骤 17　新建一个图层并命名为"五官"。将剩余的器官元件放置到舞台的下方，如图 7.63 所示。

图 7.62　放置"脸"元件　　　　　　图 7.63　布置剩余元件的位置

下面为课件添加交互功能。整个程序基本分为四个部分，一部分负责对每个器官元件的拖曳操作；一部分负责实现鼠标滑过显示对应的器官名称和英文单词；一部分负责确保当前拖曳的影片剪辑处于所有影片剪辑的最前方，不被遮盖；一部分负责控制声音。本着这个思路，一步一步地添加控制代码。

步骤 18 选中"耳朵右"元件,打开【动作】面板添加代码。这些代码可以实现当鼠标按下并拖动时,"耳朵右"会跟随鼠标移动,如图 7.64 所示。

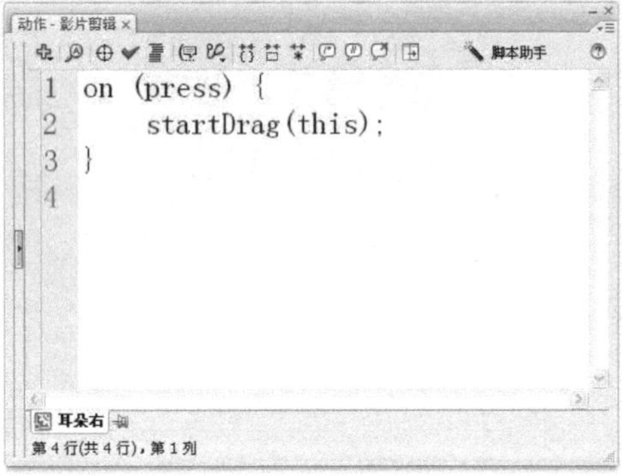

步骤 19 继续添加代码。这部分代码可以实现释放鼠标时,停止拖曳动作,如图 7.65 所示。

图 7.64 为"耳朵右"元件添加拖曳功能代码

图 7.65 添加停止拖曳代码

> **注意**
> 如果代码记忆不熟练,可以通过单击【动作】面板中的 ⊕ 按钮,选择对应的选项来添加代码。

步骤 20 继续添加代码。这部分代码可以实现当鼠标滑过该影片剪辑时,跳转到帧标签为"zhushi"的帧(显示器官名称和英文单词),如图 7.66 所示。

步骤 21 继续添加代码。这部分代码可以实现当鼠标滑出该影片剪辑时,跳转到帧标签为"qiguan"的帧(不显示器官名称和英文单词),如图 7.67 所示。

图 7.66 添加控制播放头跳转的代码(1)

图 7.67 添加控制播放头跳转的代码(2)

步骤 22 选中"耳朵右"元件,打开【行为】面板,如图 7.68 所示。

步骤 23 单击【行为】面板中的 ⊕ 按钮,选择【影片剪辑】|【移到最前】命令,如图 7.69 所示。

第 7 章 制作拖曳题型课件

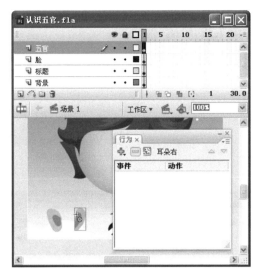

图 7.68 打开【行为】面板

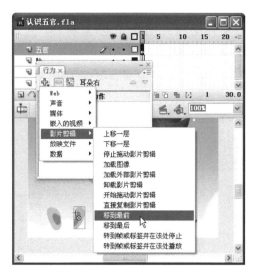

图 7.69 添加"移到最前"行为

步骤 24 在【移到最前】对话框中选择"耳朵右"选项,单击【确定】按钮,如图 7.70 所示。

步骤 25 这样就为"耳朵右"元件添加了【移到最前】行为。但是现在"移到最前"动作是在释放鼠标时才被触发,如图 7.71 所示。

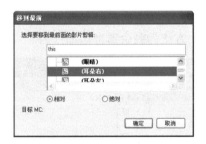

图 7.70 【移到最前】对话框

图 7.71 行为添加完成

步骤 26 修改触发动作的事件为"按下时",如图 7.72 所示。

步骤 27 行为添加完成后,【动作】面板会相应地添加代码,如图 7.73 所示。

图 7.72 修改触发动作的事件

图 7.73 添加行为后的【动作】面板

219

步骤 28　将本例用到的声音文件导入库中(文件路径：配套光盘\素材\第 7 章\7.1\ear.mp3 等)，如图 7.74 所示。

步骤 29　修改"ear.mp3"的链接属性，如图 7.75 所示。

图 7.74　导入声音文件

图 7.75　修改链接属性

步骤 30　选中一个表示耳朵的影片剪辑，为其添加"从库加载声音"行为，如图 7.76 所示。

步骤 31　修改触发"从库加载声音"行为的事件为"按下时"，如图 7.77 所示。按照以上方法为剩余器官添加行为。

图 7.76　【从库加载声音】对话框

图 7.77　添加行为后的【行为】面板

步骤 32　将上面添加的所有代码复制到剩余的"器官"影片剪辑上。测试影片，鼠标滑过影片剪辑，会弹出对应的器官名称和英文单词，如图 7.78 所示。

步骤 33　将鼠标移动到眉毛上，会看到器官名称被眼睛遮盖住了，如图 7.79 所示。

图 7.78　测试影片

图 7.79　单击"眉毛"前

步骤 34　如果按下鼠标，眉毛就移到最前，如图 7.80 所示。

步骤 35　按照自己的想法，放置每一个器官的位置，越可爱越好，如图 7.81 所示。

图 7.80　鼠标在"眉毛"上按下后

图 7.81　课件完成

至此，本课件制作完毕。

在课件制作中有一点需要特别注意，使用 gotoAndPlay 和 gotoAndStop 方法时，参数使用帧标签和帧号是有区别的。如果用帧号控制跳转，那么不管时间轴上有任何改变(添加/删除帧)，播放头仍然会跳转到指定帧号。如果用帧标签控制跳转，那么播放头只会跳转到对应帧标签的帧上(无论该帧帧号是多少)。另外需要注意的是，帧标签是一串字符串，在使用 gotoAndPlay 和 gotoAndStop 方法时，作为参数的帧标签需要用双引号引起来。

7.2 制作更加完善的拖曳题型课件

7.1 节制作的"认识五官"，涉及了利用帧标签控制播放头跳转、startDrag 语句、stopDrag 语句，以及为影片剪辑添加行为等知识。本节中将运用这些知识，结合将要学习的 startDrag 语句高级用法、hitTest 语句、if 语句等制作一个功能更加完善的拖曳题型课件。

7.2.1 解析重点知识

本节将要学习 hitTest 语句的基础知识和 startDrag 语句的高级用法。另外，用 hitTest 语句和 if 语句共同实现判断两个影片剪辑是否发生碰撞也是一个重要内容。

1. 利用 hitTest 语句检测碰撞

在制作 Flash 课件和游戏时，经常需要检测两个元件实例是否发生碰撞，比如"推箱子"、"俄罗斯方块"等。ActionScript 语言提供了 hitTest 语句来解决这个问题。下面是 hitTest 语句的用法。

```
MovieClip.hitTest(目标);
```

MovieClip 是碰撞的发起者，这里必须是影片剪辑。"目标"则可以是影片剪辑、按钮或位置(场景中的任意一个坐标点)。如果双方发生了碰撞，那么 MovieClip.hitTest(目标)的值为 true，反之则为 false。

下面通过制作一个简单的例子来学习 hitTest 语句的用法。

步骤 1 新建一个 Flash 文件(ActionScript 2.0)，将图层更名为"背景"。导入图片"背景.jpg"(文件路径：配套光盘\素材\第 7 章\7.2)，将图片放置到场景中适当位置，如图 7.82 所示。

步骤 2 新建一个影片剪辑元件并命名为"a"，绘制一个圆角方形。新建"文本框"图层，插入一个动态文本框，实例名为"txt"，如图 7.83 所示。

图 7.82　新建 Flash 文件

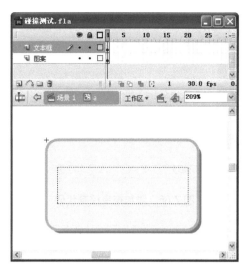

图 7.83　制作影片剪辑 "a"

步骤 3 新建一个影片剪辑元件并命名为 "b"，绘制一个绿色的圆角方形，如图 7.84 所示。

步骤 4 将影片剪辑 "a" 和影片剪辑 "b" 放置到场景中，如图 7.85 所示。

图 7.84　制作影片剪辑 "b"

图 7.85　放置两个影片剪辑

步骤 5 为影片剪辑 "b" 添加拖曳控制代码，如图 7.86 所示。

```
on (press) {
    startDrag(this);
}
on (release) {
    stopDrag();
}
```

步骤 6 以碰撞检测语句为条件，添加 if 语句判断 "a" 和 "b" 是否发生碰撞，如图 7.87 所示。如果发生碰撞，那么将结果输出到 "txt" 文本显示出来。

```
if (this.hitTest(_root.a)) {
    _root.a.txt.text = "碰到了！";
}
```

图 7.86 添加拖曳控制代码　　　　图 7.87 添加检测碰撞的语句

提　示

"text" 表示动态或输入文本字段中的当前文本。

步骤 7　继续添加代码，处理没有发生碰撞发生时的情况，如图 7.88 所示。

```
if (!this.hitTest(_root.a)) {
    _root.a.txt.text = "没碰到!";
}
```

步骤 8　测试影片，将绿色方块拖曳到黄色方块上，释放鼠标。此时两个影片剪辑发生碰撞，动态文本显示"碰到了！"，如图 7.89 所示。

图 7.88 添加没有碰撞发生时的语句　　　　图 7.89 测试影片

提　示

"!" 运算符执行取反操作，比如执行 trace(!true)，输出面板中就会显示 false。在这里表示所有没有碰撞发生的情况。

步骤 9　拖动绿色方块离开黄色方块，释放鼠标。此时两个影片剪辑没有发生碰撞，动态文本显示"没碰到！"，如图 7.90 所示。

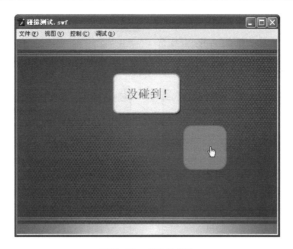

图 7.90　测试影片

> **提示**
> 因为检测碰撞的 if 语句是添加在 on(release){} 内的，所以每当鼠标选中绿色方块再释放时，检测一遍是否发生碰撞。

2. 为 startDrag 语句添加可选参数

7.1 节中讲解了 startDrag 语句的基本用法。通过对可选参数的设置，startDrag 语句能够实现更加丰富的交互效果。

startDrag(目标, [中央位置, 左边界, 上边界, 右边界, 下边界]);

其中的"目标"参数，在 7.1 节中已经讲过。方括号中的参数是 startDrag 语句的可选参数。

"中央位置"是一个布尔值，可以将其设置为 true 或者 false。比如需要控制场景中的影片剪辑"apple"，可以在"apple"上添加以下代码：

```
on(press){
    startDrag(this,true);
}
```

那么，当按住鼠标开始拖曳 apple 的瞬间，apple 的位置会移动，使其中央位置(元件内部的坐标原点)对齐鼠标。

如果为 false，那么当按住鼠标开始拖曳 apple 时，apple 会在当前位置被拖曳。

"中央位置"后的四个边界，可以设定 4 个符合实际意义的数字。比如：

```
on(press){
    startDrag(this,true,100,50,300,250);
}
```

这样，apple 影片剪辑的拖曳范围就被固定在一个矩形内，即使将鼠标移出这个范围，apple 也只会在有意义的范围内移动。

下面通过制作一个小例子来实现 startDrag 语句对拖曳范围的控制。

步骤 1 新建一个影片剪辑元件，命名为"a"，绘制一个圆角方形(圆角方形的起始点为元件的坐标原点)，如图 7.91 所示。

步骤 2 新建一个影片剪辑元件，命名为"b"，绘制一个蓝色圆角方形(圆角方形的起始点为元件的坐标原点)，如图 7.92 所示。

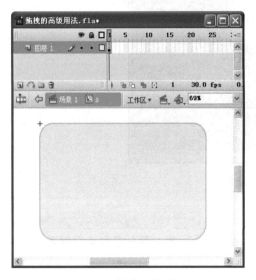

图 7.91 新建"a"按钮

图 7.92 新建"b"按钮

步骤 3 更改主场景中图层的名称为"背景"。导入图片"背景.jpg"(文件路径：配套光盘\素材\第 7 章\7.2)，将其放置到场景中适当位置，如图 7.93 所示。

步骤 4 新建一个图层，将影片剪辑"a"放置到场景中，将其实例命名为"a"，如图 7.94 所示。

图 7.93 制作背景

图 7.94 放置影片剪辑"a"

步骤 5　为影片剪辑"a"添加实现拖曳功能代码,如图 7.95 所示。

```
on (press) {
    startDrag(this, false, 0, 30, 100, 70);
}
on (release) {
    stopDrag();
}
```

步骤 6　测试影片,现在黄色的圆角方形可以被拖曳,拖曳范围被固定在一个矩形内,如图 7.96 所示。

图 7.95　为"a"添加拖曳代码

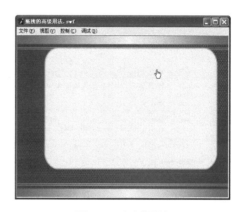

图 7.96　测试影片

步骤 7　新建一个图层,将影片剪辑"b"放置到场景中,将其实例命名为"b",如图 7.97 所示。

步骤 8　将拖曳代码添加给"b",如图 7.98 所示。其中的 zuo,shang,you 和 xia 四个变量分别表示可拖曳范围的四个边界。

```
on (press) {
    startDrag(this, false, zuo, shang, you, xia);
}
on (release) {
    stopDrag();
}
```

图 7.97　放置影片剪辑"b"

图 7.98　为"b"添加拖曳代码

步骤 9 为四个边界变量赋值，其中的每个变量都根据影片剪辑"a"的位置来决定，如图 7.99 所示。

```
zuo = _root.a._x;
shang = _root.a._y;
you = _root.a._x+_root.a._width-this._width;
xia = _root.a._y+_root.a._height-this._height;
```

步骤 10 测试影片，无论黄色圆角方形在什么位置，蓝色的圆角方形的拖曳范围都被限制在黄色圆角方形里，如图 7.100 所示。

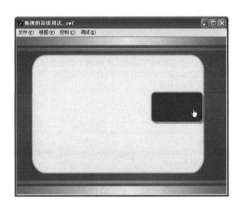

图 7.99　为四个变量赋值　　　　图 7.100　测试影片

7.2.2　课件实战——质数与合数

本节将制作一个数学课件，课件由写有"质数"和"合数"的两个黄色圆角方形(归类板)、写有整数的 5 个绿色圆角方形(数字板)组成。课件运行时的效果如图 7.101 所示。

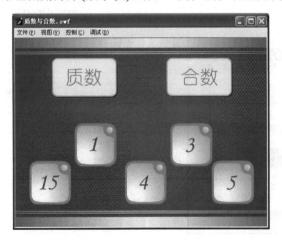

图 7.101　课件运行效果

课件风格大方，操作方法简便。将绿色方形拖曳到黄色方形进行分类，全部归类正确后，课件结束。操作中的课件如图 7.102 所示。

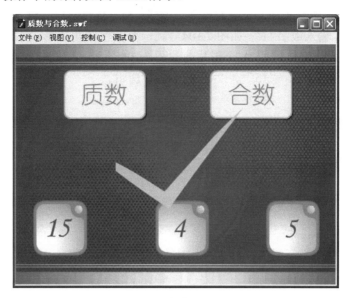

图 7.102 操作中的课件

本课件中涉及的知识点较多也较复杂。其中包括为拖曳范围添加区域限制；判断语句的使用；碰撞方法的使用等。制作"质数与合数"课件的方法如下。

步骤 1 新建一个 Flash 文档(ActionScript 2.0)，将文档属性中的【帧频】设置为 30fps，导入图片"背景.jpg"(文件路径：配套光盘\素材\第 7 章\7.2)并调整位置，如图 7.103 所示。

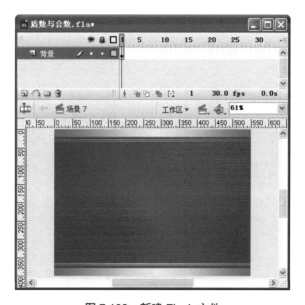

图 7.103 新建 Flash 文件

下面来制作课件用到的元件。本课件中用到的元件有负责表示分类的"质数"和"合数"影片剪辑；用来表示数字的 5 个影片剪辑元件；用来反馈每一次正确操作的"正确判断反馈"影片剪辑；课件完成后的"反馈"影片剪辑。

步骤2 新建影片剪辑元件"选项1"，绘制一个绿色背景，输入数字"1"，如图 7.104 所示。用同样的操作制作另外 4 个影片剪辑，分别输入数字"3"、"15"、"4"和"5"。

步骤3 新建影片剪辑元件"质数"，绘制一个黄色圆角方形，输入"质数"，如图 7.105 所示。用同样的操作制作"合数"影片剪辑。

图 7.104 "选项 1" 影片剪辑

图 7.105 "质数"影片剪辑

步骤4 新建影片剪辑并命名为"正确判断反馈"。在第 2 帧绘制一个对勾，导入"归属正确声音.mp3"文件(文件路径：配套光盘\素材\第 7 章\7.2)。新建"声音"图层，在第 2 帧插入"归属正确声音.mp3"文件，如图 7.106 所示。

步骤5 新建 action 图层，在第 1 帧插入 stop 语句，控制影片剪辑停在第 1 帧，如图 7.107 所示。

图 7.106 "正确判断反馈"影片剪辑

图 7.107 添加 stop 方法

步骤 6 新建影片剪辑,命名为"反馈"。在第 2 帧绘制一个开心的小人。导入"反馈.mp3"文件(文件路径:配套光盘\素材\第 7 章\7.2),新建"声音"图层,在第 2 帧插入这个声音,如图 7.108 所示。

步骤 7 新建 action 图层,在第 1 帧插入 stop 语句。这样在影片运行时,"反馈"元件会停止在第 1 帧不自动播放,如图 7.109 所示。

图 7.108 "反馈"影片剪辑

图 7.109 添加 stop 方法

元件制作完成后,下面布置场景,将元件放到舞台上适当的位置。

步骤 8 切换到影片的主场景,新建"分类"图层。从库中拖曳出"质数"、"合数"两个影片剪辑,调整位置。将两个影片剪辑的实例分别命名为"zhishu"和"heshu",如图 7.110 所示。

步骤 9 新建一个图层并命名为"板"。从库中拖曳出五个写有数字的影片剪辑,将影片剪辑的实例分别命名为"a"、"b"、"c"、"d"、"e",调整位置,如图 7.111 所示。

图 7.110 放置"质数"、"合数"两个影片剪辑

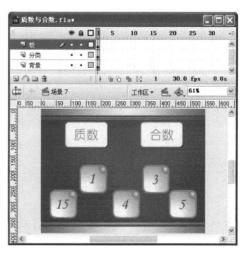

图 7.111 放置五个表示数字的影片剪辑

步骤10 新建图层并命名为"反馈"。将"正确判断反馈"和"反馈"两个影片剪辑元件从【库】面板中拖出，放置到场景中合适位置。设置"正确判断反馈"影片剪辑的实例名为"dui"，"反馈"影片剪辑的实例名为"zhengque"，如图 7.112 所示。

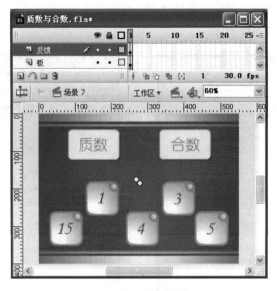

图 7.112 放置反馈

下面为课件添加交互功能。程序主要由拖曳代码、检测碰撞、反馈几部分组成。

步骤11 新建一个图层并命名为"action"。打开【动作】面板，添加程序，如图 7.113 所示。

jishu=0;

jishu 用来统计归类正确的数字的个数。

步骤12 选中影片剪辑"a"，打开【动作】面板添加拖曳代码，如图 7.114 所示。

```
on (press) {
    startDrag(this, false, 25, 30, 430, 280);
}
on (release) {
    stopDrag();
}
```

图 7.113 给变量"jishu"赋值

图 7.114 为影片剪辑"a"添加拖曳功能代码

步骤 13 添加拖曳停止时检测影片剪辑"a"(数字板)是否和"zhishu"(归类板)发生碰撞的代码如图 7.115 所示。如果发生碰撞(归类正确)则播放"正确判断反馈"影片剪辑，并且设置"a"为不可见。

```
if (this.hitTest(_root.zhishu)) {
    _root.dui.gotoAndPlay(2);
    this._visible = 0;
}
```

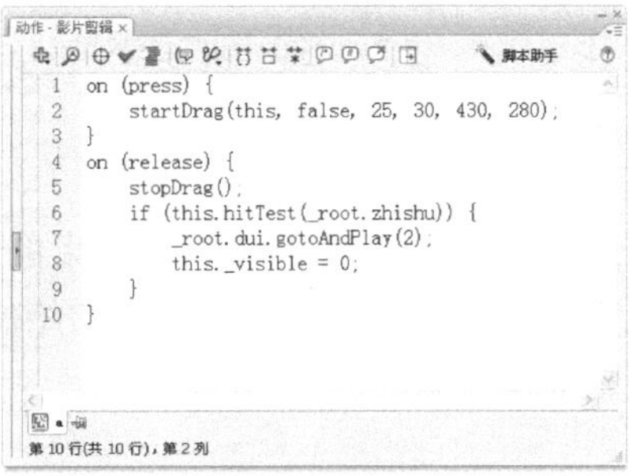

步骤 14 继续添加代码，如图 7.116 所示。这部分代码处理归类错误的情况。如果没有碰撞发生(数字 1 没有被拖曳到质数栏里)，那么影片剪辑"a"返回原本位置。

```
if (!this.hitTest(_root.zhishu))
{
    this._x = 130;
    this._y = 180;
}
```

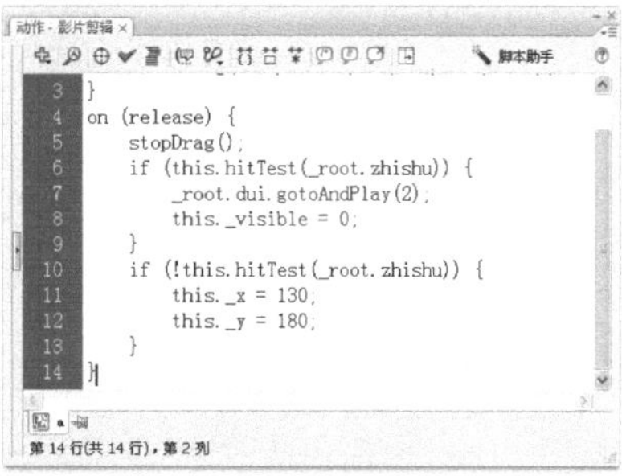

图 7.115 添加检测碰撞的代码

图 7.116 添加没有发生碰撞的代码

提示

"_visible"是影片剪辑的属性，值为 1（true）时，该影片剪辑可见，值为 0（false）时，该影片剪辑不可见。

步骤 15 为剩余的数字板添加代码。这些代码与为影片剪辑"a"添加的代码内容基本相同，只是 11 行与 12 行，记录的各元件初始位置不同，如图 7.117 所示。

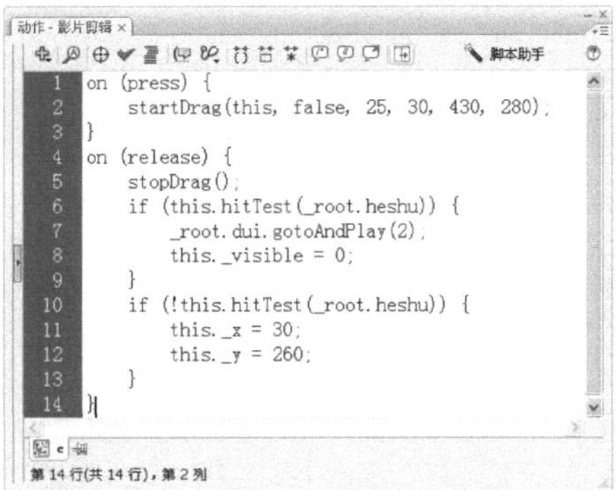

步骤 16 打开"正确判断反馈"影片剪辑，在 action 图层第 2 帧插入关键帧，打开【动作】面板添加代码，如图 7.118 所示。

    _root.jishu++;

每归类正确一次，jishu 就加 1。

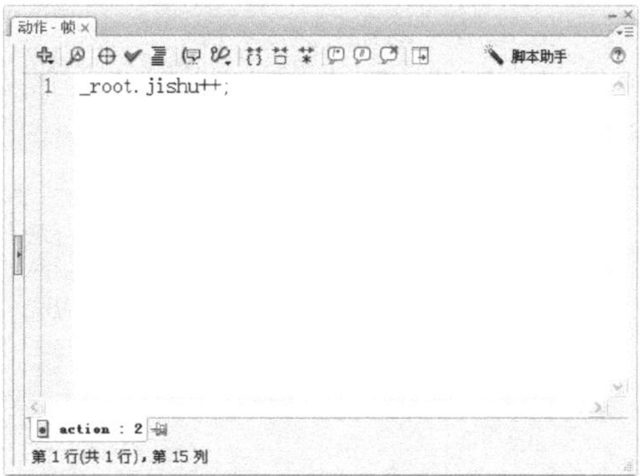

图 7.117 为其他 4 个影片剪辑添加代码

图 7.118 归类正确后 jishu 变量执行自加操作

步骤 17　在 action 图层的第 20 帧插入关键帧，输入代码，如图 7.119 所示。

```
if (_root.jishu == 5) {
    _root.jishu = 0;
    _root.chenggong.play();
}
```

这段代码用来检测当所有数字全部归类到正确的类别后，播放游戏结束的反馈。

步骤 18　打开"反馈"影片剪辑，在 action 图层的第 63 帧(最后一帧)插入关键帧，添加代码，如图 7.120 所示。

```
_root.a._x = 130;
_root.a._y = 180;
_root.b._x = 340;
_root.b._y = 180;
_root.c._x = 30;
_root.c._y = 260;
_root.d._x = 240;
_root.d._y = 260;
_root.e._x = 430;
_root.e._y = 260;
```

这段代码用于实现当游戏结束的反馈播放完时，使所有的数字板回到初始位置，以便重复操作课件。

图 7.119　检测是否所有的数字板都归类完成

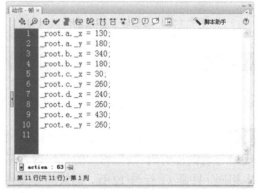

图 7.120　所有的数字板恢复到初始位置

步骤 19　继续添加代码，如图 7.121 所示。

```
_root.a._visible = 1;
_root.b._visible = 1;
_root.c._visible = 1;
_root.d._visible = 1;
_root.e._visible = 1;
```

这段代码使所有数字影片剪辑可见。

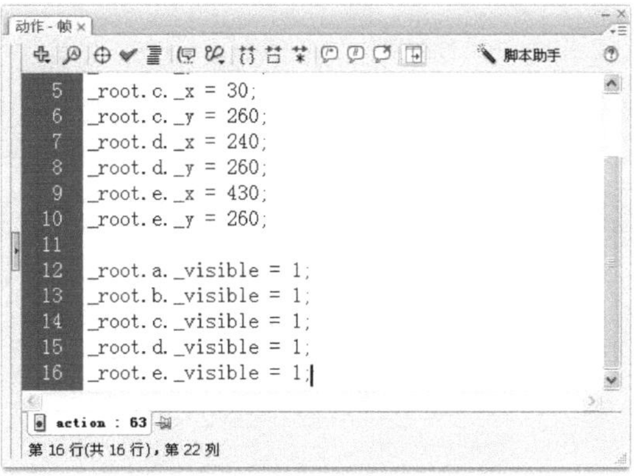

图 7.121　设置所有数字板可见

至此，本课件制作完毕。

hitTest()语句还有另外一种用法。通过设置参数，可以实现影片剪辑与屏幕上一个点的碰撞检测。比如"apple.hitTest(100,200);"可以检测影片剪辑"apple"与点(100，200)是否有碰撞发生。

设置 startDrag()语句的范围参数，可以实现横向和纵向的进度条效果，比如音乐播放器的进度条等。这只需要将上下或者左右参数的值设置为相等。

第 8 章

制作填空题型课件

　　填空题与判断题、选择题不同，对于填空题的答案不固定的不太适合制作成课件的形式。但答案相对固定的填空题还是可以制作成填空题课件的，而且有很好的教学效果。

　　本章分为两节，在第一节需要用到输入文本，其作用是实现答题时答案的输入。通过本节的学习，需要掌握利用输入文本变量的值判断填空的答案正确与否的操作。

　　在第二节，制作课件时需要用到 "on (keyPress "<key>") { }" 和 TextField 类。通过本节的学习，需要掌握怎样让系统对键盘事件做出反应，怎样将动态文本或输入文本创建成 TextField 类的实例，并通过动作脚本对 TextField 类的实例进行控制。

本章内容主要包括

- 用输入文本制作填空题课件的方法
- 模运算符%
- on (keyPress "<key>") { }
- TextField 类

8.1 制作填空题型课件

本课件是一个关于防震减灾知识的填空题课件。内容是在空白处填写答案，Flash 根据答案正确与否给出相应的反馈。其中涉及的重要知识会有详细的讲解，以便读者理解和掌握这些知识点，并通过这些知识点制作出自己的填空课件。

8.1.1 解析重点知识

在本节课件的制作过程中，会用到两个重点知识 "输入文本"和"模运算符%"。下面详细讲解这两个知识点。

- 输入文本

使用输入文本功能可以使用户在导出的.swf 文件中输入文本。

选中文本工具，打开【属性】面板，设置为输入文本，如图 8.1 所示。在这里主要介绍以下几个选项。

图 8.1 【属性】面板

- ◆ 在 单行 下拉列表框中，可以看到【单行】、【多行】、【多行不换行】和【密码】四个选项。选择【多行】则在多行中显示该文本，选择【单行】则在一行中显示该文本，选择【多行不换行】则在多行中显示文本，只有当最后一个字符是换行字符时才会换行，选择【密码】则文本中显示的是"*"。
- ◆ 单击【显示边框】按钮 ，可以显示文本字段的黑色边框和白色背景。
- ◆ 在【变量】文本框中可以输入该文本字段的变量名称，这样就可以用程序控制文本显示的内容。

- 模运算符(%)
  - ◆ 作用：计算一个数除以另一个数的余数。参数可以是数字或转换为数值的字符串，如果有任一参数是非数字值，则模运算符(%)会尝试将它们转换为数字。模运算结果的符号与被除数(第一个数字)的符号相匹配。例如，-4％3 和-4％-3 的计算结果都为-1。
  - ◆ 参数：数字或计算结果为数字的表达式。

  使用方法：参数 1 % 参数 2，例如 10%3 的余数为 1。

下面是一个计算余数的例子，帮助读者熟悉一下这两个知识点。

步骤 1 新建一个 Flash 文档,背景色设置为白色,【大小】设置为"300×200 像素",【帧频】设置为 12fps,保存为"计算余数",如图 8.2 所示。

图 8.2 文档的属性

步骤 2 在"图层 1"上,利用文本工具制作课件的标题"计算余数",如图 8.3 所示。

步骤 3 继续输入文本,在文字"计算"、"除以"和"余数为"后空出输入文本和动态文本的位置,如图 8.4 所示。

图 8.3 添加标题　　　　图 8.4 输入内容

步骤 4 在文本的第一和第二个空白处插入两个输入文本,在第三个空白处插入一个动态文本,分别设置它们的变量为"a1"、"a2"和"a3"。然后从公用按钮库中拖曳出一个按钮放置在舞台上,如图 8.5 所示。

步骤 5 选中按钮,在按钮上添加代码,如图 8.6 所示。

```
on (release) {
    a3 = a1%a2;
}
```

这句代码的作用是,单击按钮时 a3 显示 a1 除以 a2 的余数。

图 8.5 完成后的场景

图 8.6 按钮上的代码

步骤 6 运行后在输入文本中输入两个数,如图 8.7 所示。

步骤 7 单击按钮计算它们的余数,在动态文本中显示余数为"3",如图 8.8 所示。

图 8.7 课件运行界面

图 8.8 输出结果

8.1.2 课件实战——防震减灾知识竞赛

为了方便讲解课件,这个课件只设计了一个页面的填空题。课件运行时,页面上显示了4道填空题目,单击每题的填空处可以输入答案。效果如图8.9所示。

用户输入完成后单击 OK 按钮,如果答案正确,则页面上显示笑脸,同时用户还可以听到表示鼓励的声音。如果答案错误,则页面上显示哭脸,同时用户还可以听到表示遗憾的声音。单击"钥匙"按钮可以查看答案,如果感觉自己输入的答案有错误可以单击"橡皮"按钮,把输入的答案擦除重新输入。效果如图 8.10 所示。

第 8 章 制作填空题型课件

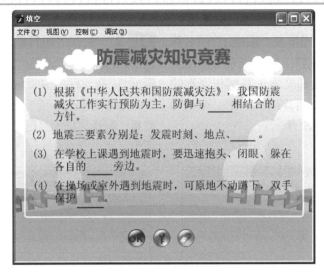

图 8.9 课件运行界面一

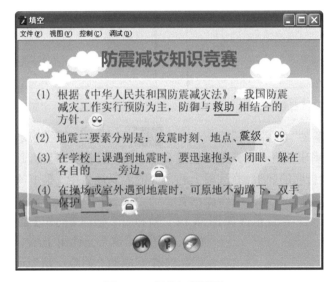

图 8.10 课件运行界面二

制作本课件需要重点掌握的内容有"输入文本"和"模运算符(%)"。

制作"防震减灾知识竞赛"课件的方法如下。

步骤 1 新建一个 Flash 文档，背景色设置为白色，【大小】设置为"550×400 像素"，【帧频】设置为 30fps，如图 8.11 所示。

图 8.11 课件文档属性

这个课件中需要用到的元件主要有"背景"元件、"题目板"元件、"答案"元件、

"笑脸反馈"元件、"哭脸反馈"元件和三个按钮,首先制作这些元件以方便场景的布置。

步骤 2 背景的制作。将"图层1"的名称更改为"背景和标题"。在本图层上利用工具箱中的绘图工具和文本工具制作课件的背景和标题,并将它们转换为元件,命名为"背景",如图 8.12 所示。

步骤 3 制作"题目板"元件。按快捷键 Ctrl+F8 新建一个名为"题目板"的影片剪辑元件,在元件的编辑场景中制作一个长方形,并给其填充半透明的蓝色,用作题目的底板。制作完成后"题目板"元件如图 8.13 所示。

图 8.12 "背景"元件

图 8.13 "题目板"元件

步骤 4 制作"答案"元件。新建一个名为"答案"的影片剪辑元件,在元件的编辑场景中制作一个半透明的底板,在底板上利用文本工具输入正确的答案,用作提示答案。制作完成的"答案"元件如图 8.14 所示。

步骤 5 制作"笑脸反馈"元件。新建一个名为"笑脸反馈"的影片剪辑元件,在元件的编辑场景中,第1帧空白,第2帧制作一个笑脸。再添加一个图层,分别在第1帧和第2帧的【动作】面板上添加"stop( )"语句,这个元件用于填空正确后的反馈。制作完成的"笑脸反馈"元件如图 8.15 所示。

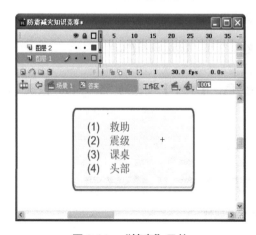

图 8.14 "答案"元件

图 8.15 "笑脸反馈"元件

步骤 6 利用上面相同的操作方法制作"哭脸反馈"元件，不同的是在图层 1 的第 2 帧添加了一个声音"2.mp3"(配套光盘\素材\第 8 章\8.1)，这个元件用于填空错误后的反馈，如图 8.16 所示。

步骤 7 制作"擦除"按钮。新建一个名为"擦除"的按钮，填空时可以通过单击"擦除"按钮清除已填写的答案，如图 8.17 所示。

图 8.16 "哭脸反馈"元件

图 8.17 "擦除"按钮

步骤 8 制作 OK 按钮。新建一个名为"OK"的按钮，填空完成后通过单击 OK 按钮提交答案判断正误，如图 8.18 所示。

步骤 9 制作 KEY 按钮。新建一个名为"KEY"的按钮，填空时通过单击 KEY 按钮查看答案，如图 8.19 所示。

图 8.18 OK 按钮

图 8.19 KEY 按钮

步骤 10 制作"正确"元件。新建一个名为"正确"的影片剪辑元件，在元件第 1 帧的【动作】面板上添加"stop( )"语句，在元件的第 2 帧添加声音"3.mp3"(配套光盘\素材\第 8 章\8.1)，这个元件用于填空正确后的声音反馈，如图 8.20 所示。

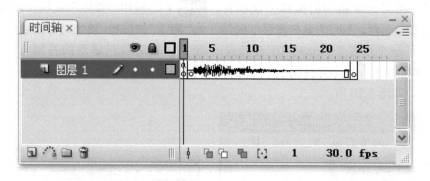

图 8.20 "正确"元件

提 示

本课件用到了 3 段声音文件,这些文件可以事先均从相关媒体或资源网站下载到本地,并适当的编辑处理,然后导入到库中以便课件运用。读者在制作课件时如需用到其他声音文件,可以利用相同的方法获得。

元件制作完成后,利用这些元件根据课件的要求布置课件的场景。

步骤 11 元件制作完成后回到主场景,在"背景"图层上添加一个图层并命名为"底板"。把库中的元件"题目板"放置在这个图层上,并在场景中调整它到适当的位置,如图 8.21 所示。

步骤 12 在"底板"图层上添加一个图层并命名为"文本",在这个图层上输入题目,空出需要填空的位置。在空出的位置下面画出横线,在横线上放置 4 个输入文本,并分别将其变量设置为"kong1"、"kong2"、"kong3"和"kong4",如图 8.22 所示。

图 8.21 元件"题目板"在场景中的位置

图 8.22 文本在场景中的位置

步骤 13 在"文本"图层上添加一个图层并命名为"反馈"。把库中的"笑脸反馈"和"哭脸反馈"放在每个题目后面的适当位置。分别将4个"笑脸反馈"的实例命名为"dui1"、"dui2"、"dui3"和"dui4"将4个"哭脸反馈"的实例命名为"cuo1"、"cuo2"、"cuo3"和"cuo4"。把元件"正确"同样放在各图层,实例名称为"zhengque",如图8.23所示。

步骤 14 在"反馈"图层上添加2个图层并命名为"按钮"和"答案",选择"按钮"图层,把库中的3个按钮放到场景中的适当位置。选择"答案"图层,把元件"答案"放到场景中的适当位置,它的实例名称为"key",如图8.24所示。

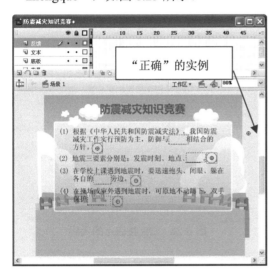

图8.23 放置反馈元件　　　　　　图8.24 按钮与提示板的位置

为课件的主场景和按钮添加代码,按钮上代码的主要作用是判断填写答案的对错、清除填写的答案以便重新填写和显示或隐藏答案提示板。下面为课件添加代码。

步骤 15 场景布置完成后添加代码,首先在"答案"图层上添加一个图层并命名为"action"。选中action图层的第1帧,打开【动作】面板,添加如下代码:

```
_root.key._visible = 0;
//将实例"key"设置为不可见
```

这句代码的作用是,在运行课件时隐藏提示答案的面板。

步骤 16 选中KEY按钮,在KEY按钮上添加代码,如图8.25所示。

```
on (release) {
_root.key._visible = (_root.key._visible+1)%2;
}
```

这句代码的作用是单击KEY按钮时,答案提示面板或显示或隐藏。

步骤 17 选中OK按钮,在OK按钮上添加代码,如图8.26所示。

```
on (release) {
```

```
            if (_root.kong1 == "救助" && _root.kong2 == "震级" && _root.kong3 ==
"课桌" && _root.kong4 == "头部") {
        //判断填写的答案是否全部正确
        _root.zhengque.gotoAndPlay(2);
            _root.dui1.gotoAndStop(2);
            _root.dui2.gotoAndStop(2);
            _root.dui3.gotoAndStop(2);
            _root.dui4.gotoAndStop(2);
            _root.cuo1.gotoAndStop(1);
            _root.cuo2.gotoAndStop(1);
            _root.cuo3.gotoAndStop(1);
            _root.cuo4.gotoAndStop(1);
            //如果填写的答案全部正确，播放正确的声音反馈，播放笑脸隐藏哭脸。
        }
```

图 8.25 KEY 按钮上的代码　　　　　　　图 8.26 OK 按钮上的代码

步骤 18　继续为 OK 按钮添加代码，如图 8.27 所示。

```
        else {
            if (_root.kong1 != "救助") {
                _root.cuo1.gotoAndStop(2);
                _root.dui1.gotoAndStop(1);
            } else {
                _root.dui1.gotoAndStop(2);
                _root.cuo1.gotoAndStop(1);
            }
            //如果第一个填空填写的答案正确，播放笑脸，否则播放哭脸。
            if (_root.kong2 != "震级") {
                _root.cuo2.gotoAndStop(2);
                _root.dui2.gotoAndStop(1);
            } else {
                _root.dui2.gotoAndStop(2);
                _root.cuo2.gotoAndStop(1);
            }
            if (_root.kong3 != "课桌") {
                _root.cuo3.gotoAndStop(2);
                _root.dui3.gotoAndStop(1);
            } else {
                _root.dui3.gotoAndStop(2);
                _root.cuo3.gotoAndStop(1);
            }
```

```
        if (_root.kong4 != "头部") {
            _root.cuo4.gotoAndStop(2);
            _root.dui4.gotoAndStop(1);
        } else {
            _root.dui4.gotoAndStop(2);
            _root.cuo4.gotoAndStop(1);
        }
    }
}
```

这段代码的作用是当填写的答案有对有错时,为对的答案显示笑脸,错的答案显示哭脸。

步骤 19　选中"擦除"按钮,在"擦除"按钮上添加代码,如图 8.28 所示。

```
on (release) {
    _root.kong1 = "";
    _root.kong2 = "";
    _root.kong3 = "";
    _root.kong4 = "";
    _root.cuo1.gotoAndStop(1);
    _root.dui1.gotoAndStop(1);
    _root.cuo2.gotoAndStop(1);
    _root.dui2.gotoAndStop(1);
    _root.cuo3.gotoAndStop(1);
    _root.dui3.gotoAndStop(1);
    _root.cuo4.gotoAndStop(1);
    _root.dui4.gotoAndStop(1);
}
```

这句代码的作用是清空填写的答案,隐藏反馈的笑脸和哭脸,以利于修改填写的答案。

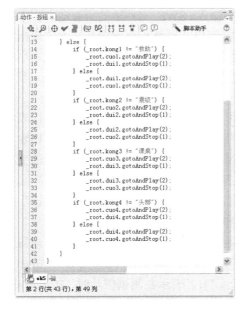

图 8.27　在 OK 按钮上继续添加的代码

图 8.28　"擦除"按钮上的代码

至此本课件制作完成，在使用输入文本对象制作课件时，应注意在输入文本的【属性】面板中还有其他有用的设置：如单击 【显示边框】按钮可以显示文本字段的黑色边框和白色背景；在【最多字符数】中可以设置输入文本的最多字符数。

8.2 制作有答案提示的填空题型课件

本节将用另一种方法制作填空题课件，通过这个课件中知识点的学习，可以更加熟练地掌握输入文本的应用和课件对键盘事件的反应，最终读者可以利用这些知识制作出自己的填空题课件。

8.2.1 解析重点知识

在本节课件的制作过程中，将用到的主要知识点有"on (keyPress "<key>") { }"和 TextField 类。下面针对各功能代码，进行详细讲解。

- on (keyPress "<key>") { }
  - 作用：按下指定的键盘键时，执行该事件后面大括号中的语句。
  - 参数：参数的 key 部分，可以直接是一个键的名称，一般为特殊键，如 Left、Right、Up、Down、Enter 等。
  - 使用方法：新建一个 Flash 文档(ActionScript 2.0)。制作一个按钮或影片剪辑并给其添加代码"on (keyPress "<Down>") { trace(你按下了 Down 键);}"。在测试影片时，当按 Down 键时，【输出】面板将输出"你按下了 Down 键"。
- TextField 类
  TextField 类用于创建区域以供文本显示和输入。SWF 文件中的所有动态文本字段和输入文本字段都是 TextField 类的实例。可以在属性检查器中为文本字段指定实例名称，并且可以在 ActionScript 中使用 TextField 类的方法和属性对文本字段进行操作。在本课件中用到了 TextField 类的众多属性和事件中的 maxChars 和 text 属性以及 onSetFocus 事件。
  - maxChars 属性：表示文本字段最多可容纳的字符数。maxChars 属性仅表示用户可以输入多少字符。如果此属性的值为 null(零、空)，则对用户可以输入的文本字符数没有限制。例如 my_txt.maxChars = 3;，表示名为 my_txt 的文本最多可容纳 3 个字符。
  - text 属性：表示文本字段中的当前文本。例如 my_txt.text="我爱中国"，表示名为 my_txt 的文本内容为"我爱中国"。
  - onSetFocus = function() {}：在文本字段接收键盘焦点或者鼠标单击获得焦点时执行该事件后面大括号中的语句。例如 my_txt.onSetFocus = function() { trace("焦点在'my_txt'这个文本上。")}，表示在测试影片时，按下 Tab 键将输入焦点从一个地方移动到名为"my_txt"文本字段时，或直接用鼠标单击文本"my_tx"使焦点在"my_txt"文本字段上时，【输出】面板将输出"焦点在'my_txt'这个文本上。"

下面制作一个小球坐标的例子,帮助读者熟悉一下这两个知识点。

步骤1 新建一个 Flash 文档,背景色设置为白色,【大小】设置为"550×400 像素",【帧频】设置为 12fps,保存为"小球坐标",如图 8.29 所示。

图 8.29 文档的属性

步骤2 在"图层 1"上,利用工具箱中的文本工具输入如图 8.30 所示的文本,并放置两个动态文本,分别将两个文本的实例命名为"t1"、t2"。

步骤3 制作一个小球元件,把它放到舞台上,将小球的实例命名为"ball"。同时在公用按钮库中拖曳一个按钮放在舞台中,如图 8.31 所示。

图 8.30 场景布置

图 8.31 拖曳一个按钮放在舞台中

步骤4 选中按钮添加如下代码。

```
on (keyPress "<Right>") {
    ball._x += 5;
    t1.text = ball._x;
}
on (keyPress "<Left>") {
    ball._x -= 5;
    t1.text = ball._x;
}
on (keyPress "<Down>") {
    ball._y += 5;
    t2.text = ball._y;
}
on (keyPress "<Up>") {
    ball._y -= 5;
    t2.text = ball._y;
}
```

步骤5 测试影片,按方向键移动小球显示坐标,如图 8.33 所示。

这段代码的意思是,按下方向键时,小球向方向键所指的方向移动,并在文本中显示小球的坐标,如图 8.32 所示。

图 8.32 按钮上的代码

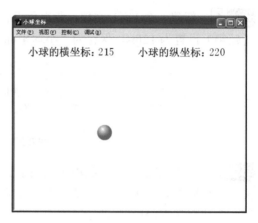

图 8.33 测试影片

8.2.2 课件实战——时事政治

本课件是一个关于时事政治的课件。课件运行时,页面上显示了 4 道填空题目,单击每题的填空处可以输入答案。效果如图 8.34 所示。

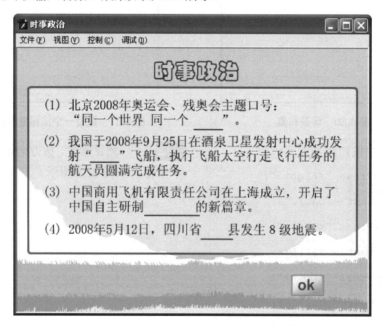

图 8.34 课件运行界面

这个课件与第一节的填空课件不同,不是全部完成后判断,而是每填一空判断一次。当填完一空后,单击 OK 按钮或者按 Enter 键判断对错,如果答案正确,则页面上显示一个对勾,同时用户还可以听到鼓励的声效。效果如图 8.35 所示。

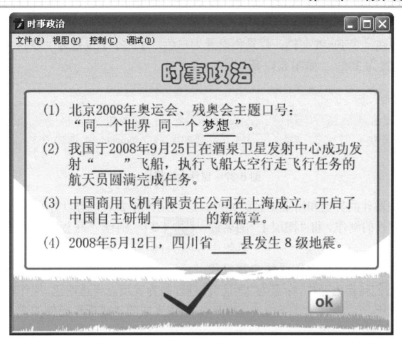

图 8.35　正确反馈

如果答案错误，则页面上显示一个问号，同时用户还可以听到遗憾的声效。如果连续三次填写错误，将在填空处显现一个浅色的答案，通过给学生提示，来增加对这道题的印象。效果如图 8.36 所示。

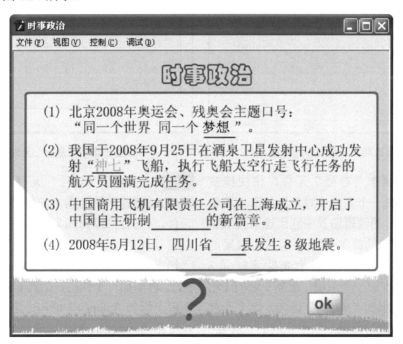

图 8.36　错误反馈

制作本课件需要重点掌握的内容有"on (keyPress "<key>") { }"和 TextField 类。

制作"时事政治"课件的方法如下。

步骤 1 新建一个 Flash 文档，背景色设置为白色，【大小】设置为"550×400 像素"，【帧频】设置为30fps，如图 8.37 所示。

图 8.37 课件文档属性

首先制作课件的界面和所要用到的元件，这些制作完成后，可以方便场景的布置。

步骤 2 背景的制作。将"图层 1"的名称更改为"背景"。在本图层上利用工具箱中的绘图工具和文本工具制作课件的背景和标题，并将它们转换为元件，命名为"背景"，如图 8.38 所示。

步骤 3 制作"底板"元件。按快捷键 Ctrl+F8 新建一个名为"底板"的影片剪辑元件，在元件的编辑场景中制作一个长方形，并为其填充半透明色，用作题目的底板。制作完成的"底板"元件如图 8.39 所示。

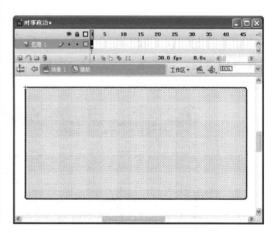

图 8.38 背景与标题界面　　　　图 8.39 "底板"元件

步骤 4 制作"对号"元件。按快捷键 Ctrl+F8 新建一个名为"对号"的影片剪辑元件，在元件的编辑场景中利用遮罩技术制作一个画对号的简单动画，并且配上鼓励的声音"正确声音.mp3"(配套光盘\素材\第 8 章\8.2)。再添加一个图层，在第 1 帧的【动作】面板上添加"stop( )"语句，这个元件用于填空正确的反馈。制作完成的"对号"元件如图 8.40 所示。

步骤 5 制作"问号"元件。按快捷键 Ctrl+F8 新建一个名为"问号"的影片剪辑元件，在元件的编辑场景中制作一个问号左右摆动的简单动画，并且配上遗憾的声音"错误声音.mp3"(配套光盘\素材\第 8 章\8.2)。再添加一个图层，在第 1 帧的【动作】面板上添加"stop( )"语句，这个元件用于填空错误的反馈。制作完成的"问号"元件如图 8.41 所示。

图 8.40　"对号"元件

图 8.41　"问号"元件

步骤 6　制作"k1"元件。按快捷键 Ctrl+F8 新建一个名为"k1"的影片剪辑元件,元件的编辑场景中第 1 帧空白,第 2 帧利用文本输入第一个填空的答案"梦想"。在第 1 帧和第 2 帧的【动作】面板上添加"stop( )"语句。这个元件用于给学生提示。制作完成的"k1"元件如图 8.42 所示。用同样的方法制作元件"k2"、"k3"和"k4"。

步骤 7　制作"OK"按钮。按快捷键 Ctrl+F8 新建一个名为"OK"的按钮,每个填空完成后通过单击 OK 按钮提交答案判断正误,如图 8.43 所示。

图 8.42　"k1"元件

图 8.43　"OK"按钮

至此课件所需的元件全部制作完成,下面利用这些元件根据课件的要求布置场景。

步骤 8　元件制作完成后回到主场景,在"背景"图层上添加一个图层并命名为"底板"。把库中的元件"底板"放置在这个图层上,并在场景中调整它到适当的位置,如图 8.44 所示。

步骤 9　在"底板"图层上添加一个图层并命名为"文本",在这个图层上输入填空的题目,空出需要填空的位置。在空出的位置下面画出横线,在横线上放置 4 个输入文本,并将文本实例命名为"t1"、"t2"、"t3"和"t4",如图 8.45 所示。

图 8.44 元件"底板"在场景中的位置

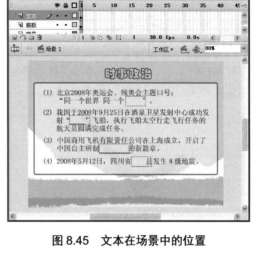

图 8.45 文本在场景中的位置

步骤 10 在"底板"图层上添加一个图层并命名为"提示"。把库中的元件"k1"、"k2"、"k3"和"k4"放在每个填空处的适当位置。将它们的实例同样命名为"k1"、"k2"、"k3"和"k4",如图 8.46 所示。

步骤 11 在"文本"图层上添加 2 个图层并命名为"按钮"和"反馈",选择"按钮"图层,把库中的 OK 按钮放到场景中的适当位置。选择"反馈"图层,把"对号"和"问号"元件放到场景中的适当位置,它的实例名称为"duile"和"cuowu",如图 8.47 所示。

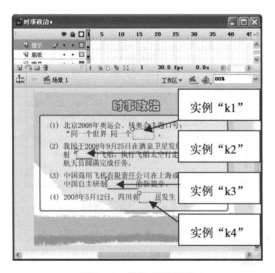

图 8.46 放置反馈元件

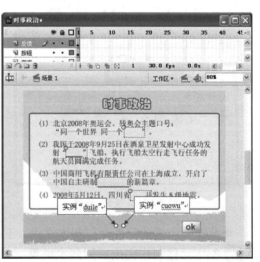

图 8.47 按钮与提示板的位置

这个课件需要添加代码的地方只有两个地方。一个是主场景上的代码,主要作用是记录正在填写第几个空。还有就是按钮上的代码,作用是判断填写答案的对错,对答案作出相应的反馈。下面就为课件添加代码。

步骤 12 场景布置完成后添加代码，首先在"反馈"图层上添加一个图层并命名为"action"。选中 action 图层的第 1 帧，打开【动作】面板，添加如下代码，如图 8.48 所示。

```
_root.cuo1 = 0;
_root.cuo2 = 0;
_root.cuo3 = 0;
_root.cuo4 = 0;
//4 个变量记录每个空的填写错误次数
_root.jilu = 0;
//这个变量记录正在填写第几个空
_root.t1.maxChars = 2;
_root.t2.maxChars = 2;
_root.t3.maxChars = 4;
_root.t4.maxChars = 2;
//设置 4 个输入文本最多可输入的字符数
```

这段代码前半部分为 5 个变量赋初始值，前 4 个变量用来记录每个空的填写错误的次数，第 5 个变量用来记录正在填写第几个空。

这段代码后半部分为 4 个输入文本设置了最多可输入的字符数。

步骤 13 继续为主场景添加代码，如图 8.49 所示。

```
onEnterFrame = function () {
//以 SWF 文件的帧频重复调用下面代码
    _root.t1.onSetFocus = function() {
    //当"ti"文本字段接收键盘焦点时调用
        _root.jilu = 1;
        //为变量 jilu 赋值 1
    };
    _root.t2.onSetFocus = function() {
        _root.jilu = 2;
    };
    _root.t3.onSetFocus = function() {
        _root.jilu = 3;
    };
    _root.t4.onSetFocus = function() {
        _root.jilu = 4;
    };
};
```

这段代码的作用是时刻检查第几个空正在被填写，当鼠标单击第 1 个输入文本时为变量 jilu 赋值为 1，鼠标单击第 2 个输入文本时为变量 jilu 赋值为 2，以此类推。这样用变量 jilu 值的变化就可以反映出正在填写第几个空。

图 8.48 action 图层上的代码

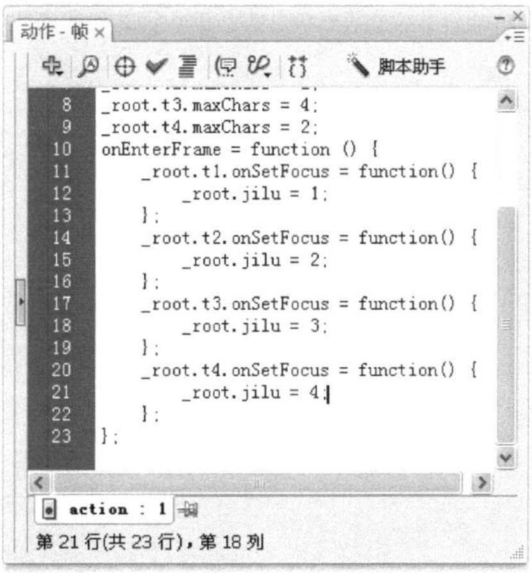

图 8.49 继续为 action 图层添加代码

步骤 14 选中 OK 按钮，在 OK 按钮上添加代码，如图 8.50 所示。

```
on (release, keyPress "<Enter>") {
    //单击按钮或按下键盘上的 Enter 键时
    if (_root.jilu == 1) {
        //如果变量的值为1
        if (_root.t1.text == "梦想") {
            //如果文本"t1"的内容为"梦想"
            _root.duile.gotoAndPlay(2);
            //正确的反馈对号播放
        } else {
            //如果文本"t1"的内容不为"梦想"
            _root.cuowu.gotoAndPlay(2);
            //错误的反馈问号播放
            _root.t1.text = "";
            //把文本的内容设置为空
            _root.cuo1++;
            //记录错误次数的变量增加一次
        }
        if (_root.cuo1 == 3) {
            //如果第1个空填写了3次错误的答案
            _root.k1.gotoAndStop(2);
            //"k1"跳转到第2帧，显示提示答案
        }
    }
}
```

这段代码的作用是当单击按钮或按下键盘上的 Enter 键时，判断第 1 个空填写的答案是否正确，并给出相应的反馈。

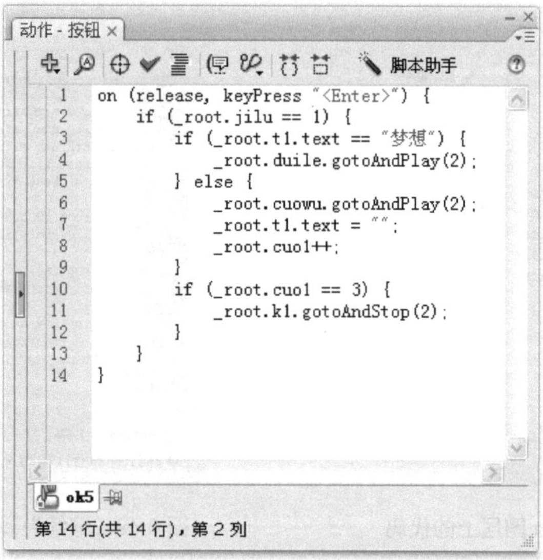

图 8.50 OK 按钮上的代码

步骤 15 继续为 OK 按钮添加其余 3 个空的判断代码，如图 8.51 所示。

```
if (_root.jilu == 2) {
    if (_root.t2.text == "神七") {
        _root.duile.gotoAndPlay(2);
    } else {
        _root.cuowu.gotoAndPlay(2);
        _root.t2.text = "";
        _root.cuo2++;
    }
    if (_root.cuo2 == 3) {
        _root.k2.gotoAndStop(2);
    }
}
if (_root.jilu == 3) {
    if (_root.t3.text == "大型客机") {
        _root.duile.gotoAndPlay(2);
    } else {
        _root.cuowu.gotoAndPlay(2);
        _root.t3.text = "";
        _root.cuo3++;
    }
    if (_root.cuo3 == 3) {
        _root.k3.gotoAndStop(2);
    }
}
if (_root.jilu == 4) {
    if (_root.t4.text == "汶川") {
        _root.duile.gotoAndPlay(2);
    } else {
        _root.cuowu.gotoAndPlay(2);
        _root.t4.text = "";
        _root.cuo4++;
    }
    if (_root.cuo4 == 3) {
        _root.k4.gotoAndStop(2);
    }
}
```

这 3 段代码的作用与上面为按钮添加代码的作用相同，只是判断的对象不同，不再做详细介绍。

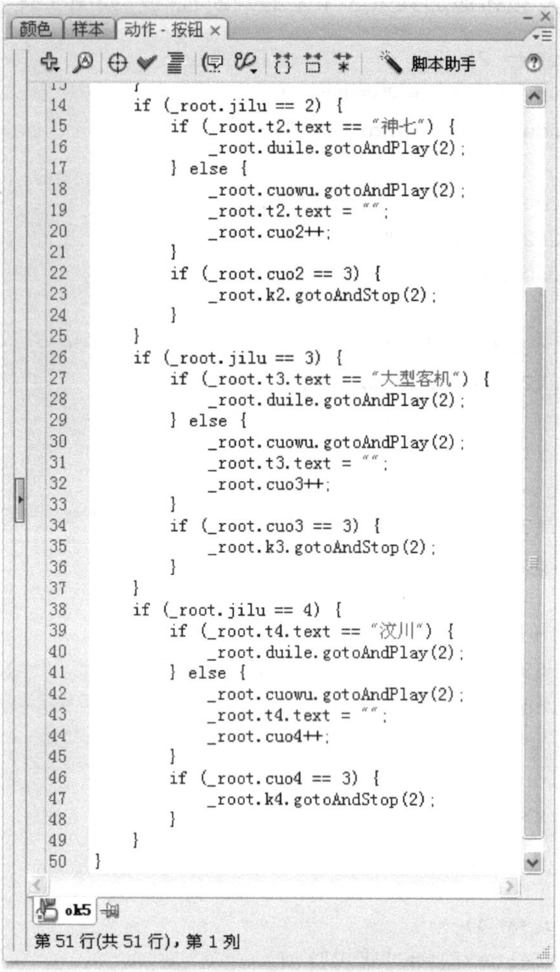

图 8.51　OK 按钮上其余的代码

输入文本的【属性】面板中的文本变量名的作用仅仅相当于 TextField 类的 text 属性，文本最多字符数的作用仅仅相当于 TextField 类的 maxChars 属性，如果使用文本【属性】面板设置动态文本或输入文本，实现的功能将比较少，然而将动态文本或输入文本创建成 TextField 类的实例则可以通过动作脚本实现更多的功能。

第 9 章

制作选择题型课件

选择题是练习与测试类课件最常见的题型，制作选择题的方法有很多。用户可以自己制作单选按钮和复选框，用变量判断选择正确与否；也可以用 Flash 提供的 UI 组件中的单选按钮和复选框，这样可以大大提高制作课件的效率。

Flash 提供了非常强大的组件功能，利用 Flash 的内置组件，可以创建功能强大、效果丰富的课件。UI 组件是用户界面组件，主要包括单选按钮、复选框、下拉列表框、列表框等。其中的单选按钮和复选框是制作练习测试类课件时常用的组件。单选按钮多用于"多选一"的情况，用户只可以在多个选项中选择一个选项。而复选框多用于"多选多"的情况，用户可以在多个选项中选择多个选项。

本章主要讲解用 UI 组件中的单选按钮组件制作单项选择题和用 UI 组件中的复选框制作多项选择题的方法。

用组件制作的选择题课件具有规律性的文件结构，便于重复使用。一般情况下，只需要更换测验题目和修改简单的参数，不需要重新编程，就可以制作出新的选择题课件。

本章内容主要包括

- 条件控制语句的用法
- UI 组件中单选按钮(RadioButton)组件的应用
- UI 组件中复选框(CheckBox)组件的应用
- 用事件侦听器侦听对象生成的事件

9.1 制作单项选择题型课件

本节将利用 UI 组件中的单选按钮(RadioButton)组件制作单项选择题。

9.1.1 解析重点知识

本节用到的知识点主要有组件的知识、单选按钮组件的应用、在单选按钮组件上添加代码的方法和用事件侦听器侦听对象事件的方法。

1. 组件简介

组件是带参数的影片剪辑，可以修改它们的外观和行为。组件既可以是简单的用户界面控件(如单选按钮或复选框)，也可以包含内容(如滚动窗格)。

使用组件，即使对 ActionScript 没有深入的理解，可以构建复杂的 Flash 应用程序。不必创建自定义按钮、组合框和列表，而将这些组件从【组件】面板拖到应用程序中即可为应用程序添加功能。

选择【窗口】|【组件】菜单命令，或按快捷键 Ctrl+F7 就可以打开【组件】面板，如图 9.1 所示。

图 9.1 【组件】面板

2. 单选按钮组件

选择【窗口】|【组件】菜单命令，打开【组件】面板，单击 User Interface 前的展开按钮,将其中的 RadioButton 组件拖动到舞台上，或双击 RadioButton 组件就会将它添加到 Flash 中，如图 9.2 所示。

将组件添加到文档中后，它将在【库】面板中显示为编译剪辑元件，如图 9.3 所示。通过将组件图标从库拖到舞台上，可以添加该组件的多个实例。

选择舞台上的 RadioButton 组件，打开【属性】面板，切换到【参数】选项卡，或选择【窗口】|【属性】|【参数】菜单命令就可以为组件设置参数，如图 9.4 所示。

第 9 章　制作选择题型课件

图 9.2　在文档中添加 RadioButton 组件

图 9.3　【库】面板中的 RadioButton 组件

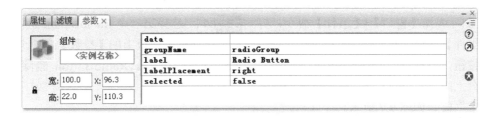

图 9.4　【参数】选项卡

【参数】选项卡中各参数介绍如下。

data：与单选按钮相关的值。可以为 data 赋值。

groupName：单选按钮的组名称。默认值为 radioGroup。groupName 相同的一组单选按钮只有一个能被选中。这样就确保了同一组内不会出现复选的情况。

label：设置 RadioButton 组件上的文本。默认值为 RadioButton(单选按钮)。

labelPlacement：确定按钮上文本的方向。该参数可以是下列四个值之一：left、right、top 或 bottom。默认值为 right。如设置为 left 时，文本在按钮左侧。

selected：将单选按钮的初始值设置为被选中(true)或取消选中(false)。被选中的单选按钮中会显示一个圆点。一个组内只有一个单选按钮可以有表示被选中的值 true。如果组内有多个单选按钮被设置为 true，则会选中最后实例化的单选按钮。默认值为 false。

3. Click 事件

Click 是单选按钮组件的单击事件，可以将 Click 事件作为 on()处理函数的参数，但是动作脚本代码必须定义在单选按钮上。

下面用两种方法制作一道简单的选择题。

第一种方法利用单选按钮组件(RadioButton)和 Click 事件制作选择题。

步骤1 新建一个 Flash 文档(ActionScript 2.0)，在【属性】面板中将【大小】设置为"500×300 像素"，如图 9.5 所示。

步骤2 修改图层名为"题目"，在第 1 帧输入题目和选项，如图 9.6 所示。

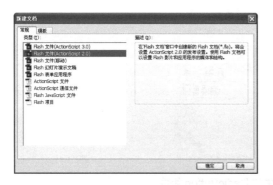

图 9.5 新建 Flash 文档

图 9.6 输入题目和选项

步骤3 选择【窗口】|【组件】命令，打开【组件】面板，单击 User Interface 前的展开按钮，将其中的 RadioButton 组件拖动到舞台上的"许海峰"前，再拖出一个放在"李宁"前，如图 9.7 所示。

步骤4 选择第一个 RadioButton 组件，切换到【属性】面板上的【参数】选项卡，将 label 的默认参数 RadioButton 删除，如图 9.8 所示。

图 9.7 添加 RadioButton 组件

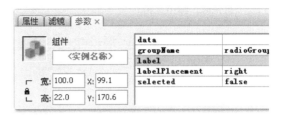

图 9.8 设置参数

> **提 示**
>
> label 参数是组件的文本，可以在这里输入选项内容(比如在 label 参数中输入"A 许海峰")，但由于该参数的文本字号小且不易调整，所以本例中没有在 label 参数中输入选项内容，而是将它设置为空，将选项放在舞台上。

步骤 5 选择第二个 RadioButton 组件，切换到【属性】面板上的【参数】选项卡，将 label 的默认参数 RadioButton 删除，调整两个组件的位置，如图 9.9 所示。

步骤 6 选择第一个 RadioButton 组件，打开【动作】面板，输入如下代码，如图 9.10 所示。

```
on (click) {
    trace("对");
}
```
//因为第一个选项是正确的，所以单击这个组件时，输出"对"

图 9.9 两个 RadioButton 组件

图 9.10 第一个 RadioButton 组件上的代码

步骤 7　选择第二个 RadioButton 组件,打开【动作】面板,输入如下代码,如图 9.11 所示。

```
on (click) {
    trace("错");
}
//因为第二个选项是错误的,所以单击这个组件时,输出"错"
```

步骤 8　按 Ctrl+Enter 快捷键,预览影片,单击第一个 RadioButton 组件,会弹出【输出】面板,且【输出】面板会出现一个"对"字,单击第二个 RadioButton 组件,【输出】面板中会出现一个"错"字,如图 9.12 所示。

图 9.11　第二个 RadioButton 组件上的代码　　　　图 9.12　【输出】面板

本例在正确选项前的 RadioButton 组件上添加的代码的作用是:单击它输出"对";错误选项前的 RadioButton 组件上添加的代码的作用是:单击它输出"错",用这种方法判断所做的选择是否正确。

如果一个课件有 100 道题,就会用到很多个 RadioButton 组件,每个组件都需要添加代码,工作量会很大。为了提高工作效率可以用侦听器对象判断选择的结果是否正确。

注册侦听器 addEventListener("事件",对象)

- 参数

  事件是表示事件名称的字符串,如 Click。
  对象是侦听器的对象或函数名。

- 用法

  目标.addEventListener("事件",对象)

  简单地说,addEventListener 就是将侦听器注册到组件实例,当第一个参数"事件"被触发时,就调用第二个参数"对象"。当然这之前要先定义一个对象,关于对象知识这里不做详细介绍。"目标"就是要注册到的实例,例如 Click 事件发生在一个按钮 my_btn 上,就可以写成 my_btn.addEventListener("click",对象)。

第二种方法是利用侦听事件的方法制作选择题。

步骤 1　打开用第一种方法制作的源文件,选择第一个 RadioButton 组件,打开【动作】面板,删除里面的代码。打开【参数】面板,将参数 data 设置为"1",如图 9.13 所示。

步骤 2　选择第二个 RadioButton 组件,打开【动作】面板,删除里面的代码。打开【参数】面板,将参数 data 设置为"0",如图 9.14 所示。

图 9.13 设置 data 参数为"1" 　　　图 9.14 设置 data 参数为"0"

> **提示**
> 第 1 个选项是正确答案，第 2 选项是错误答案，因此，把第 1 个单选按钮的 data 参数设置为 1，第 2 个单选按钮的 data 参数设置为 0。这样，在编写反馈信息的程序时，就可以利用 data 参数值判断答题正确与否了。

步骤 3 新建一个图层并命名为"action"，在第 1 帧添加如下代码，如图 9.15 所示。

```
clickListener = new Object();
//定义侦听对象
clickListener.click = function(evt) {
//定义侦听器对象的 click 事件
    mydata = evt.target.selection.data;
    //将用户单击的那个单选按钮和 data 参数值保存在变量 mydata 中
    if (mydata == 1) {
    //如果用户选择的单选按钮的 data 参数值为 1
        trace("对");//输出"对"
    } else {
        trace("错");//输出"错"
    }
};
radioGroup.addEventListener("click",clickListener);
//将侦听器注册到名为"radioGroup"的单选按钮，"radioGroup"为两个单选按钮默认的
  组名
```

这段代码先定义了一个侦听对象"clickListener"，利用单选按钮参数 data 确定选择是否正确。最后一行将侦听对象注册到两个单选按钮，作用是在单击 radioGroup 单选按钮时，执行 clickListener 对象中的函数。

图 9.15　action 层第 1 帧的代码

步骤 4 按 Ctrl+Enter 快捷键，预览影片，分别单击两个单选按钮，会出现与上一个例子相同的效果。

从表面看，第二种方法不如第一种方法简单，其实不然，因为一个侦听器可以注册到多个组件实例，当组件很多时，第二种方法的优点就显现出来了，下面的课件实战就利用这种方法制作多道选择题。

9.1.2 课件实战——正数与负数

本节将制作一个数学知识有关正数与负数的选择题型课件，共有 5 道题，每次只显示一道题，阅读题目以后，从 A、B、C、D 四个选项中选出一个唯一的正确答案，单击正确答案前面的单选按钮，该单选按钮中间就会出现一个黑点，说明这个选项被选中了。如果选择正确，就会出现一个对号，并显示下一道题；如果选择错误就会出现一个问号，并显示下一道题。单击【重做】按钮会回到第 1 题，重新开始选择，如图 9.16 所示。

图 9.16 正数与负数课件运行效果一

本课件需要重点掌握的内容有：怎样设置 RadioButton 组件的参数，定义侦听对象的方法，利用 RadioButton 组件的 data 参数判断所选对象是否正确的方法。

制作"正数与负数"课件的方法如下。

步骤 1 新建一个 Flash 文档(ActionScript 2.0)，将【帧频】设置为 30fps，如图 9.17 所示。

图 9.17 【属性】面板

首先制作课件中要用到的元件。

本课件需要一个按钮元件，即重新开始测试的"重做"按钮；需要两个影片剪辑元件，分别是"正确反馈"和"错误反馈"；导入两个声音文件 sound_dui 和 sound_cuo(文件路径：配套光盘\素材\第 9 章\9.1)；导入一张图片"背景"(文件路径：配套光盘\素材\第 9 章\9.1)作为课件的背景。

步骤 2 新建一个影片剪辑元件并将其命名为"正确反馈"，将图层命名为"动画"，制作一个从第 2 帧到第 7 帧打对号的动画，如图 9.18 所示。

图 9.18 影片剪辑元件"正确反馈"的第 2、4、7 帧

步骤 3 新建一层并命名为"sound"，在第 2 帧插入声音"sound_dui"。再新建一层并命名为"action"，在第 1 帧添加代码"stop();"，将三个图层的第 20 帧插入帧，如图 9.19 所示。

步骤 4 新建一个影片剪辑元件并将其命名为"错误反馈"，将图层命名为"动画"，在第 2 帧插入关键帧，绘制一个红色的问号，将问号的中心点调整到底部，在第 3 帧到第 10 帧插入关键帧，并调整每一帧问号的角度，制作问号左右摇摆的动画，如图 9.20 所示。

图 9.19 影片剪辑元件"正确反馈"

图 9.20 制作问号摇摆的动画

步骤5 新建一层并命名为"sound",在第2帧插入声音"sound_cuo"。再新建一层并命名为"action",在第1帧添加代码"stop();",如图9.21所示。

步骤6 新建按钮元件并将其命名为"重做",单击这个按钮可以重新开始选择,制作过程不再详细介绍,如图9.22所示。

图9.21 影片剪辑元件"错误反馈"

图9.22 按钮元件"重做"

至此元件制作完毕,下面布置场景,将元件放到舞台上适当的位置,并对元件的实例进行命名。

步骤7 将图层名改为"背景",将导入的图片"背景"放到舞台上,位置设置为(0, 0),如图9.23所示。

步骤8 新建一层并命名为"标题",在场景上方居中位置输入文字"正数与负数",并将文本打散,如图9.24所示。

图9.23 课件的背景

图9.24 课件的标题

步骤 9 新建一层并命名为"题目\选项",在舞台上的适当位置输入第 1 题的题干和选项,如图 9.25 所示。

步骤 10 新建一层并命名为"单选按钮",选择【窗口】|【组件】命令,打开【组件】面板,如图 9.26 所示。

图 9.25 题目和选项

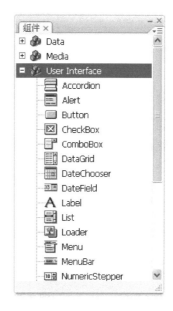

图 9.26 【组件】面板

步骤 11 重复拖放 4 个 User Interface 下的 RadioButton(单选按钮)组件到"单选按钮"图层的第 1 帧中,分别放在 4 个选项前并调整好位置,如图 9.27 所示。

图 9.27 组件 RadioButton

步骤 12 选择第一个单选按钮,打开【参数】选项卡,将实例名称设置为"a1",设置单选按钮的 date 参数为 1,设置 label 参数的内容为空,设置 groupName 参数值为"radio1",其他参数保持默认,如图 9.28 所示。

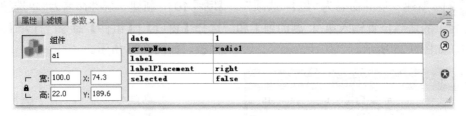

图 9.28　设置第一个单选按钮的参数

步骤 13　选择第二个单选按钮，打开【参数】选项卡，将实例名称设置为"b1"，设置单选按钮的 data 参数为 0，删除 label 参数的内容，设置 groupName 参数值为"radio1"，其他参数保持默认，如图 9.29 所示。

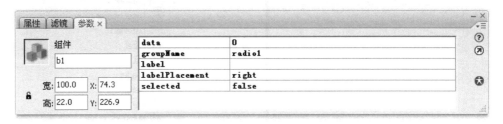

图 9.29　设置第二个单选按钮的参数

步骤 14　选择第三个单选按钮，打开【参数】选项卡，将实例名称设置为"c1"，设置单选按钮的 data 参数为 0，删除 label 参数的内容，设置 groupName 参数值为"radio1"，其他参数保持默认，如图 9.30 所示。

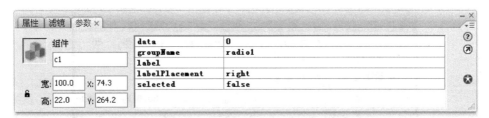

图 9.30　设置第三个单选按钮的参数

步骤 15　选择第四个单选按钮，打开【参数】选项卡，将实例名称设置为"d1"，设置单选按钮的 data 参数为 0，删除 label 参数的内容，设置 groupName 参数值为"radio1"，其他参数保持默认，如图 9.31 所示。

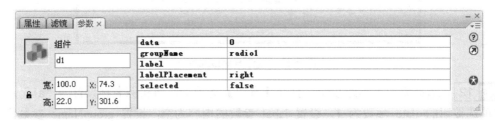

图 9.31　设置第四个单选按钮的参数

提示

第 1 题的正确答案是 A，因此，在设置第 1 个单选按钮的参数时，把 data 参数设置为 1，其他三个单选按钮的 data 参数值设置为 0。这样，在编写反馈信息的程序时，就可以利用 data 参数值判断答题正确与否了。

步骤 16 新建一层并命名为"反馈"，将影片剪辑元件"正确反馈"和"错误反馈"放到舞台上，并调整到适当位置，将实例分别命名为"dui_MC"和"cuo_MC"，如图 9.32 所示。

步骤 17 新建一层并命名为"重做"，将按钮元件"重做"放到舞台上，并将它调整到舞台的右下角，如图 9.33 所示。

图 9.32 "正确反馈"和"错误反馈"

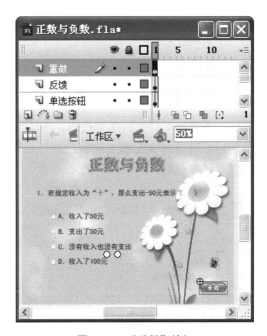

图 9.33 "重做"按钮

步骤 18 在图层"题目\选项"的第 2 帧到第 5 帧都插入关键帧并输入其他四道题的题干和选项，如图 9.34 所示。

步骤 19 在图层"单选按钮"的第 2 帧到第 5 帧都插入关键帧，在每个选项前放一个单选按钮，它们的 label 参数值都为空，每一帧的四个单选按钮的 groupName 参数都相同，从第 2 帧到第 5 帧分别是"radio2"、"radio3"、"radio4"和"radio5"。data 参数值都是正确答案前单选按钮为 1，其他为 0，并为每个单选按钮设置不同的实例名。如第 2 帧中 4 个单选按钮的实例分别为"a2"、"b2"、"c2"和"d2"，时间轴结构如图 9.35 所示。

图 9.34 输入其他四道题目

图 9.35 设置其他题目的单选按钮

场景布置好后,开始添加代码。在添加代码之前,先介绍该选择题型课件的制作思路。本节使用侦听器对象编程实现答题信息反馈,先定义一个侦听对象并定义对象的事件,当目标触发该事件时,获取目标的 data 值,如果目标的 data 值为 1,则选择正确,否则选择错误。

步骤 20 新建一层并命名为"action",在第 1 帧添加以下代码,如图 9.36 所示。

```
stop();
clickListener = new Object();
//定义侦听对象
clickListener.click = function(evt) {
//定义侦听器对象的click事件
    mydata = evt.target.selection.data;
    //将用户单击的那个单选按钮和data参数值保存在变量mydata中
    if (mydata == 1) {
    //如果用户选择的单选按钮的data参数值为1
        dui_MC.play();
        //选择正确,出现"正确反馈"
    } else {
        cuo_MC.play();
        //选择错误,出现"错误反馈"
    }
};
radio1.addEventListener("click",clickListener);
//将名为"radio1"的单选按钮注册到侦听对象
```

第 9 章　制作选择题型课件

```
1  stop();
2  clickListener = new Object();
3  clickListener.click = function(evt) {
4      mydata = evt.target.selection.data;
5      if (mydata == 1) {
6          dui_MC.play();
7      } else {
8          cuo_MC.play();
9      }
10 };
11 radio1.addEventListener("click",clickListener);
```

图 9.36　action 图层第 1 帧上的代码

上面这段代码实现的效果是，当所单击的单选按钮的 data 值为 1 时，出现正确反馈，反之会出现错误反馈。

步骤 21　在 action 图层的第 2 帧插入关键帧，打开【动作】面板，输入如下代码，如图 9.37 所示。

```
radio2.addEventListener("click",
clickListener);
//将组名为"radio2"的单选按钮注册到侦听器对象
```

步骤 22　在 action 图层的第 3 帧插入关键帧，打开【动作】面板，输入如下代码，如图 9.38 所示。

```
radio3.addEventListener("click",
clickListener);
//将组名为"radio3"的单选按钮注册到侦听器对象
```

图 9.37　第 2 帧上的代码

图 9.38　第 3 帧上的代码

提示
　　一个侦听器可以注册到多个组件实例，但必须为每个实例单独调用 addEventListener()。多个侦听器也可以注册到一个组件实例。

步骤 23 在 action 图层的第 4 帧插入关键帧，输入如下代码。

```
radio4.addEventListener("click", clickListener);
```

步骤 24 在 action 图层的第 5 帧插入关键帧，输入如下代码。

```
radio5.addEventListener("click", clickListener);
```

步骤 25 双击【库】面板中的影片剪辑元件"正确反馈"，进入元件编辑界面，在 action 层的第 20 帧插入关键帧，并添加如下代码，如图 9.39 所示。

```
if (_root._currentframe<5) {
//如果主场景的当前帧数小于 5
    _root.nextFrame();
    //跳转到下一帧
}
```

这段代码的作用是当"正确反馈"播放到第 20 帧时，如果主场景的当前帧数小于 5，就跳转到下一帧，显示下一道题。

步骤 26 双击【库】面板中的影片剪辑元件"错误反馈"，进入元件编辑界面，在图层 action 的第 20 帧插入关键帧，并添加如下代码，如图 9.40 所示。

```
if (_root._currentframe<5) {
//如果主场景的当前帧数小于 5
    _root.nextFrame();
    //跳转到下一帧
}
```

这段代码的作用是当"错误反馈"播放到第 20 帧时，如果主场景的当前帧数小于 5，就跳转到下一帧，显示下一道题。

图 9.39 "正确反馈"第 20 帧的代码

图 9.40 "错误反馈"第 20 帧的代码

步骤 27 选择右下角的"重做"按钮，打开【动作】面板，输入如下代码。

```
on (release) {
    gotoAndStop(1);
}
//单击此按钮可以回到第 1 题重新选择
```

至此，本课件制作完毕。

本节利用 RadioButton 组件的 data 参数把正确答案和错误答案区分开，用侦听事件的方法检测单选按钮是否被单击，并判断选择的答案是否正确。本课件可以作为模板，只需要改动题目和 RadioButton 组件的 data 参数就可以制作成一个新的课件。

9.2 制作多项选择题型课件

上一节学习了利用单选按钮(RadioButton)组件制作单项选择题型课件的方法。本节将介绍制作多项选择题型课件的方法。多项选择通常需要答题者从一些选项中选择多个正确答案，因此 UI 组件中的单选按钮组件不再适合制作多项选择题课件。而 UI 组件中的另一个组件——复选框(CheckBox)正好符合多项选择题课件的特点，本节就介绍利用 UI 组件中的复选框组件制作多项选择题型课件的方法。

9.2.1 解析重点知识

本节用到的知识主要有复选框组件的使用方法、复选框组件的参数和判断多项选择题正确与否的方法等。

1．向 Flash 文档添加复选框组件

选择【窗口】|【组件】命令，打开【组件】面板，单击 User Interface 前的展开按钮，将其中的 CheckBox 组件拖动到舞台上，或双击 CheckBox 组件就会将 CheckBox 组件添加到 Flash 中，如图 9.41 所示。

图 9.41　在文档中添加 CheckBox 组件

将组件添加到文档中后，它将在【库】面板中显示为编译剪辑元件，如图 9.42 所示。通过将组件图标从库拖到舞台上，可以添加该组件的多个实例。

图 9.42 【库】面板中的 CheckBox 组件

2. 设置复选框组件的参数

选择舞台上的 CheckBox 组件，打开【属性】面板，切换到【参数】选项卡，或选择【窗口】|【属性】|【参数】菜单命令就可以为组件设置参数，如图 9.43 所示。

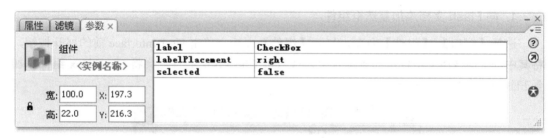

图 9.43 CheckBox 组件的【参数】选项卡

- label：设置复选框的标签；默认值为 CheckBox。
- labelPlacement：确定按钮上标签文本的方向。该参数可以是下列四个值之一：left、right、top 或 bottom。默认值为 right。例如，labelPlacement 的值为 left，复选框的文本就会显示在复选框的左侧。
- selected：将复选框的初始值设置为被选中(true)或取消选中(false)。被选中的复选框中会显示一个对号。默认值为 false。

    Selected 是复选框组件的属性，它可以判断复选框是处于选中状态还是未被选中状态，它的值是 1 时表示复选框处于选中状态，值是 0 时表示复选框处于未被选中状态。例如 CheckBox 组件的实例 myBox 处于选中状态，就可以表示为 myBox.selected=1。利用 CheckBox 组件的这个属性，加上逻辑判断语句 if 等就可以确定一个 CheckBox 组件实例处于什么状态。

下面就利用 CheckBox 组件和它的 selected 属性制作一个小例子，以加深对这些知识的理解。

步骤 1　新建一个 Flash 文档(ActionScript 2.0)，在【属性】面板中将【大小】设置为"300×200 像素"，如图 9.44 所示。

第 9 章 制作选择题型课件

图 9.44 新建 Flash 文档

步骤 2 选择【窗口】|【组件】命令，打开【组件】面板，将 CheckBox 组件拖动到舞台上，如图 9.45 所示。

步骤 3 新建一个图层，在第 1 帧插入一个动态文本框，在【属性】面板中将【变量】设置为"output_txt"，如图 9.46 所示。

图 9.45 向文档添加 CheckBox 组件

图 9.46 插入动态文本

步骤 4 选择舞台上的 CheckBox 组件，打开【动作】面板，输入以下代码，如图 9.47 所示。

```
on (click) {
    if (selected == 0) {
    //如果 CheckBox 未被选中
        root.output_txt = "CheckBox 组件未被选中";
    }
    
    if (selected == 1) {
    //如果 CheckBox 被选中
        root.output_txt = "CheckBox 组件被选中";
    }
}
```

步骤 5 按 Ctrl+Enter 快捷键，预览影片，开始 CheckBox 组件处于未被选中状态。单击 CheckBox 组件，CheckBox 组件被选中，输出文本显示"CheckBox 组件未被选中"；再次单击 CheckBox 组件，CheckBox 组件被取消选择，输出文本显示："CheckBox 组件被选中"，如图 9.48 所示。

277

图9.47 在CheckBox组件上写代码

图9.48 输出面板

通过上面的例子，了解到利用CheckBox组件的selected属性，可以判断CheckBox组件的实例是否处于选中状态。下面的课件实战将结合逻辑判断语句if，判断多项选择题中所选答案是否正确。

9.2.2 课件实战——化学小测验

本节将制作一个化学小测验课件。共有5道题，每次只显示一道题，认为哪个选项是正确答案就单击该选项前的复选框，选择完毕后，单击【判断】按钮，就会判断选择的答案是否正确，如果正确，会出现正确反馈，反之会出现错误反馈。单击【下一题】按钮，可以进入下一道题，单击【上一题】按钮，可以回到上一道题，如图9.49所示。

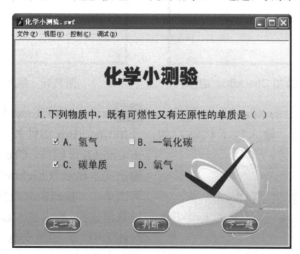
图9.49 奥运知识课件运行效果一

本课件需要重点掌握的内容有：怎样设置CheckBox组件的参数，CheckBox组件的selected属性的意义。

制作"化学小测验"课件的方法如下。

步骤1 新建一个Flash文档(ActionScript 2.0)，将文档属性中的大小设置为"550×400像素"，【背景】设置为"白色"，【帧频】设置为30fps，如图9.50所示。

图 9.50 【属性】面板

首先制作课件中要用到的元件。

本课件需要三个按钮元件，分别是"判断"、"上一题"和"下一题"按钮。需要两个影片剪辑元件，分别是显示反馈的"正确反馈"和"错误反馈"。导入两个声音文件 sound_dui 和 sound_cuo (文件路径：配套光盘\素材\第 9 章\9.2)。导入一张位图"背景"(文件路径：配套光盘\素材\第 9 章\9.2)作为课件的背景。

步骤 2　　新建一个影片剪辑元件并将其命名为"正确反馈"，将图层命名为"动画"，制作一个从第 2 帧到第 7 帧打对号的动画，如图 9.51 所示。

  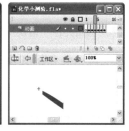

图 9.51　影片剪辑元件"正确反馈"的第 2、4、7 帧

步骤 3　　新建一层并命名为"sound"，在第 2 帧插入声音 sound_dui。再新建一层并命名为"action"，在第 1 帧添加代码"stop();"，将三个图层的第 20 帧插入帧，如图 9.52 所示。

步骤 4　　新建一个影片剪辑元件并将其命名为"错误反馈"，将图层命名为"动画"，在第 2 帧插入关键帧，绘制一个红色的问号，调整问号的中心点到底部，在第 3 帧到第 10 帧插入关键帧，并调整每一帧问号的角度，制作问号左右摇摆的动画，如图 9.53 所示。

图 9.52　影片剪辑元件"正确反馈"　　　图 9.53　制作问号摇摆的动画

步骤5 新建一层并命名为"sound",在第 2 帧插入声音"sound_cuo"。再新建一层并命名为"action",在第 1 帧添加代码"stop();",如图 9.54 所示。

步骤6 新建按钮元件并将其命名为"判断",单击这个按钮可以判断所做的选择是否正确,制作过程不再详细介绍,如图 9.55 所示。

图 9.54 影片剪辑元件"错误反馈"

图 9.55 影片剪辑元件"判断"

步骤7 新建按钮元件并将其命名为"上一题",单击这个按钮回到上一道题,制作过程不再详细介绍,如图 9.56 所示。

步骤8 新建按钮元件并将其命名为"下一题",单击这个按钮进入下一道题,如图 9.57 所示。

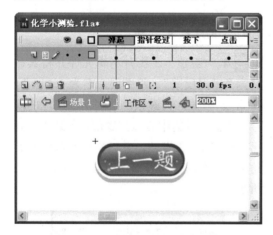

图 9.56 影片剪辑元件"上一题"

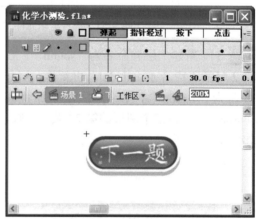

图 9.57 "下一题"按钮

至此元件制作完成,下面开始布置场景,将元件放到舞台上适当的位置,并对元件的实例进行命名。

步骤9 将图层名改为"背景",将导入的位图"背景"放在第 1 帧,作为课件的背景图,将图片的 X 设置为 0,Y 设置为 0,如图 9.58 所示。

步骤10 新建一层并命名为"标题",在舞台的上方插入一个静态文本框,并输入文字"化学小测验",将文字打散,如图 9.59 所示。

第 9 章 制作选择题型课件

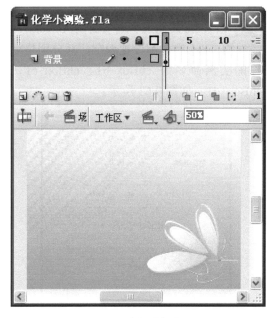

图 9.58 绘制课件背景

图 9.59 输入标题

步骤 11 新建一层并命名为"题目\选项",在舞台上适当位置输入本课件的第一道题的题干和选项,如图 9.60 所示。

步骤 12 新建一层并命名为"复选框",选择【窗口】|【组件】命令,打开【组件】面板,将 4 个 CheckBox 组件拖动到舞台,分别放在每个选项前,如图 9.61 所示。

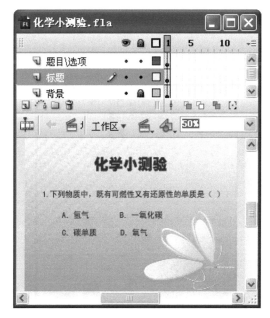

图 9.60 输入题目

图 9.61 添加组件

步骤 13　选择 A 选项前的 CheckBox 组件，打开【参数】选项卡，将 label 参数设置为空，实例名设置为 chBox_a1，如图 9.62 所示。

步骤 14　将其他三个选项前的 CheckBox 组件的 label 参数都设置为空，并分别将组件的实例命名为 chBox_b1、chBox_c1、chBox_d1，如图 9.63 所示。

图 9.62　设置组件参数

图 9.63　添加反馈实例

步骤 15　新建一层并命名为"反馈"，将影片剪辑元件"正确反馈"和"错误反馈"放到舞台上，并调整到适当位置，分别将两个实例命名为"dui_MC"和"cuo_MC"，如图 9.64 所示。

步骤 16　新建一层并命名为"导航"，将按钮元件"上一题"和"下一题"分别放到舞台的左下角和右下角，如图 9.65 所示。

图 9.64　"正确反馈"和"错误反馈"

图 9.65　导航按钮

步骤 17　新建一个图层并命名为"判断",将"判断"按钮放到舞台下方居中的位置,如图 9.66 所示。

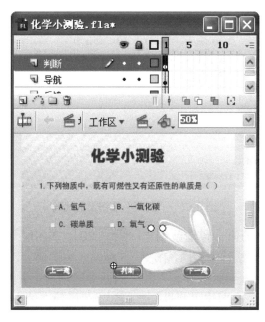

图 9.66　"判断"按钮的实例

场景布置好后,开始添加代码。在添加代码之前,先介绍一下这个课件的制作思路。

单项选择题只要答题者选择一个选项就可以判断选择是否正确。多项选择题与单项选择题不同的是,多项选择题要等待答题者选择完自己认为正确的所有选项,再判断所选的答案是否正确。本例中用到一个"判断"按钮,供答题者在确认自己所做的选择后单击,判断是否正确,判断的方法是:利用 CheckBox 组件的 selected 属性判断某个 CheckBox 组件是否处于选中状态。如果正确答案前的 CheckBox 组件处于选中状态,错误答案前的 CheckBox 组件处于非选中状态,说明选择正确,否则说明选择错误。

步骤 18　选择舞台上的"判断"按钮,打开【动作】面板,添加如下代码,如图 9.67 所示。

```
on (release) {
    if (chBox_a1.selected == 1 && chBox_b1.selected == 0 &&
        chBox_c1.selected == 1 && chBox_d1.selected == 0) {
    //如果选择了 A 选项和 C 选项,B 选项和 D 选项未被选中
        dui_MC.play();
        //播放正确反馈动画
    } else {
        cuo_MC.play();
        //播放错误反馈动画
    }
}
```

这段代码的作用是:当 A 选项处于选中状态, B 选项处于未被选中状态,C 选项处于选中状态, D 选项处于未被选中状态时(这四个条件必须全部同时成立),单击"判断"

按钮出现正确反馈；否则(上面四个条件只要有一个不成立)，就会出现错误反馈。

图 9.67 "判断"按钮上的代码

步骤 19 至此本课件的第一道题就制作完了。其他题目的制作方法基本相同，在图层"题目\选项"的第 2 帧到第 5 帧输入其他四道题的题目和选项，在图层"背景"、"标题"、"导航"和"反馈"的第 5 帧插入帧，如图 9.68 所示。

步骤 20 在图层"复选框"的第 2 帧到第 5 帧插入关键帧，将每帧中 4 个复选框调整到四个选项前。并为每个复选框的实例命名，例如：第 2 帧中的 4 个复选框分别命名为"chBox_a2"、"chBox_b2"、"chBox_c2"、"chBox_d2"，如图 9.69 所示。

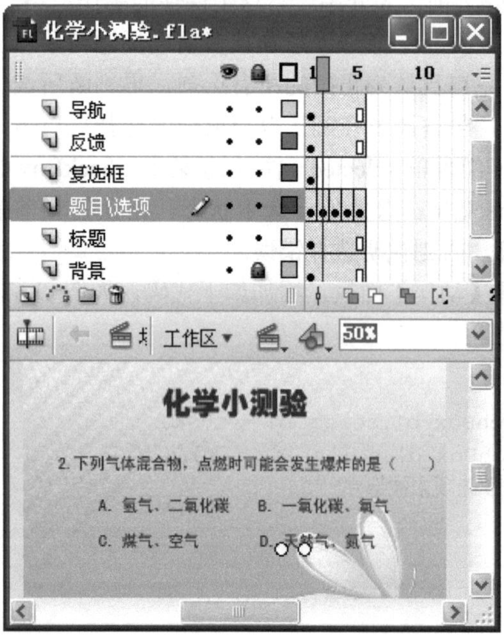

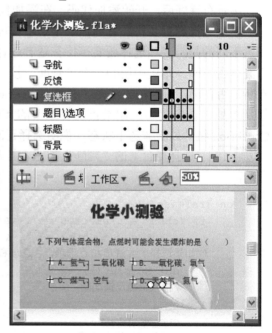

图 9.68 输入其他题目和选项

图 9.69 第 2 帧中的复选框

步骤 21 在图层"判断"的第 2 帧到第 5 帧插入关键帧，因为每道题的答案不同，所以每一帧中"判断"按钮上的代码也不同，例如第 2 题的正确答案是 B 和 C，那么第 2 帧中"判断"按钮上的代码如图 9.70 所示。

```
on (release) {
    if(chBox_a1.selected==0&& chBox_b1.selected == 1 &&
    chBox_c1.selected==1&& chBox_d1.selected == 0) {
        dui_MC.play();
    } else {
        cuo_MC.play();
    }
}
```

图 9.70　第 2 帧中"判断"按钮上的代码

步骤 22　选择"上一题"按钮，打开【动作】面板，添加如下代码，如图 9.71 所示。

步骤 23　选择"下一题"按钮，打开【动作】面板，添加如下代码，如图 9.72 所示。

```
on (release) {
    if (_root._currentframe>1) {
        _root.prevFrame();
    }
}
```

```
on (release) {
    if (_root._currentframe<5) {
        _root.nextFrame();
    }
}
```

图 9.71　"上一题"按钮上的代码　　　图 9.72　"下一题"按钮上的代码

步骤 24　新建一个图层并命名为"action"，选择该图层的第 1 帧，打开【动作】面板，添加"stop();"代码。

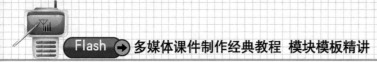

至此，本课件制作完毕。

本例介绍了利用复选框组件制作多项选择题的方法，其中的关键是利用 CheckBox 组件的 selected 属性来表示 CheckBox 组件是否处于选中状态。当正确答案前的复选框处于选中状态，错误答案前的复选框处于未被选中状态时，说明所作选择是正确的，否则是不正确的，用这种方法判断所作的选择是否正确。此模板可以通用，只需要更改题目和 CheckBox 组件的 selected 参数即可。

第 10 章

制作连线题型课件

连线题是常见的智力题型,利用 Flash 提供的绘图函数,可以制作出功能强大,效果逼真的连线题课件。本章通过两个连线题课件范例的制作过程,介绍用 Flash 制作连线题课件的方法。

要制作连线题,就必须要控制线条,如果想在 Flash 中使用代码绘制线条,该怎么来实现呢?在本章中将会有详细的讲解,让读者掌握在 Flash 中使用代码绘制线条和控制线条的方法。

本章分为两节,分别针对两类连线题进行讲解,并且使用不同的方法来实现连线的效果。在第一节中使用静态的线条,根据判断结果将两个固定点用线条连接起来;而到了第二节,将会讲到活动的线条是怎么产生的。除了两个相对完整的题目课件外,还会在知识点的讲解过程中穿插更多的示例,让大家了解使用代码绘制和控制线条的一些小技巧。

本章所介绍的连线题型的课件可以作为模板,可以与前面所介绍的内容结合在一起,组合成具有灵活交互功能的复杂课件。

本章内容主要包括

- 绘制线条的方法
- 使用代码控制线条属性的方法
- 用 createEmptyMovieClip 创建影片剪辑的方法
- 用 removeMovieClip 删除影片剪辑的方法
- 跟随鼠标绘制直线的方法

10.1 制作一对一的连线题型课件

本节将制作一个英语连线题课件"看图连单词",内容是将图片和文字用线条一一连接起来,其中涉及到的一些有关画线的新功能代码的使用方法也会有详细的讲解,为后面章节制作较为复杂的连线类型课件做铺垫。

10.1.1 解析重点知识

在本节课件的制作过程中,主要用到的 Action 有 lineStyle、moveTo、lineTo、createEmptyMovieClip、removeMovieClip。下面针对各功能代码,进行详细讲解。

1. 设置线条样式:lineStyle

- 作用:利用这个方法可以设置即将绘制的线条的样式,包括粗细、颜色、透明度等。
- 参数:它可以设置 8 个参数。在本章的学习中,只用到前三个。第 1 个参数用于设置线条的粗细,是一个整数,以磅为单位,这个参数不可缺少。第 2 个参数用于设置线条的颜色,是一个十六进制的颜色值(例如,红色为 0xFF0000,蓝色为 0x0000FF)。当这个参数缺省时,默认为黑色。第 3 个参数用于设置线条的透明度,是一个值为 0 到 100 的整数,0 为透明,100 为不透明。
- 使用方法:新建一个 Flash 文档(ActionScript 2.0)。在"图层 1"的第 1 帧添加代码:"_root.lineStyle(5, 0xFF0000, 100);"。这样,就设置了即将在主时间轴(_root)绘制的线条的样式,粗细为 5 磅,颜色为红色,不透明。注意:它的作用是设置即将绘制的线条的样式。所以,此时测试影片看不到效果。需要与后面即将讲解的 moveTo、lineTo 一同使用才能绘制出线条。

2. 设置线条起点位置:moveTo

- 作用:利用这个方法可以设置线条的起点位置。
- 参数:它需要两个参数。第 1 个是 X 轴坐标,第 2 个是 Y 轴坐标。在缺少参数的情况下,默认的两个参数值都为 0。

3. 设置线条端点位置:lineTo

- 作用:利用这个方法可以设置线条的一个端点位置。
- 参数:它需要两个参数,第 1 个是 X 轴坐标,第 2 个是 Y 轴坐标。与 moveTo 不同,lineTo 的两个参数缺一不可。

使用 lineStyle、moveTo 和 lineTo 这三个功能代码就可以让线条组成不同的形状。下面利用这三个功能代码来绘制一个三角形。

步骤 1 新建一个 Flash 文档(ActionScript 2.0)，如图 10.1 所示。

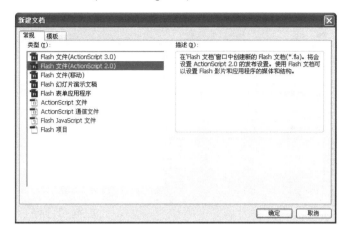

图 10.1 新建 Flash 文档

步骤 2 在"图层 1"的第 1 帧添加如下代码，如图 10.2 所示。

步骤 3 测试动画，就可以看到一个线条为红色的三角形，效果如图 10.3 所示。

```
_root.lineStyle(5, 0xFF0000, 100);
_root.moveTo(275, 50);
_root.lineTo(450, 300);
_root.lineTo(100, 300);
_root.lineTo(275, 50);
```

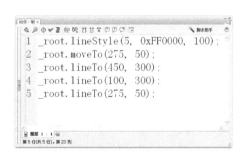

图 10.2 绘制三角形的代码

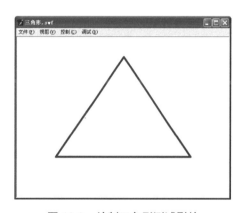

图 10.3 绘制三角形测试影片

在上面的示例中，使用 lineStyle、moveTo 和 lineTo 绘制了一个红色三角形。使用 lineStyle 方法可以改变每个线条的颜色。下面制作一个用三条不同颜色线条组成的三角形。

步骤 1 新建一个 Flash 文档(ActionScript 2.0)，如图 10.4 所示。

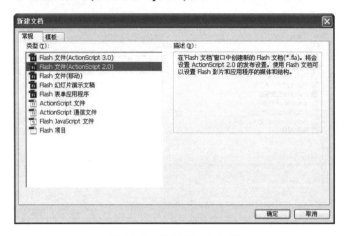

图 10.4 新建 Flash 文档

步骤 2 在"图层 1"的第 1 帧添加如下代码，如图 10.5 所示。

```
_root.moveTo(275, 50);
_root.lineStyle(5, 0xFF0000, 100);
_root.lineTo(450, 300);
_root.lineStyle(5, 0xFFFF00, 100);
_root.lineTo(100, 300);
_root.lineStyle(5, 0x0000FF, 100);
_root.lineTo(275, 50);
```

步骤 3 测试动画，就可以看到由红黄蓝三色线条组成的三角形效果，如图 10.6 所示。

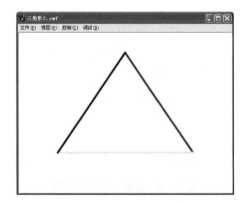

图 10.5 绘制三角形的代码　　　　　图 10.6 红黄蓝三色线条组成的三角形

4. 建立空影片剪辑：createEmptyMovieClip

- 作用：在指定的路径下建立一个空的影片剪辑。
- 参数：它需要两个参数，第 1 个参数是建立的空影片剪辑的名称，所以需要是用双引号引起来的一个字符串，或者是一个字符串类型的变量。第 2 个参数是建立的空影片剪辑的深度，需要是整数。这两个参数缺一不可。
- 使用方法：新建一个 Flash 文档(ActionScript 2.0)。在"图层 1"的第 1 帧添加代码：

"_root.createEmptyMovieClip("kong", 10)"。这样，就在主时间轴(_root)建立了一个名为"kong"，深度为 10 的空影片剪辑元件。由于建立的是空的影片剪辑。所以在测试影片时看不到任何效果。

5. 删除影片剪辑：removeMovieClip

- 作用：它的作用是删除指定的影片剪辑。它只能删除 attachMovie()、duplicateMovieClip()或 createEmptyMovieClip()等代码创建的影片剪辑。
- 参数：它需要一个参数，是要删除的影片剪辑的实例名称。
- 使用方法：removeMovieClip(_root.kong)，这样就可以将主时间轴的 kong 影片剪辑删除。

使用 createEmptyMovieClip 和 removeMovieClip 可以建立和删除影片剪辑，下面使用这两个方法来制作一个示例，可以对单个线条进行控制。

步骤 1 建一个 Flash 文档(ActionScript 2.0)，如图 10.7 所示。

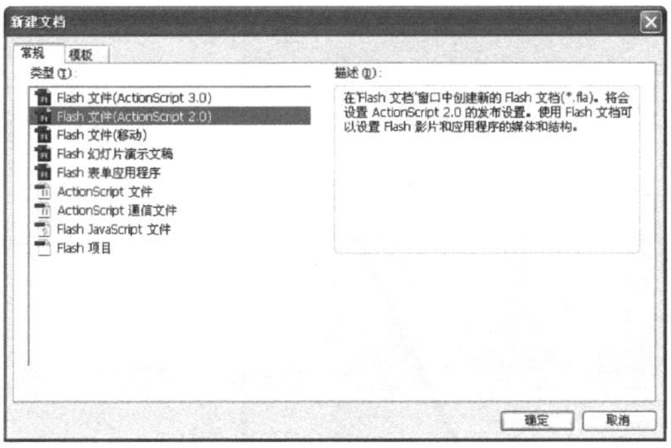

步骤 2 创建一个"删除"按钮元件，如图 10.8 所示。

图 10.7 新建 Flash 文档

图 10.8 制作按钮

步骤 3 在"图层 1"的第 1 帧添加如下代码，作用是绘制三个线条，如图 10.9 所示。

```
_root.createEmptyMovieClip("xian1",1);
_root.xian1.lineStyle(5,0xFF0000,100);
_root.xian1.moveTo(100,50);
_root.xian1.lineTo(150,250);
_root.createEmptyMovieClip("xian2",2);
_root.xian2.lineStyle(5,0xFF0000,100);
_root.xian2.moveTo(300,50);
_root.xian2.lineTo(250,250);
_root.createEmptyMovieClip("xian3",3);
_root.xian3.lineStyle(5,0xFF0000,100);
_root.xian3.moveTo(500,50);
_root.xian3.lineTo(400,250);
```

步骤 4 把三个"删除"按钮放到如图 10.10 所示的位置。为按钮添加如下代码。

左侧按钮：

```
on (release) {
    removeMovieClip(_root.xian1)
;
}
```

中间按钮：

```
on (release) {
    removeMovieClip(_root.xian2)
;
}
```

右侧按钮：

```
on (release) {
    removeMovieClip(_root.xian3)
;
}
```

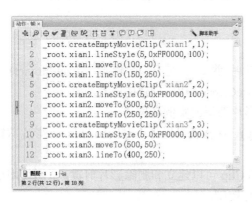

图 10.9 绘制三个线条

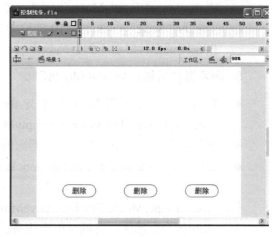

图 10.10 三个"删除"按钮的位置

步骤 5 单击按钮便可删除对应的线条,效果如图 10.11 所示。

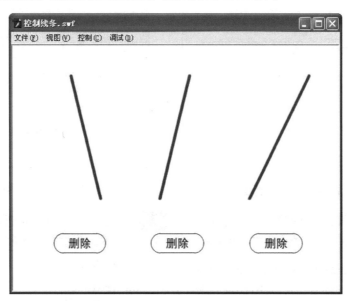

图 10.11 控制线条效果

10.1.2 课件实战——看图连单词

本例将使用 Flash 提供的连线方法,配合其他一些常用的代码来实现一个连线题型课件。运行效果如图 10.12 所示。

课件的具体操作方法就是用鼠标单击一个单词和一个图形,如果对应关系成立,Flash 自动为选择的单词和图形连线,如图 10.13 所示。

制作本课件需要重点掌握的内容有:lineStyle、movcTo、lincTo、createEmptyMovieClip、removeMovieClip 语句的使用方法。

第 10 章 制作连线题型课件

图 10.12 看图连单词的运行画面一

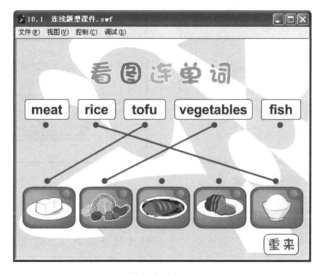

图 10.13 看图连单词的运行画面二

制作"看图连单词"课件的方法如下。

步骤 1 新建一个 Flash 文档(ActionScript 2.0),将文档属性中的【大小】设置为"550×400 像素",【背景】设置为"白色",【帧频】设置为 30fps,如图 10.14 所示。

图 10.14 课件的文档属性

下面首先制作需要用到的元件,课件中用到的元件可以分为四类,有连线时用来显示图形的元件:"豆腐"、"米饭"、"肉"、"蔬菜"和"鱼";有用来显示文字的元件:tofu、rice、meat、vegetables 和 fish;有声音元件:"错误"和"正确";还有功能元件:"错误反馈"、"正确反馈"、"点"、"背景"、"框"和"重来"。其中,两个声音元件,是从外部直接导入到课件中的,不必过多介绍。其余元件的制作过程将在下面详细讲解。

步骤2 建立图形元件,命名为"背景"。绘制如图 10.15 所示的图形,作为课件背景,它的【宽】为 550,【高】为 400,如图 10.15 所示。

步骤3 建立图形元件并命名为"框"。绘制一个【宽】为 100,【高】为 76 的图形,X 和 Y 均为"0",如图 10.16 所示。它是课件中衬托图形的底图。

图 10.15 背景图层内容　　　　图 10.16 "框"元件

注意

在制作有交互的课件时,尤其是使用坐标值比较多的时候,建立元件一定要有规范,就是将其内容的 X 和 Y 均设置为"0"。X 和 Y 均设置为"0"有两种标准,一是以左上角为注册点,另一种是以中心为注册点,在具体操作中要根据需要设置,如图 10.17 所示。

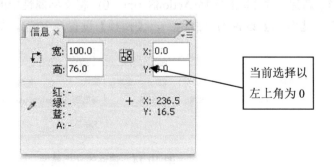

图 10.17 信息面板

第 10 章 制作连线题型课件

步骤 4 建立影片剪辑元件并命名为"米饭",它的内容是在课件中文字"rice"所对应的图形。在"图形"图层绘制一碗米饭的图形,在"框"图层的适当位置放置"框"元件,在"底"图层第 2 帧中,将"框"元件实例的【亮度】设置为"50%"。元件的图层结构和内容如图 10.18 所示。

图 10.18 "米饭"元件的两个关键帧

步骤 5 新建图层并命名为"action"。在 action 层添加代码"stop();",如图 10.19 所示。课件中用到的其他图形元件的制作方法和"米饭"元件类似,根据内容不同元件名分别为:"豆腐"、"肉"、"蔬菜"和"鱼"。

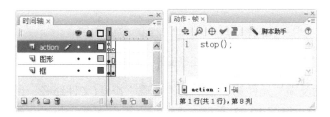

图 10.19 action 图层代码

步骤 6 建立影片剪辑元件并命名为"rice",它的内容是课件中呈现的单词"rice"。将图层命名为"文字","文字"图层的内容如图 10.20 所示。

图 10.20 rice 元件的两个关键帧

295

步骤 7　新建图层并命名为"action"。在 action 层添加代码"stop();",如图 10.21 所示。课件中用到的其他单词元件的制作方法和这个元件类似,根据内容不同,元件名分别为"fish"、"meat"、"tofu"和"vegetables",元件的"文字"图层内容换成相应文字。action 图层内容不变。

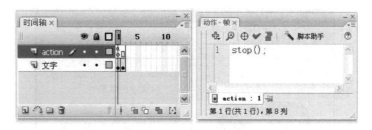

图 10.21　为 action 层添加代码

步骤 8　建立影片剪辑元件并命名为"正确反馈",它在课件中用来呈现正确时的反馈。"正确反馈"元件的内容只是一段欢快的音乐。在"正确反馈"元件的第 1 帧添加"stop();"代码,如图 10.22 所示。

图 10.22　"正确反馈"元件第一帧代码

步骤 9　在"正确反馈"元件第 2 帧添加"正确"声音(文件路径:配套光盘\素材\第 10 章\10.1\sound1.mp3),如图 10.23 所示。"错误反馈"元件,与"正确反馈"元件相似,只是第 2 帧的声音,换成"错误"声音(文件路径:配套光盘\素材\第 10 章\10.1\sound2.mp3)。

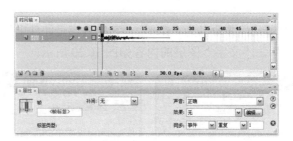

图 10.23　"正确反馈"元件的时间轴及其属性

步骤 10　建立"点"元件。在课件中"点"元件就是线条的端点,"点"元件的内容是一个直径为"8"的正圆。这个元件以中心为注册点,x 和 y 均设置为"0",如图 10.24 所示。

步骤 11　建立"重来"按钮元件,如图 10.25 所示。

第 10 章 制作连线题型课件

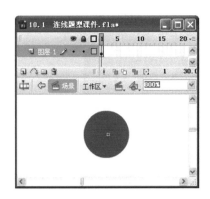

图 10.24 "点"元件

图 10.25 "重来"按钮

至此课件需要的元件就制作完成了，下面将元件放到舞台上，布置场景。并对元件实例进行命名。

步骤 12 回到主场景，将图层名称设置为"背景"，将"背景"元件放入该层，新建三个图层，分别命名为"功能"、"线条"和"内容"。在"线条"图层放 10 个"点"元件。"内容"图层放"豆腐"元件、"蔬菜"元件、"鱼"元件、"肉"元件、"米饭"元件、meat 元件、rice 元件、tofu 元件、vegetables 元件、fish 元件、"重来"元件、"正确反馈"元件和"错误反馈"元件，具体位置如图 10.26 所示。功能图层用来添加代码。

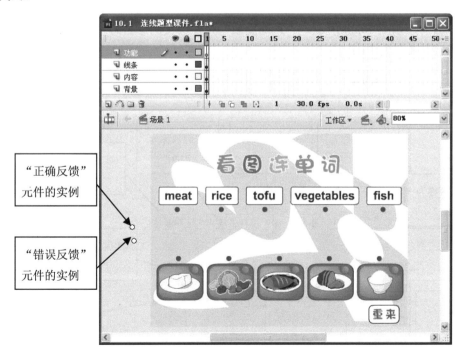

图 10.26 场景布置

步骤 13 为"点"元件的 10 个实例命名，将上面 5 个从左到右分别命名为"dianshang4"、"dianshang5"、"dianshang1"、"dianshang2"和"dianshang3"。将下面 5 个从左到

297

右分别命名为"dianxia1"、"dianxia2"、"dianxia3"、"dianxia4"和"dianxia5",如图10.27所示。这10个"点"元件的实例,是课件中五条线的端点位置。

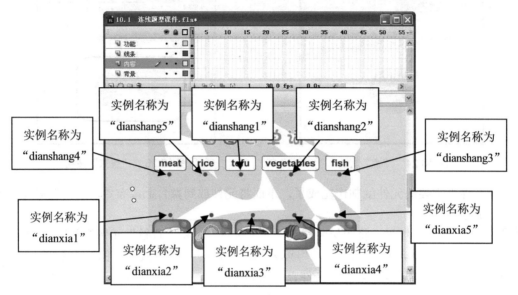

图 10.27　实例命名

步骤 14　为5个内容为图形的实例命名,从左到右分别命名为"a1"、"a2"、"a3"、"a4"、"a5";将5个内容为单词的实例,从左到右分别命名为"b4"、"b5"、"b1"、"b2"、"b3",如图10.28所示。"正确反馈"元件的实例命名为"dui","错误反馈"元件的实例命名为"cuo"。

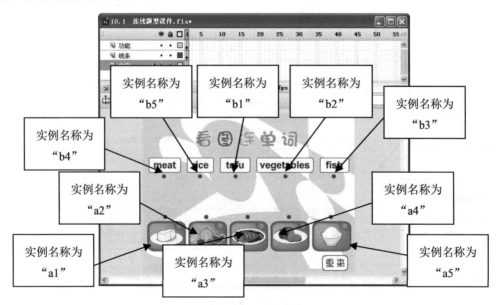

图 10.28　实例命名

在添加代码之前,先来了解程序的总体结构。从功能角度分,这个课件可以分为清空和还原部分,判断和连线部分以及重来部分。

- "清空和还原"部分：用来改变文字元件和图片元件的显示状态(变为未被选择状态)，以及为对应变量赋初值。
- "判断和连线"部分：根据选择结果，判断出是否可以连线，并给出反馈。如果可以连线则连线。
- "重来"部分：将所有线条删除。

步骤 15 首先制作"清空和还原"部分。在"功能"图层添加如下代码，如图 10.29 所示。作用是还原有关文字元件的状态和变量值。

```
function qingwenzi() {
    _root.b1.gotoAndStop(1);
    _root.b2.gotoAndStop(1);
    _root.b3.gotoAndStop(1);
    _root.b4.gotoAndStop(1);
    _root.b5.gotoAndStop(1);
//将文字元件显示为未被选中状态
    _root.bm1 = 0;
    _root.bm2 = 0;
    _root.bm3 = 0;
    _root.bm4 = 0;
    _root.bm5 = 0;
/*这些变量是记载文字元件显示状态的,0
为未选中,1 为选中*/
}
```

步骤 16 下面添加"清空和还原"有关图片元件的状态和变量值的功能代码。在"功能"图层继续添加如下代码，如图 10.30 所示。

```
function qingtupian() {
    _root.a1.gotoAndStop(1);
    _root.a2.gotoAndStop(1);
    _root.a3.gotoAndStop(1);
    _root.a4.gotoAndStop(1);
    _root.a5.gotoAndStop(1);
//将图片元件显示为未被选中状态
    _root.am1 = 0;
    _root.am2 = 0;
    _root.am3 = 0;
    _root.am4 = 0;
    _root.am5 = 0;
/*这些变量是记载图片元件显示状态,0 为
未选中,1 为选中*/
}
```

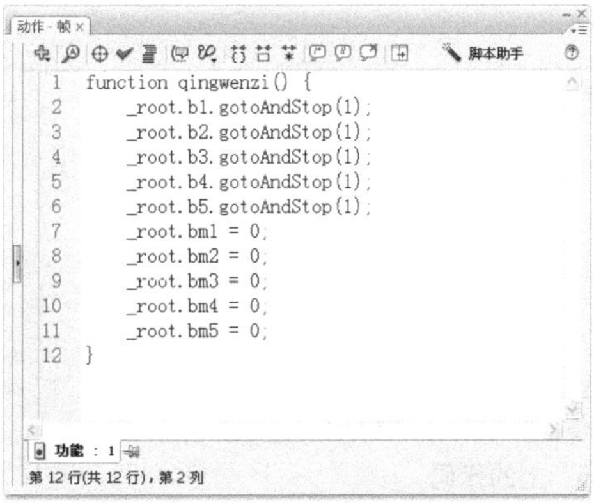

图 10.29 "功能"图层的代码

图 10.30 "功能"图层的第 13~24 行

步骤 17 下面开始制作"判断和连线"部分。在显示"rice"字样的实例"b5"上添加如下代码，如图 10.31 所示。主要是用来表示实例是否被选中以及可否连线。

```
on (release) {
    _root.qingwenzi();
//调用"清空和还原"文字元件的函数
    gotoAndStop(2);
```

```
//让本身显示为被选中状态
    _root.bm5 = 1;
/*记录本身是否被选中的变量赋值为1(如果为其他元件添加代码则将此处变量改为对应的变量，
比如 "b1" 对应变量为 "bm1"，"a1" 对应变量为 "am1")*/
    if (_root.am5 == 1) {
/*判断对应图片是否被选中(如果为其他元件添加代码则将此处变量改为对应的变量，比如"b1"
对应变量为"am1"，"a1"对应变量为"bm1")*/
        _root.dui.gotoAndPlay(2);
//播放正确反馈
        _root.createEmptyMovieClip("xiantiao5",5);
/*创建线条元件(如果为其他元件添加代码则将此处变为对应的参数，比如"a1"和"b1"对应
的参数为("xiantiao1", 1)，"a2"和"b2"对应的参数为("xiantiao2", 2))*/
        _root.xiantiao5.lineStyle(3,0x29594A,100);

        _root.xiantiao5.moveTo(_root.dianshang5._x,_root.dianshang5._y);
        _root.xiantiao5.lineTo(_root.dianxia5._x,_root.dianxia5._y);
/*绘制线条(如果为其他元件添加代码则将此处变为对应的元件名称，比如"a1"和"b1"对应
的线条名称为"xiantiao1"，点名称为"dianshang1"和"dianxia1")*/
        _root.qingwenzi();
        _root.qingtupian();
    } else if (_root.am1 == 1 || _root.am2 == 1 || _root.am3 == 1 || _root.am4
== 1) {
/*判断是否有不正确的图片被选中(如果为其他元件添加代码则将此处变量名称对应修改，比
如"a1"对应"bm2"、"bm3"、"bm4"、"bm5"，"b1"对应"am2"、"am3"、"am4"、"am5")*/
        _root.cuo.gotoAndPlay(2);
        _root.qingwenzi();
        _root.qingtupian();
    }
}
```

图 10.31　实例"b5"上的代码

提示

　　am1、am2、am3、am4 和 am5 以及 bm1、bm2、bm3、bm4 和 bm5 这十个变量是记录文字元件和图像元件是否被选择的开关变量。比如，如果"b5"实例被单击，首先将变量 bm5 赋值为 1，然后判断对应的"a5"是否被选择，也就是判断 am5 的值是否为 1，如果此时 am5 的值为 1，那么就可以为"a5"和"b5"连线了。另外如果此时 am1、am2、am3 或 am4 的值为 1，那么就表示点错了。

步骤 18 实例"b5"是五个文字元件之一,同样的,其他四个文字实例"b1"、"b2"、"b3"、"b4"以及实例"a1"、"a2"、"a3"、"a4"和"a5"上的代码与其相似,可参照代码注释或源文件添加。

步骤 19 下面制作"重来"部分,在"重来"按钮上添加代码,如图10.32所示。作用是将建立的线条全部删除。

```
on (release) {
    removeMovieClip(_root.xiantiao1);
    removeMovieClip(_root.xiantiao2);
    removeMovieClip(_root.xiantiao3);
    removeMovieClip(_root.xiantiao4);
    removeMovieClip(_root.xiantiao5);
}
```

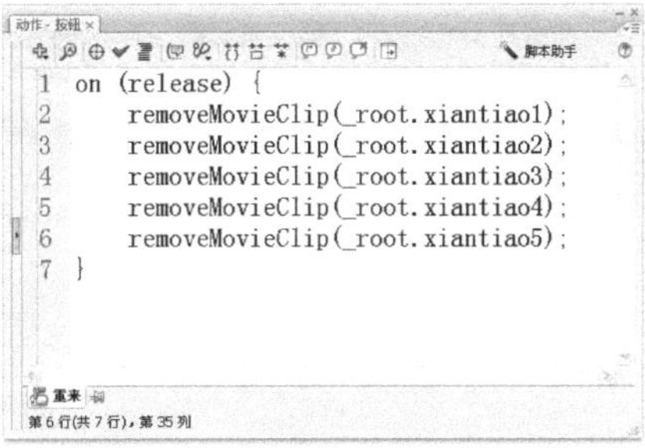

图 10.32 "重来"按钮上的代码

添加代码时需要注意的是,使用moveTo方法时,如果没有参数,则默认为"0, 0"。使用lineTo方法时,如果没有参数,则线条绘制不出来。lineStyle方法必须用在lineTo方法前,如果lineTo前没有lineStyle方法,则不能绘制出线条。用createEmptyMovieClip方法建立的影片剪辑表示深度的参数的值不能相同,如果相同则会逐个替换。removeMovieClip方法只能删除attachMovie()、duplicateMovieClip()或createEmptyMovieClip()等代码创建的影片剪辑。

10.2 制作多对多的连线题型课件

本节将制作一个数学连线题课件"数字类型",即将数字和对应的数字类型用线条连接起来,其中涉及"绘制可跟随鼠标的线条"等一些新代码的使用方法。

10.2.1 解析重点知识

在本节课件的制作过程中,主要用到的Action代码有Array、for、function和_root[ ]等。下面针对各功能代码,进行详细讲解。

1. 数组(数组是有序数据的集合)：Array

- 定义：在 Action 2.0 中数组可以这样定义，m = new Array("hebei", "henan", "shandong", "shanxi")，其中"m"是数组名称(是用户自定义的)，"= new Array()"是定义数组的固定格式，小括号中的内容就是数组的内容。

- 使用方法：定义好数组后，可以对数组的内容进行使用和修改。数组的内容由元素组成，在上面定义的数组中，第一个元素就是"hebei"，使用第一个元素的格式为 m[0]，它由数组名称和下标两个部分组成，数组中元素的下标从 0 开始，第一个元素的下标为 0，第二个元素的下标为 1。

下面制作一个示例，通过动态文本显示数组中的内容，可以更加深刻地了解数组的定义和使用方法。

步骤1 新建一个 Flash 文档(ActionScript 2.0)，如图 10.33 所示。

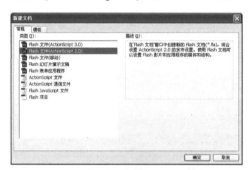

图 10.33 新建 Flash 文档

步骤2 在舞台中添加四个动态文本，如图 10.34 所示。

步骤3 在【属性】面板中将四个动态文本的【变量】自上而下分别设置为"wenzi1"、"wenzi2"、"wenzi3"和"wenzi4"，如图 10.35 所示。

图 10.34 插入四个动态文本

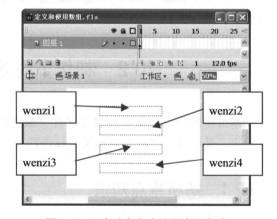

图 10.35 为动态文本设置变量名称

步骤4 将四个动态文本的颜色设置为黑色，字号设置为 30，居中对齐，如图 10.36 所示。

图 10.36 新建 Flash 文档

步骤 5 在"图层 1"的第 1 帧添加如下代码，如图 10.37 所示。

步骤 6 测试动画效果如图 10.38 所示。

```
m = new Array("heibei", "henan",
"shandong", "shanxi");
wenzi1 = m[0];
wenzi2 = m[1];
wenzi3 = m[2];
wenzi4 = m[3];
```

图 10.37 代码

图 10.38 动画效果

2. 循环语句：for

- 作用：根据 for 语句给出的条件，重复执行一些语句。
- 使用方法：for 语句的一般形式为 "for(循环变量赋初值；循环条件；循环变量增值){需重复执行的语句}"。它的程序流程如图 10.39 所示。

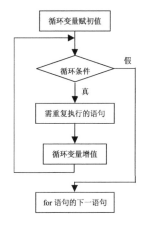

图 10.39 for 语句的执行流程

下面制作一个示例,通过 for 语句来将一个数组中的内容逐个输出。可以了解数组与 for 语句一同使用的基本方法。

步骤 1 新建一个 Flash 文档(ActionScript 2.0),如图 10.40 所示。

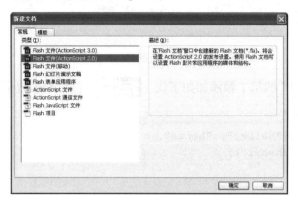

图 10.40 新建 Flash 文档

步骤 2 在"图层 1"中添加如下代码,如图 10.41 所示。

```
m = new Array("hebei", "henan", "shandong", "shanxi");
for (i=0; i<4; i++) {
    trace("数组m中下标为"+i+"的元素值为: "+m[i]);
}
```

图 10.41 添加代码

> **提示**
> 在上面 trace 语句中,使用了""数组 m 中下标为"+i+"的元素值为:"+m[i]"这样的代码。在这里使用了加号(+)的另一种用法:在"+"两侧的内容中,如果其中一个为字符串,则所有其他的都转换为字符串,然后连接起来。因而输出结果如图 10.42 所示。

步骤 3 测试动画,输出结果如图 10.42 所示。

图 10.42 输出结果

3. 自定义函数：function

- 作用：函数是一种可反复使用来执行特定任务的代码段。可以在一个 SWF 文件中使用相同的代码块达到差别不大的多个目的。重复使用代码可以创建高效的应用程序，并可以将必须编写的 ActionScript 代码减少到最低限度，从而可以缩短开发时间。
- 定义：[函数名] = function ([参数 1]，[参数 2]……){[函数体]}，例如：zidingyi=function(m){return(m);}。另外也可以定义没有参数的函数。
- 调用方法：[函数名]([参数 1]，[参数 2]……)。例如：zidingyi(m)。对于没有参数的函数，在调用时不必写参数。调用函数的语句可以写在定义函数的语句之前，也可以写在其后。

下面制作一个示例，定义并使用一个用来计算两个数的和的函数。

步骤 1 新建一个 Flash 文档(ActionScript 2.0)，如图 10.43 所示。

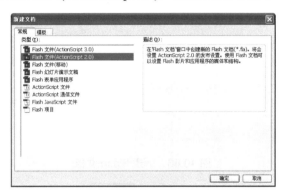

图 10.43 新建 Flash 文档

步骤 2 在"图层 1"添加如下代码。这时的【动作】面板如图 10.44 所示。

```
s1 = 33;
s2 = 66;
trace("s1+s2="+qiuhe(s1, s2));
trace("52+61="+qiuhe(52, 61));
function qiuhe(a, b) {
    return (a+b);
}
```

步骤 3 测试动画，输出结果如下。这时的【动作】面板如图 10.45 所示。

```
s1+s2=99
52+61=113
```

图 10.44 添加代码

图 10.45 输出结果

提示

在上述代码中，定义了一个名为"qiuhe"的函数，此函数有两个参数a、b。函数体的作用是返回a+b的值。第一个trace语句中是调用函数qiuhe以变量s1和变量s2作为参数。第二个trace语句中是调用函数qiuhe以52和61作为参数。函数的参数通常为变量，而调用函数时参数可以是变量也可以是固定值。

4. 巧用实例名称："_root[ ]"

- 作用：用变量来代替实例名称，让实例的使用更为灵活。多用在函数调用或循环语句中，对多个有规律名称的实例进行使用。
- 使用方法：如果一个主时间轴内的实例名为xingxing，可以写为_root.xingxing._x = 100，也可以写为_root["xingxing"]._x = 100。

下面制作一个示例，用简短的代码为多个星星设置坐标值。

步骤1 新建一个Flash文档(ActionScript 2.0)，将背景设置为深蓝色(#333366)，如图10.46所示。

图10.46 新建Flash文档

步骤2 创建一个名为"星星"的影片剪辑元件，在元件内部绘制一个黄色的星星，如图10.47所示。

步骤3 将"星星"元件向舞台中拖入10个，如图10.48所示。

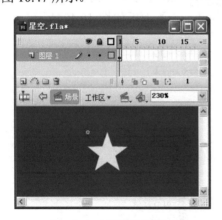

图10.47 绘制黄色星星

图10.48 将10个星星放入舞台

步骤4 将舞台内的"星星"实例从左到右，分别命名为"x1"、"x2"、"x3"…"x10"。

步骤5 在"图层1"添加如下代码。这时的【动作】面板如图10.49所示。

```
for (i=1; i<11; i++) {
```

```
_root["x"+i]._x = random(450)+50;
_root["x"+i]._y = random(300)+50;//位置
_root["x"+i]._rotation = random(360);//角度
_root["x"+i]._xscale = random(100)+50;
_root["x"+i]._yscale = _root["x"+i]._xscale;
//大小
}
```

步骤 6 测试动画，可以看到 10 颗星星以随机的角度和大小分布在随机的位置上，如图 10.50 所示。

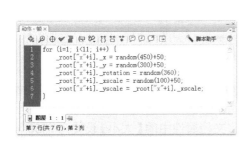

图 10.49 添加代码

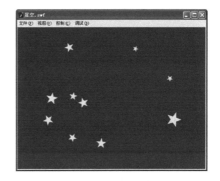

图 10.50 运行效果

提示

在上面的代码中设置了星星的位置(_x, _y)、角度(_rotation)和大小(_xscale, _yscale)，其中 "random(450)+50" 的作用是得到 50 至 499 之间的一个随机数字。

10.2.2 课件实战——数的分类

本例将使用 Flash 提供的连线方法，配合其他一些常用的代码来实现一个多对多的连线题型课件，运行效果如图 10.51 所示。

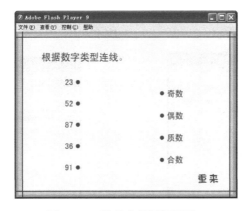

图 10.51 数的分类运行画面一

课件的具体操作方法是用鼠标单击一个数字，然后把线条的另一个端点与对应的数字类型连接起来。如果对应关系成立自动为选择的数字和数字类型连线。与 10.1 节中的课件不同，在本例中线条的一个端点会跟随鼠标移动，如图 10.52 所示。

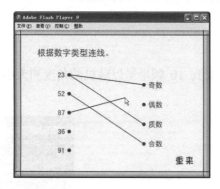

图 10.52 数的分类运行画面二

制作本课件需要重点掌握的内容有：Array、for、function 和_root[ ]语句的使用方法。制作"数的分类"课件的方法如下。

步骤1 新建一个 Flash 文档(ActionScript 2.0)，将文档属性中的【大小】设置为"550×400 像素"，【背景】设置为"白色"，【帧频】设置为30fps，如图 10.53 所示。

图 10.53 课件的文档属性

首先制作需要用到的元件，课件中用到的元件有两个按钮元件："按钮"和"重来"；两个声音元件："正确"和"错误"；三个影片剪辑元件"点"、"错"和"对"。

步骤2 建立一个按钮元件并命名为"按钮"。在第2帧插入关键帧，绘制一个矩形，【宽】为 70，【高】为 30，线条为红色，填充为黑色，如图 10.54 所示。

步骤3 在第 3 帧和第 4 帧插入关键帧，将第 2 帧和第 3 帧中的填充删掉，将第 3 帧的线条改为橘黄色(#FF9900)，如图 10.55 所示。

图 10.54 "按钮"元件第 2 帧

图 10.55 "按钮"元件第 3 帧

步骤 4 建立一个按钮元件并命名为"重来",如图 10.56 所示。

步骤 5 导入两个声音文件,一个能够表现出错误(文件路径:配套光盘\素材\第 10 章\10.2\sound2.mp3),一个能够表现出正确(文件路径:配套光盘\素材\第 10 章\10.2\sound1.mp3),并将它们分别命名为"错误"和"正确",如图 10.57 所示。

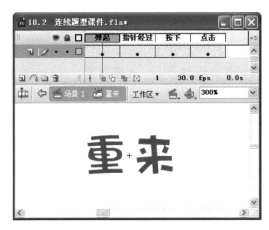

图 10.56 "重来"按钮

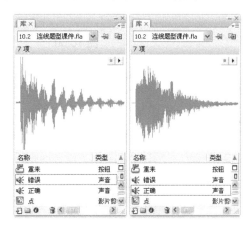

图 10.57 声音元件

步骤 6 建立"点"元件。在课件中"点"元件就是线条的端点。"点"元件的内容是一个直径为"8"的正圆,如图 10.58 所示。

步骤 7 建立影片剪辑元件并命名为"对",在课件中用于正确反馈。在"对"元件的第 1 帧添加"stop();"代码,如图 10.59 所示。

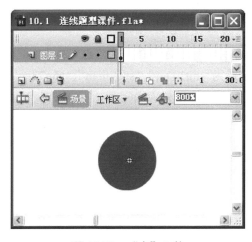

图 10.58 "点"元件

图 10.59 "对"元件第一帧代码

步骤 8 在"对"元件第 2 帧添加"正确"声音,如图 10.60 所示。"错"元件与"对"元件相似,只是第 2 帧的声音,换成"错误"声音。

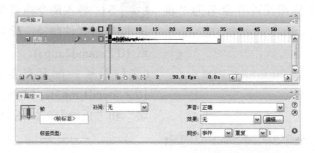

图 10.60 "对"元件的时间轴及其属性

至此课件需要的元件就制作完成了，下面将元件放到舞台上，布置场景，并对元件实例进行命名。

步骤 9 将"图层 1"重命名为"背景"，在舞台上绘制一个简单的背景，如图 10.61 所示。

步骤 10 新建图层并命名为"文字"，将所需要的文字写入舞台中，如图 10.62 所示。

图 10.61 背景图层内容

图 10.62 "文字"图层

步骤 11 新建图层并命名为"点"，将 9 个"点"元件放入到舞台中，位置如图 10.63 所示。

步骤 12 将左侧的 5 个"点"的实例名称设置为"shu1dian"、"shu2dian"、"shu3dian"、"shu4dian"和"shu5dian"，如图 10.64 所示。

图 10.63 "点"图层内容

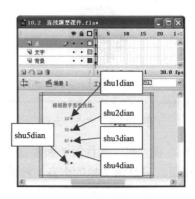

图 10.64 "点"实例命名

步骤 13 将右侧的4个"点"的实例名称设置为"xing1dian"、"xing 2dian"、"xing 3dian"和"xing 4dian",如图 10.65 所示。

步骤 14 新建图层并命名为"按钮",将9个"按钮"元件和1个"重来"按钮拖入舞台中,如图 10.66 所示。

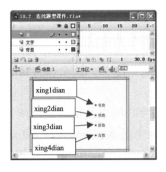

图 10.65 "点"实例命名

图 10.66 "按钮"图层内容

步骤 15 将左侧的5个"按钮"的实例名称设置为"shu1"、"shu2"、"shu3"、"shu4"和"shu5",如图 10.67 所示。

步骤 16 将右侧的4个"按钮"的实例名称设置为"xing1"、"xing 2"、"xing 3"和"xing 4"。将"重来"的实例命名为"chonglai",如图 10.68 所示。

图 10.67 "按钮"实例命名(1)

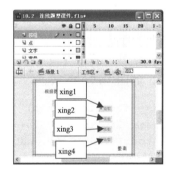

图 10.68 "按钮"实例命名(2)

步骤 17 将"对"和"错"元件拖入舞台,并分别将实例命名为"dui"和"cuo",如图 10.69 所示。

图 10.69 声音元件

> **提示**
>
> 到这里,场景布置和实例命名就完成了。在实例命名的过程中有一点需要注意,左侧的"点"实例名称与左侧按钮的实例名称是相互对应的,前者比后者多"dian"这四个字符。这样命名可以方便以后的使用。例如,只要知道当前选择的是哪个按钮,那么要想调用与其相对应的"点",则直接把按钮的实例名称后面加上"dian"就可以了。

在添加代码之前,先来了解程序的总体结构。从功能角度分,这个课件可以分为选择起点部分、画线部分、判断部分和重来部分。

- "选择起点"部分:由于本课件的连线起点是数字,所以这部分的功能是让左侧的按钮可点,让右侧的按钮不可点。这部分包括两个函数 xuanshuzi( )和 xuanxing( )。
- 画线部分:这部分有两个功能,一是在选择"起点"之后,如果符合条件则绘制动态线条,这线条的一个端点固定在"起点"上,另一个端点跟随鼠标移动。二是在确定"终点"后,将线条固定。这部分包括两个函数 huaxian( )和 huaxianting(qi, zhong)。
- 判断部分:这部分负责判断可否将线条跟随鼠标的那个端点固定到终点上。这部分包含一个函数 panduan( )。
- 重来部分:将所有线条删除。

步骤 18 新建图层并命名为"代码",在"代码"图层的第 1 帧添加如下代码,创建 xuanshuzi( )函数。这时【动作】面板中的代码如下,如图 10.70 所示。

```
xuanshuzi = function (zhen) {
    for (lin=1; lin<=5; lin++) {
      _root["shu"+lin].enabled = zhen;
    }
};
```

步骤 19 在"代码"图层的第 1 帧继续添加如下代码,创建 xuanxing( )函数。这时【动作】面板中的代码如图 10.71 所示。

```
xuanxing = function (zhen) {
    for (lin=1; lin<5; lin++) {
      _root["xing"+lin].enabled = zhen;
    }
};
```

图 10.70　第 1～5 行代码　　　　图 10.71　第 6～10 行代码

第 10 章 制作连线题型课件

> **提示**
>
> 上面的代码中,enabled 的作用是控制按钮实例是否可点,当其值为 true 时该按钮可点,值为 false 时该按钮不可点。函数 xuanzhuzi(zhen)用来为左侧的 5 个数对应的按钮元件的 enabled 赋值,将参数 zhen 的值赋给它们。函数 xuanxing(zhen)用来为右侧的 4 个数字类型对应的按钮元件的 enabled 赋值。

步骤 20 在"代码"图层的第 1 帧继续添加如下代码,创建 huaxian( )函数,用来绘制动态线条。这时的【动作】面板中的代码如图 10.72 所示。

```
huaxian = function () {
    _root.onEnterFrame = function() {
        if (_root.kehuaxian == true) {
//根据主时间轴变量"kehuaxian"的值判断是否可以画线
            _root.createEmptyMovieClip("xian"+_root.ceng,_root.ceng);
            _root["xian"+_root.ceng].lineStyle(2,0x993333,100);
            _root["xian"+_root.ceng].moveTo(_root[_root.qidian]._x,
            _root[_root.qidian]._y);
            //使用实例"_root[_root.qidian]"的位置作为线条的起点
            _root["xian"+_root.ceng].lineTo(_root._xmouse,_root._ymouse);
            //使用主时间轴鼠标的位置作为线条的终点,即跟随鼠标的线条
        }
    };
};
```

图 10.72　第 11~20 行代码

> **提示**
>
> 上面的代码中,huaxian( )函数用来绘制动态线条,这个线条的一个端点固定,另一个端点跟随鼠标移动。这个跟随鼠标的线条原理是,在同一深度不断地建立新的线条将原来的线条替换,即不断地执行创建元件的代码:"_root.createEmptyMovieClip("xian"+_root.ceng,_root.ceng);",从而实现动态线条的效果。

步骤 21 在"代码"图层的第 1 帧继续添加代码。创建两个数组 zuo 和 you，用来存放正确线条的起点和终点的名称。数组 zuo 中存放起点，数组 you 中存放终点。数组元素一一对应，有 10 条线，代码如下，如图 10.73 所示。

```
zuo = new Array("shu1dian",
    "shu1dian", "shu2dian",
    "shu2dian", "shu3dian",
    "shu3dian", "shu4dian",
    "shu4dian", "shu5dian",
    "shu5dian");
you = new Array("xing1dian",
    "xing3dian", "xing2dian",
    "xing4dian", "xing1dian",
    "xing4dian", "xing2dian",
    "xing4dian", "xing1dian",
    "xing4dian");
```

步骤 22 在"代码"图层的第 1 帧继续添加代码。创建 panduan(qi, zhong)函数，作用是判断是否可以确定线条的终点，代码如下，如图 10.74 所示。

```
panduan = function (qi, zhong) {
    fanhui = false;
    for (lin=0; lin<10; lin++) {
    if(_root.zuo[lin]==qi&&_root.you
    [lin]==zhong){//判断参数是否分别在
    两个数组的相同位置
            fanhui = true;
            break;
        }
    }
    return (fanhui);
};
```

图 10.73 21～28 行代码

图 10.74 29～38 行代码

步骤 23 在"代码"图层的第 1 帧继续添加如下代码，创建 huaxianting(qi, zhong)函数，用来绘制起点和终点都固定的线条。这时的【动作】面板中的代码如图 10.75 所示。

```
huaxianting = function (qi, zhong) {
    _root.kehuaxian = false;
    //停止动态线条的绘制
    _root.createEmptyMovieClip("xian"+_root.ceng,_root.ceng);
    _root["xian"+_root.ceng].lineStyle(2,0x993333,100);
    _root["xian"+_root.ceng].moveTo(_root[qi]._x,_root[qi]._y);
    _root["xian"+_root.ceng].lineTo(_root[zhong]._x,_root[zhong]._y);
    //绘制起点和终点都固定的线条
    _root.ceng++;
};
```

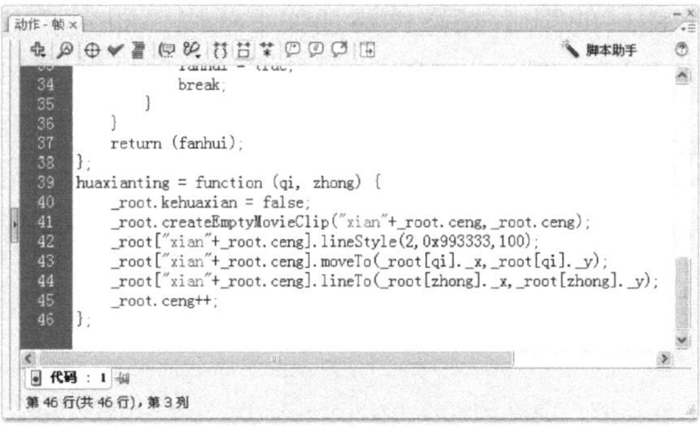

图 10.75　第 39～46 行代码

步骤 24　在"代码"图层的第 1 帧继续添加如下代码，作用是确定线条的起点并绘制动态线条。这时的【动作】面板中的代码如图 10.76 所示。

```
kehuaxian = false;
//不可绘制动态线条
ceng = 0;
xuanxing(false);
for (lin=1; lin<=5; lin++) {
    _root["shu"+lin].onRelease = 
        function() {
        _root.xuanshuzi(false);
        _root.xuanxing(true);
        _root.kehuaxian = true;
        _root.qidian = 
            this._name+"dian";
        //确定线条的起点
        _root.huaxian();
        //绘制动态线条
    };
}
```

步骤 25　在"代码"图层的第 1 帧继续添加如下代码，作用是确定线条的终点，并把线条固定下来。这时的【动作】面板中的代码如图 10.77 所示。

```
for (lin=1; lin<5; lin++) {
    _root["xing"+lin].onRelease = 
        function() {
        _root.zhongdian = 
            this._name+"dian";
        if (_root.panduan(_root.qidian, 
            _root.zhongdian)) {
        //判断当前起点和终点是否可以连线
        _root.huaxianting(_root.qidian, 
            _root.zhongdian);
        _root.xuanshuzi(true);
        _root.xuanxing(false);
        _root.dui.play();//播放正确反馈
        } else {
        _root.cuo.play();//播放错误反馈
        }
    };
}
```

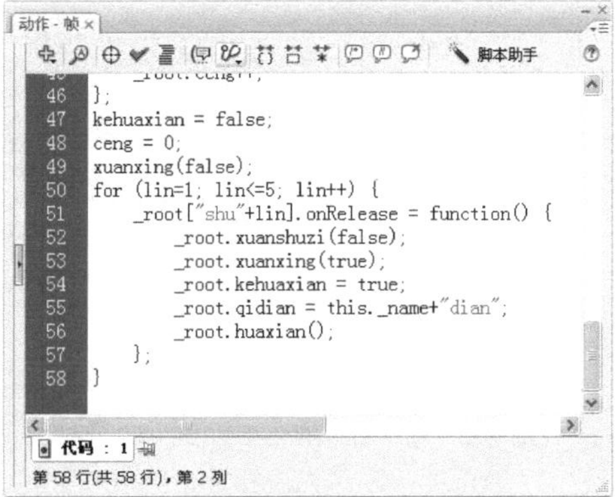

图 10.76　第 47～58 行代码 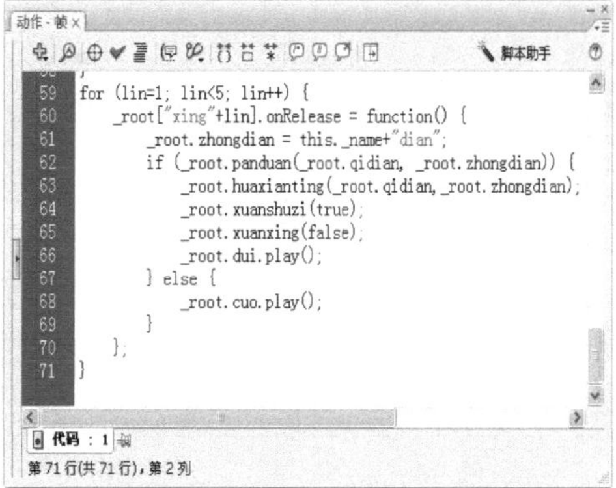　　　　图 10.77　第 59～71 行代码

步骤 26 在"代码"图层的第 1 帧继续添加如下代码,即为"重来"按钮添加代码。这时【动作】面板中的代码如图 10.78 所示。

```
_root.chonglai.onRelease = function() {
    for (lin=0; lin<=_root.ceng; lin++) {
        removeMovieClip(_root["xian"+lin]);  //清除所有线条
    }
    _root.ceng = 0;
};
```

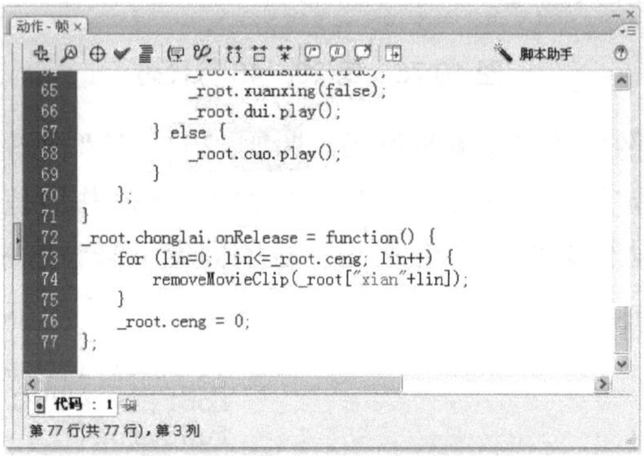

图 10.78 第 72~77 行代码

添加代码时需要注意的是,数组的第 1 个元素的下标为 0,即数组 arr 的第 1 个元素为 arr[0]。使用 for 语句时,要注意循环条件,如果循环条件没有结束或者不好结束的时候会出现程序错误。用户自定义函数 function,主要作用是简化程序,优化代码,所以在定义函数的时候,要注意它的通用性,否则就达不到它的应有目的了。绘制动态线条是通过不断调用 createEmptyMovieClip 方法,在同一深度不断地替换线条来实现的。

第 11 章

制作语文课件

语文学科的特点决定了语文教学的实现不能光靠传统的、抽象的讲解和分析,枯燥的训练来完成。选择新颖的教学方法,采用先进的教学手段,制作符合教学思路的课件进行辅助教学成为一种新的语文教学模式。多媒体教学手段集声音、图像、文字、动画等多种信息于一体,可以多角度刺激学生的感官,激发学生的兴趣和情感,吸引学生的注意力,极大地提高了语文课堂的效率。

本章分为两节,围绕两个语文教学中经典的课程进行课件制作的分析与讲解。分别是"要是你在野外迷了路"和"尾巴的功能"。

本章综合应用前面章节学过的知识点来制作课件。希望通过本章的学习,达到加深理解这些知识的效果。

本章内容主要包括

- 屏幕
- 在屏幕中加入影片剪辑
- 为屏幕添加交互(行为或代码)
- 利用遮罩制作文字的书写效果
- 简单的控制代码

11.1　制作课件——要是你在野外迷了路

本节将通过创建 Flash 幻灯片演示文稿的方法，制作小学语文课件"要是你在野外迷了路"。

11.1.1　教学分析与课件说明

"要是你在野外迷了路"是一篇介绍自然知识的课文。课文通过简单易懂的词句，介绍了自然界里几种辨别方向的方法，分别是通过大树枝叶的茂密程度分辨南北；通过正午时大树影子的方向分辨南北；通过夜晚北极星的位置来分辨方向等。

这一课的学习重点分为三个部分，第一部分是需要学生认读的字词，这些生词不要求学生会书写，所以要从认和读两部分入手学习；第二部分是需要会书写的几个生字，需要学生记忆每个字的书写方法，字形等知识；第三部分要求学生通过学习课文，了解自然界里辨别方向的几种方法，掌握这些技能。这一部分偏重于介绍知识，所以采取了演示型课件的方式，分为三部分来演示每一种辨别方向的方法。

课件整体风格卡通、色彩丰富、颜色亮丽，符合小学低年级的认知水平，易于被小学生接受。课件运行时的效果如图 11.1 所示。

图 11.1　课件运行效果

课件分为三个部分，"读一读"部分学习要求认读的生字词，采取"翻牌"小游戏的方法来实现。每张牌背面向上，单击后会翻开，显示要求认读的字词，同时播放读音；"写一写"部分学习要求书写的生字，采取了笔顺动画演示的方法来实现。这样不但能够加深学生对于生字的记忆，同时也解决了语文教学上生字笔顺的教学难点；"天然的指南针"

部分是对整篇课文的动画演示,通过单击鼠标的操作方法,实现引导性的学习。操作中的课件如图 11.2 所示。

图 11.2 操作中的课件

通过制作本课件,能够掌握制作幻灯片展示用课件的方法。还可以学习到通过行为面板为幻灯片添加交互等知识。本课件是利用 Flash 幻灯片演示文稿制作的较为复杂的课件,整合了图片、声音等多媒体资源,利用制作本课件的方法,就可以轻松地制作类似的展示用课件。

11.1.2 课件实战

制作"要是你在野外迷了路"课件的方法如下。

步骤 1 新建一个 Flash 幻灯片演示文稿,如图 11.3 所示。将文档属性中的【帧频】设置为 30fps。

图 11.3 新建 Flash 幻灯片演示文稿

制作本课件用到的按钮元件有负责主页面导航的"导航-读一读"、"导航-写一写"、"导航-天然的指南针"按钮，负责课件操作中的导航按钮"导航-返回"、"导航-前进"和"导航-后退"。影片剪辑元件主要出现在"读一读"部分，包括"翻牌-北极星"等。下面来分别制作这些元件。

步骤2 新建按钮元件"导航-读一读"，绘制一个白色的指向牌。新建"文字"图层，在文字图层上输入"读一读"。将【指针经过】关键帧上的所有内容做一个小幅度的旋转。在【按下】关键帧恢复到初始位置。新建"音效"图层，导入"音效-翻.wav"(文件路径：配套光盘\素材\第 11 章\11.1)，在【指针经过】关键帧插入"音效-翻.wav"，作为鼠标经过按钮时的音效，如图 11.4 所示。

步骤3 新建按钮元件"导航-写一写"，制一个红色的指向牌。新建"文字"图层，在文字图层上输入"写一写"。将【指针经过】关键帧上的所有内容做一个小幅度的旋转。在【按下】关键帧恢复到初始位置。新建"音效"图层，在【指针经过】关键帧上插入"音效-翻.wav"，作为鼠标经过按钮时的音效，如图 11.5 所示。

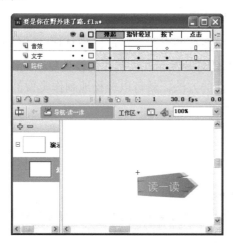

图 11.4　"导航-读一读"按钮

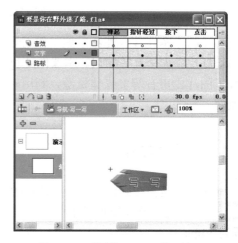

图 11.5　"导航-写一写"按钮

> **提示**
>
> 在按钮中插入音效，一般都将它的声音类型设置为"事件"。每当声音被触发时，会完整播放，而不受帧的限制。

步骤4 新建按钮元件"导航-天然的指南针"，绘制一个绿色的指向牌。新建"文字"图层，在文字图层上输入"天然的指南针"。将【指针经过】关键帧上的所有内容做一个小幅度的旋转。在【按下】关键帧恢复到初始位置。新建"音效"图层，在【指针经过】关键帧上插入"音效-翻.wav"文件，作为鼠标经过按钮时的音效，如图 11.6 所示。

步骤5 新建按钮元件"导航-返回"，绘制一个黄色水晶质感的方形。新建"文字"图层，在文字图层上输入"返回"。更改【指针经过】、【按下】两个图层内文字的颜色，实现按钮不同状态的表现变化。用同样的方法制作"导航-前进"、"导航-后退"、"按钮-别"、"按钮-导"、"按钮-方"、"按钮-慌"几个按钮，如图 11.7 所示。

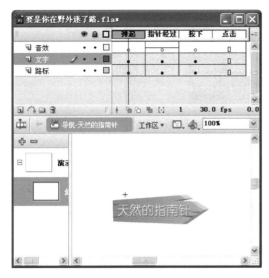

图 11.6　"导航-天然的指南针" 按钮

图 11.7　"导航-返回"按钮

步骤 6　新建影片剪辑元件并命名为"翻牌-北极星"。在第 1 帧到第 7 帧利用逐帧动画制作"牌"的翻开效果。在第 16 帧到第 21 帧利用逐帧动画制作"牌"翻回背面的效果，如图 11.8 所示。

步骤 7　添加图层，在第 7 帧插入关键帧，输入"北极星"，在第 16 帧插入空白关键帧。新建一个图层，在第 1 帧和第 15 帧分别插入关键帧，输入"stop()"语句，如图 11.9 所示。

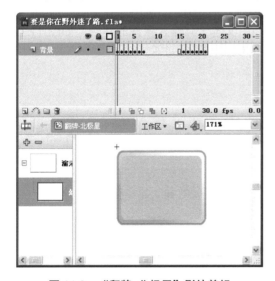

图 11.8　"翻牌-北极星"影片剪辑

图 11.9　"翻牌-北极星"影片剪辑的文字内容

步骤 8　新建一个图层并命名为"读音"，导入"北极星.mp3"（文件路径：配套光盘\素材\第 11 章\11.1）。在第 7 帧插入关键帧，添加"北极星.mp3"。用同样的方法制作"读一读"部分将要出现的影片剪辑元件"辨别"、"沟渠"、"慌张"、"树影"、"天然"、"一盏灯"、"指南针"、"忠实"，如图 11.10 所示。

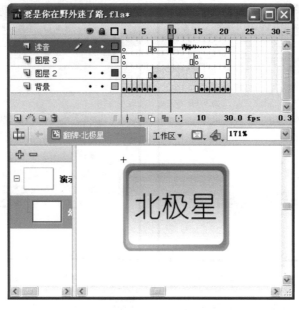

图 11.10 为"翻牌-北极星"影片剪辑添加音效

制作完课件所用的元件后,开始制作课件。本课件同样可以通过创建普通的 Flash 文档实现,不过根据本课件的构思,利用 Flash 幻灯片演示文稿制作较为简便。下面来一步步制作课件。

步骤 1 更改"幻灯片 1"屏幕的名称为"标题"。展开【时间轴】面板,导入"背景.jpg"(文件路径:配套光盘\素材\第 11 章\11.1),放置到【文档】窗口的适当位置,作为课件标题页面的背景,如图 11.11 所示。

步骤 2 新建一个图层并命名为"标题"。利用文本工具输入课件的标题,如图 11.12 所示。

图 11.11 标题的背景

图 11.12 课件的题目

步骤3 新建一个图层并命名为"树干"，绘制一个树干作为指向牌的支撑物。新建一个图层并命名为"按钮"。将制作好的三个标题页面导航按钮放置到适当位置，如图 11.13 所示。

步骤4 插入一个新的屏幕并命名为"读一读"。导入"花纹背景.jpg"(文件路径：配套光盘\素材\第 11 章\11.1)，将这个图片放置到【文档】窗口的适当位置，作为"读一读"部分的背景。新建"按钮"图层，将制作好的"导航-返回"按钮放置到【文档】窗口中，如图 11.14 所示。

图 11.13　为标题页面添加导航按钮

图 11.14　添加"读一读"屏幕

提示

因为标题页面的背景过于"抢眼"，所以"读一读"部分和"写一写"部分更换了背景图案。这样更能突出教学主题：学习生字词。

步骤5 在"背景"图层上方插入一个新的图层，命名为"内容"。将制作好的"翻牌-北极星"等影片剪辑元件放置到【文档】窗口中的适当位置，如图 11.15 所示。

步骤6 为每一个影片剪辑添加控制代码。

```
on (release) {
    play();
}
```

这样，结合每个影片剪辑里的 stop()语句，就实现了鼠标单击后牌翻开，再单击翻回去的效果，如图 11.16 所示。

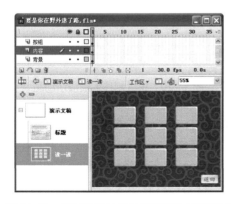

图 11.15　将制作好的影片剪辑添加到屏幕中

图 11.16　为每一个影片剪辑添加控制代码

步骤 7 插入一个新屏幕并命名为"写一写"。将"花纹背景.jpg"放置到【文档】窗口中。新建"田字格"图层,绘制一个田字格,如图 11.17 所示。

步骤 8 新建"按钮"图层,将"按钮-慌"、"按钮-别"、"按钮-导"和"按钮-方"四个按钮放置到田字格的两边,将"导航-返回"按钮放置到【文档】窗口的适当位置,如图 11.18 所示。

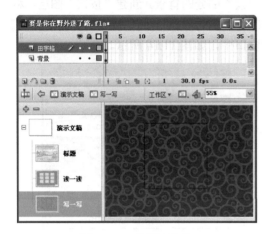

图 11.17 绘制田字格

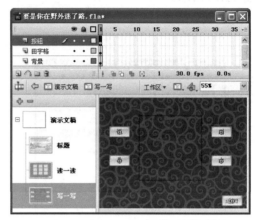

图 11.18 为"写一写"屏幕添加按钮

步骤 9 为"写一写"屏幕插入一个嵌套屏幕,命名为"笔顺慌"。在这个屏幕中,利用逐帧动画的知识,制作"慌"的书写过程的动画,如图 11.19 所示。

步骤 10 继续制作"笔顺别"、"笔顺导"和"笔顺方"屏幕,如图 11.20 所示。

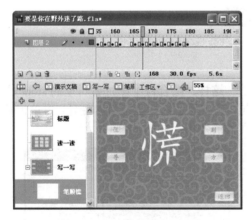

图 11.19 制作笔顺演示动画

图 11.20 继续制作笔顺演示动画

步骤 11 为"写一写"屏幕插入一个兄弟屏幕,命名为"天然的指南针",如图 11.21 所示。

步骤 12 为"天然的指南针"屏幕插入一个嵌套屏幕,命名为"树叶指方向",导入"图 1.jpg"(文件路径:配套光盘\素材\第 11 章\11.1),放置到【文档】窗口中适当位置,如图 11.22 所示。

图 11.21　添加"天然的指南针"屏幕

图 11.22　添加"树叶指方向"屏幕

步骤 13　插入一个新图层并命名为"背景板"。绘制一个用来衬托文字的背景板，如图 11.23 所示。

步骤 14　新建一个图层并命名为"标题"。利用文本工具输入"树叶指方向"，作为本部分的小标题，如图 11.24 所示。

图 11.23　绘制背景板

图 11.24　为"树叶指方向"屏幕添加标题

步骤 15　新建一个图层并命名为"按钮"。将制作好的"导航-前进"、"导航-后退"、"导航-返回"三个按钮放置到【文档】窗口中适当位置，如图 11.25 所示。

步骤 16　为"树叶指方向"屏幕插入一个嵌套屏幕并命名为"动画演示 1a"。在这个屏幕中制作一段动画，内容分为两部分。一部分为一个指向左边的箭头闪烁，另一部分为提示性的文字"南"，如图 11.26 所示。

图 11.25　为"树叶指方向"屏幕添加按钮

图 11.26　添加"动画演示 1a"屏幕

步骤 17 插入"动画演示 1b"屏幕，用同样的方法制作动画，动画的内容是指向右边的箭头闪烁，同时提示"北"，如图 11.27 所示。

步骤 18 插入"问题 1"屏幕。利用文本工具在"背景板"上输入本部分的问题，如图 11.28 所示。

图 11.27 添加"动画演示 1b"屏幕

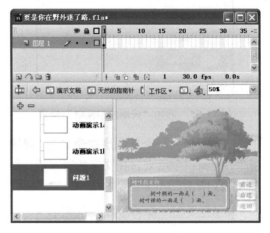

图 11.28 添加"问题 1"屏幕

步骤 19 插入"答案 1"屏幕，利用文本工具在适当位置输入本部分的答案，如图 11.29 所示。

步骤 20 为"树叶指方向"屏幕插入兄弟屏幕并命名为"太阳指方向"。按照制作"树叶指方向"屏幕的方法制作本屏幕的内容，如图 11.30 所示。

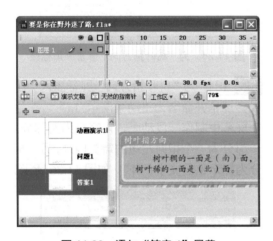

图 11.29 添加"答案 1"屏幕

图 11.30 添加"太阳指方向"屏幕

步骤 21 为"太阳指方向"屏幕插入一个嵌套屏幕并命名为"动画演示 2a"。在这个屏幕中制作一段动画，内容分为两部分。一部分为一个指向内的箭头闪烁，另一部分为提示性的文字"南"，如图 11.31 所示。

步骤 22 继续插入屏幕并命名为"动画演示 2b"。在这个屏幕中制作一段动画，内容分为两部分。一部分为树影闪烁，另一部分为提示性的文字"北"，如图 11.32 所示。

图 11.31 添加"动画演示 2a"屏幕

图 11.32 添加"动画演示 2b"屏幕

步骤 23 继续制作本部分内容。按照制作"树叶指方向"部分同样的方法,为本部分制作"问题 2"和"答案 2"两个屏幕,如图 11.33 所示。

步骤 24 为"太阳指方向"屏幕插入兄弟屏幕并命名为"北极星指方向"。按照制作"太阳指方向"屏幕的方法制作本屏幕的内容,如图 11.34 所示。

图 11.33 添加"问题 2"和"答案 2"屏幕

图 11.34 添加"北极星指方向"屏幕

步骤 25 为"北极星指方向"屏幕插入一个嵌套屏幕并命名为"动画演示 3a"。在这个屏幕中制作一段动画,内容分为两部分。一部分为一个指向内的箭头闪烁,另一部分为提示性的文字"北",如图 11.35 所示。

步骤 26 继续制作本部分内容。按照制作"太阳指方向"部分同样的方法,为本部分制作"问题 3"和"答案 3"两个屏幕,如图 11.36 所示。

图 11.35 添加"动画演示 3a"屏幕

图 11.36 添加"问题 3"和"答案 3"屏幕

至此整个课件的内容已经架构完毕。下面为课件添加交互操作。

步骤 27 为"标题"屏幕的"导航-读一读"按钮添加【转到幻灯片】行为,如图 11.37 所示。

步骤 28 在【选择屏幕】对话框中,选择"读一读"屏幕,作为"导航-读一读"按钮的跳转目标,如图 11.38 所示。

图 11.37 为"导航-读一读"按钮添加行为

图 11.38 选择"读一读"屏幕作为目标

步骤 29 用同样的方法为"导航-写一写"按钮添加【转到幻灯片】行为,如图 11.39 所示。

步骤 30 为"导航-天然的指南针"按钮添加【转到幻灯片】行为。在【选择屏幕】对话框中选择"动画演示 1a"屏幕作为跳转目标,如图 11.40 所示。

图 11.39 为"导航-写一写"按钮添加行为

图 11.40 为"导航-天然的指南针"按钮添加行

第 11 章 制作语文课件

步骤 31 选择"读一读"屏幕,为其添加【转变】行为,如图 11.41 所示。

步骤 32 在【转变】对话框中选择【像素溶解】选项,设置【水平溶解块数】和【垂直溶解块数】为 50,【持续时间】为 1 秒,如图 11.42 所示。

图 11.41 为"读一读"屏幕添加【转变】行为

图 11.42 选择【像素溶解】选项

步骤 33 为"读一读"屏幕的"导航-返回"按钮添加【转到幻灯片】行为,在【选择屏幕】对话框中选择"标题"屏幕作为跳转的目标,如图 11.43 所示。

步骤 34 选择【写一写】屏幕,为其添加【转变】行为。在【转变】对话框中选择【像素溶解】选项,设置【水平溶解块数】为 50,【垂直溶解块数】为 25,【持续时间】为 1 秒,如图 11.44 所示。

图 11.43 为"导航-返回"按钮添加行为

图 11.44 为"写一写"屏幕添加转变行为

步骤 35 为"写一写"屏幕的"导航-返回"按钮添加【转到幻灯片】行为,在【选择屏幕】对话框中选择"标题"屏幕作为跳转的目标,如图 11.45 所示。

步骤 36 为"写一写"屏幕的"按钮-慌"按钮添加【转到幻灯片】行为,在【选择屏幕】对话框中选择"笔顺慌"屏幕作为跳转的目标。用同样的方法为另外三个按钮添加【转到幻灯片】行为,如图 11.46 所示。

图 11.45 为"导航-返回"按钮添加行为

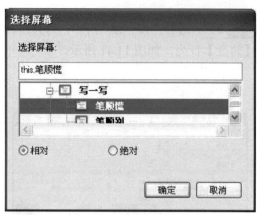

图 11.46 为"按钮-慌"按钮添加行为

步骤 37 选择"树叶指方向"屏幕，为其添加【转变】行为。在【转变】对话框中选择【遮帘】选项，设置【遮帘数量】为 50，【方向】为垂直，【持续时间】为 1 秒，如图 11.47 所示。

步骤 38 选择"树叶指方向"屏幕的"导航-前进"按钮，为其添加【转到下一幻灯片】行为，如图 11.48 所示。

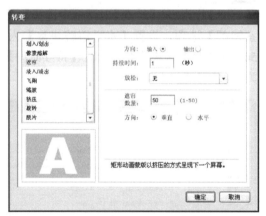

图 11.47 为"树叶指方向"屏幕添加行为

图 11.48 为"导航-前进"按钮添加行为

步骤 39 选择"树叶指方向"屏幕的"导航-后退"按钮，为其添加【转到前一幻灯片】行为，如图 11.49 所示。

步骤 40 选择"树叶指方向"屏幕的"导航-返回"按钮，为其添加【转到幻灯片】行为，在【选择屏幕】对话框中选择"标题"屏幕作为跳转的目标。继续为"太阳指方向"和"北极星指方向"两部分添加行为，如图 11.50 所示。

第 11 章 制作语文课件

图 11.49 为"导航-后退"按钮添加行为

图 11.50 为"导航-返回"按钮添加行为

至此，本课件制作完毕。

本节通过制作一个语文课件"要是你在野外迷了路"，讲解了通过创建 Flash 幻灯片演示文稿制作演示类课件的具体步骤。

Flash 幻灯片演示文稿是 Flash 中一项功能强大的组成部分。它类似 PowerPoint 的实现方式，其明晰的结构、简单直接的制作方法等，使得它更易于上手。

11.2 制作课件——尾巴的功能

本节制作小学语文课件"尾巴的功能"。本课件是一个综合型课件，使用了 Flash 中的各种特效和功能。

11.2.1 教学分析与课件说明

"尾巴的功能"是一篇让小学生了解动物尾巴的功能的课文，课文中以小壁虎借尾巴为线索，介绍了牛、袋鼠、非洲鳄和响尾蛇四种动物的尾巴的功能。

本课件分为四个部分：欢迎部分、动画部分、书写部分和总结部分。欢迎部分是一个静态页面，写有本课的标题。动画部分是四个展现尾巴功能的动画，可以选择播放。书写部分有四个生字的书写过程，可以选择播放。总结部分是三道习题，让小学生回答。

本节课件分为四个部分，欢迎部分内容如图 11.51 所示。

单击"欢迎部分"右下角的箭头按钮，课件就自动跳转到第二部分：动画演示部分，如图 11.52 所示。在这个部分里，有四张图片，单击其中一个，就会播放相应的动画演示。

单击右下角的箭头按钮，课件就自动跳转到第三部分：书写部分，如图 11.53 所示。在这个部分里，有四个生字，单击其中一个，就会播放相应的书写演示。

图 11.51　欢迎部分内容

图 11.52　动画部分内容

图 11.53　书写部分内容

单击右下角的箭头按钮，课件就自动跳转到第四部分：总结部分；如图 11.54 所示。在这个部分里，有三道文字题目让小学生回答。题目中的"写一写"，可以通过鼠标单击显示答案提示。

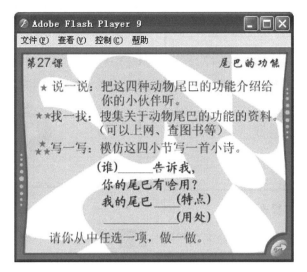

图 11.54　总结部分内容

本节通过制作一个语文课件"尾巴的功能"，详细讲解了 Flash 制作中文字书写演示动画，以及一个完整课件的大概框架等实战技巧。

场景、元件和舞台是 Flash 的三个大层面，怎么能够更好地利用它们制作出更加丰富实用的课件，需要经过更多的思考与实践。希望本节的讲解可以在这方面有所帮助。

11.2.2　课件实战

制作"尾巴的功能"课件的方法如下。

步骤 1　新建一个 Flash 文档(ActionScript 2.0)，将文档属性中的【大小】设置为"400×300 像素"，【背景】设置为"白色"，【帧频】设置为 12fps，如图 11.55 所示。

图 11.55　课件的文档属性

下面首先制作需要用到的元件，课件中用到的元件有三个声音："虫子叫声"、"拍打"和"震动"，三个按钮元件："播放"、"返回"和"下一个"，以及若干在动画中用到的影片剪辑和图形元件。

步骤 2　建立一个按钮元件并命名为"播放"，它的内容如图 11.56 所示。在【指针经过】和【按下】两个关键帧分别改变它们的颜色。

步骤 3　建立一个按钮元件并命名为"返回"，内容如图 11.57 所示。在【指针经过】和【按下】两个关键帧分别改变它们的颜色。

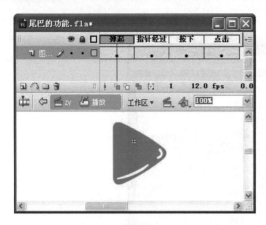

图 11.56 "播放"元件

图 11.57 "返回"元件

步骤 4 建立一个按钮元件并命名为"下一个",如图 11.58 所示。在"指针经过"和"按下"两个关键帧分别改变它们的颜色。

步骤 5 导入三个声音文件,"震动.mp3""虫子叫声.mp3"和"拍打.mp3"(文件路径:分别对应配套光盘\素材\第 11 章\11.2 文件夹下的 sound1.mp3、sound2.mp3 和 sound3.mp3),如图 11.59 所示。

图 11.58 "下一个"元件

图 11.59 声音元件

步骤 6 下面开始制作动画演示部分。建立一个图形元件并命名为"苍蝇",绘制一个简单的苍蝇形象,如图 11.60 所示。

步骤 7 建立一个图形元件并命名为"草"。绘制草丛,如图 11.61 所示。

图 11.60 "苍蝇"元件

图 11.61 "草"元件

步骤 8 建立一个影片剪辑元件并命名为"动画牛",绘制一头没有尾巴的牛站在草地中。将图层命名为"静止",如图 11.62 所示。

步骤 9 建立两个图层,分别命名为"苍蝇"和"引导",在这两个图层中制作一段苍蝇飞到牛身上的引导线动画,并在"苍蝇"图层第 1 帧添加"sound2.mp3"的声音。在"静止"图层第 22 帧处插入帧,如图 11.63 所示。

图 11.62 "静止"图层

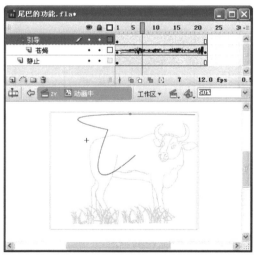

图 11.63 "苍蝇"动画

步骤 10 在"引导"图层插入空白关键帧。在"苍蝇"图层制作苍蝇被打中并掉落的动画,将"引导"和"静止"图层插入帧补齐,如图 11.64 所示。

步骤 11 新建图层并命名为"尾巴",在这个图层制作尾巴甩动的动画。与"苍蝇"图层对应,组成尾巴甩动打下苍蝇的动画,如图 11.65 所示。

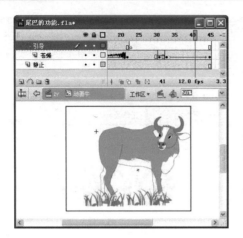

图 11.64 "苍蝇"落地

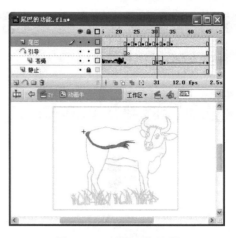

图 11.65 "尾巴"图层

步骤 12 新建图层并命名为"文字",在尾巴甩动位置插入关键帧,添加一个汉字"甩",如图 11.66 所示。

步骤 13 新建图层并命名为"action",在最后一帧插入关键帧,添加"stop();"代码,如图 11.67 所示。

图 11.66 文字

图 11.67 action 图层

步骤 14 此时体现牛尾巴功能的动画就制作完成了,体现袋鼠、非洲鳄和响尾蛇尾巴功能的动画放在"动画袋鼠"、"动画鳄鱼"和"动画蛇"影片剪辑元件中,制作动画的过程在这里不做详细讲解。

步骤 15 新建影片剪辑元件并命名为"动画所有",制作单击图片播放动画的效果。将"动画牛"、"动画袋鼠"、"动画鳄鱼"和"动画蛇"元件放入舞台,如图 11.68 所示。

步骤 16 选中"动画牛"元件,添加如下代码,如图 11.69 所示。

```
onClipEvent (load) {
    this.stop();
}//在"动画牛"进入帧的时候不自动播放
on (release) {
    _parent.gotoAndStop("niu");
}//单击时"动画所有"元件跳转到"niu"帧
```

第 11 章 制作语文课件

图 11.68 "动画所有"元件

图 11.69 "动画牛"元件上的代码

步骤 17 在"动画袋鼠"、"动画鳄鱼"和"动画蛇"中添加类似代码。只是第 5 行有区别,"动画袋鼠"为"_parent.gotoAndStop("daishu");","动画鳄鱼"为"_parent.gotoAndStop("ey");","动画蛇"为"_parent.gotoAndStop("she");"。

步骤 18 在第 1 帧添加"stop();"代码,插入 4 个空白关键帧,在属性面板中将现有的 5 个关键帧的帧标签分别设置为"ks"、"niu"、"daishu"、"ey"和"she",如图 11.70 所示。

步骤 19 在帧标签为"niu"的帧放入影片剪辑"动画牛","daishu"帧放入"动画袋鼠","ey"帧放入"动画鳄鱼","she"帧放入"动画蛇",如图 11.71 所示。将这 4 帧上的 4 个元件的实例名称都设置为"dh"。

图 11.70 设置帧标签

图 11.71 在关键帧放入元件

步骤 20 新建图层,在第 2 帧插入关键帧,将"播放"和"返回"按钮放入第 2 帧的适当位置,如图 11.72 所示。

步骤 21 在"播放"按钮上添加代码:on (release) {dh.play();}。在"返回"按钮上添加代码:on (release) {gotoAndStop ("ks");},如图 11.73 所示。

337

图 11.72　添加按钮

图 11.73　为按钮添加代码

步骤 22　下面来制作"书写部分",新建图形元件,命名为"红色笔迹",在其中绘制一个红色矩形,如图 11.74 所示。

步骤 23　创建影片剪辑元件,命名为"无"。将图层名称设置为"田字格",如图 11.75 所示。

图 11.74　"红色笔迹"元件

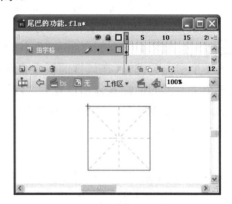

图 11.75　"田字格"图层

步骤 24　新建图层并命名为"笔画",在"笔画"图层添加"无"字,并将其打散(按 Ctrl+B 快捷键),如图 11.76 所示。

步骤 25　将工具箱中的线条颜色设置为灰色,使用墨水瓶工具,给"无"字绘制一个轮廓,如图 11.77 所示。

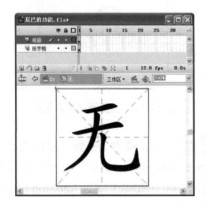

图 11.76　"无"字

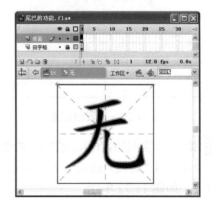

图 11.77　为"无"字描边

步骤 26 新建图层并命名为"轮廓",将"无"字的轮廓剪切到该图层,如图 11.78 所示。

步骤 27 在"笔画"图层第 2 帧至第 8 帧插入关键帧,将"无"字切割并设置为红色,分别放入第 3 帧至第 8 帧,每个帧的内容如图 11.79 所示。注意第 2 帧内无内容。

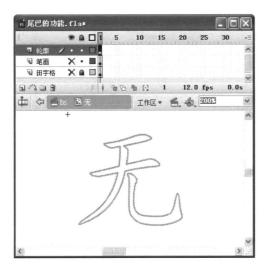

图 11.78 "轮廓"图层

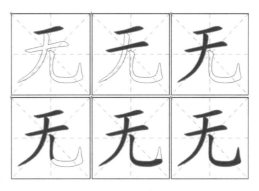

图 11.79 "笔画"图层各帧内容

步骤 28 新建图层并命名为"遮罩",在第 2 帧至第 7 帧插入关键帧,将无字切割成 6 个部分,分别放入这 6 个关键帧中,每个关键帧的内容如图 11.80 所示。

步骤 29 在"田字格"、"遮罩"和"轮廓"的第 8 帧分别插入帧,在"遮罩"图层下和"笔画"图层上创建新图层并命名为"填充",在"填充"图层第 2 帧插入关键帧,如图 11.81 所示。

图 11.80 "遮罩"图层各帧内容

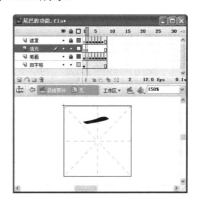

图 11.81 "填充"图层

步骤 30 在所有图层的第 2 帧和第 3 帧之间插入 10 帧,如图 11.82 所示。

步骤 31 在"填充"图层第 2 帧,将"红色填充"元件拖入舞台适当位置,如图 11.83 所示。

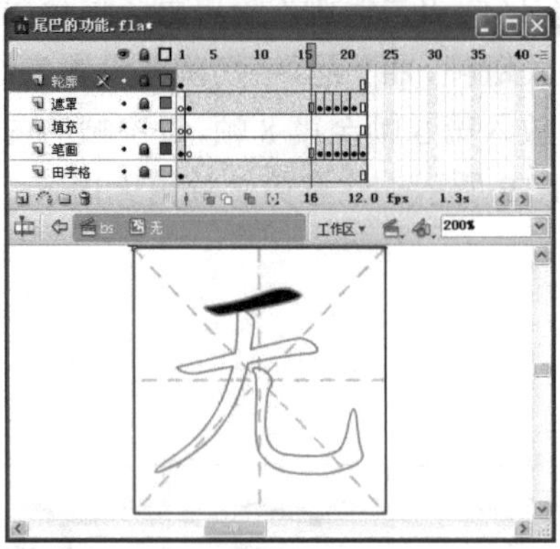

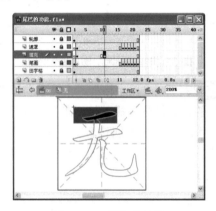

图 11.82 插入帧

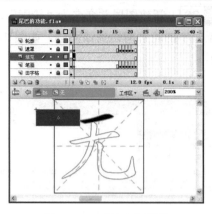

图 11.83 "填充"图层

步骤 32 在"填充"图层第 11 帧插入关键帧,将"红色填充"元件调整到适当位置,如图 11.84 所示。

步骤 33 为"填充"图层的第 2 帧至第 11 帧创建【动作补间】动画,并将遮罩图层设置为遮罩层,如图 11.85 所示。

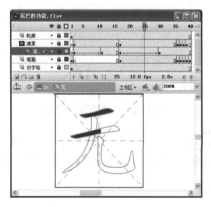

图 11.84 插入关键帧

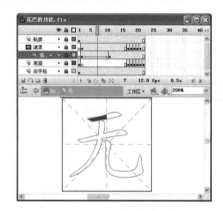

图 11.85 创建动画

步骤 34 使用同样的方法,为"无"字的第二笔制作动画如图 11.86 所示。

步骤 35 下面是"无"字的第三笔的动画,如图 11.87 所示。

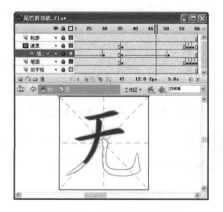

图 11.86 "无"字第二笔

图 11.87 "无"字第三笔

第 11 章 制作语文课件

步骤 36　第 57~77 帧是"无"字的第四笔，如图 11.88 所示。

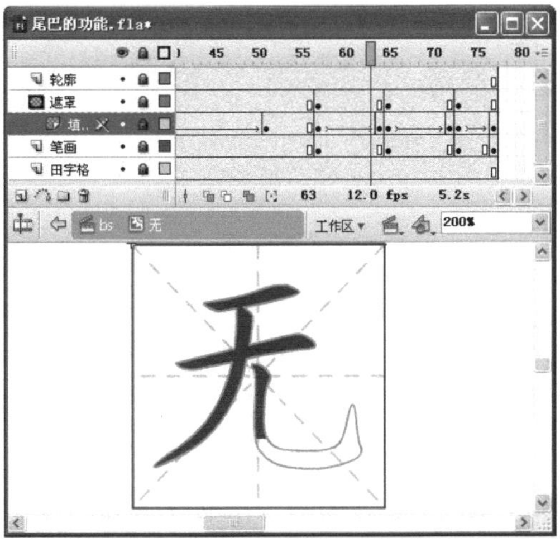

步骤 37　新建图层并命名为"action"，在 action 图层的第一和最后一帧添加代码"stop();"，如图 11.89 所示。

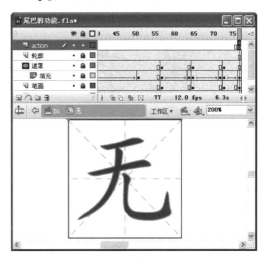

图 11.88　"无"字第四笔

图 11.89　action 图层

步骤 38　此时"无"字的书写过程就制作完成了，"尾"、"有"和"响"元件内的动画制作过程与"无"元件类似，在这里不做详细讲解。

步骤 39　创建影片剪辑元件并命名为"笔画"，将"尾"、"有"、"无"和"响"元件放到舞台的适当位置，在第 1 帧上添加代码"stop();"，如图 11.90 所示。

步骤 40　在元件"尾"上添加代码：

"on (release) {_parent.gotoAndStop(2);}"，

在元件"有"上添加代码：

"on (release) {_parent.gotoAndStop(3);}"，

在元件"无"上添加代码：

"on (release) {_parent.gotoAndStop(4);}"，

在元件"响"上添加代码：

"on (release) {_parent.gotoAndStop(5);}"，

如图 11.91 所示。

图 11.90 "笔画"元件

图 11.91 添加代码

步骤 41 在第 2 帧至第 5 帧插入空白关键帧,将"尾"、"有"、"无"和"响"元件分别放入这 4 个关键帧,并将它们的实例名称命名为"bh",如图 11.92 所示。

步骤 42 新建图层,在第 2 帧插入关键帧,将"播放"和"返回"按钮放入第 2 帧的适当位置,如图 11.93 所示。

图 11.92 插入关键帧

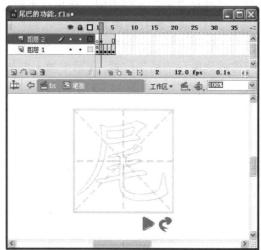

图 11.93 新建图层

步骤 43 在"播放"按钮上添加代码:on (release) {dh.play();}。在"返回"按钮上添加代码:on (release) {gotoAndStop(1);},如图 11.94 所示。

步骤 44 下面制作总结部分,创建影片剪辑元件并命名为"拓展",在第 1 帧添加代码"stop();",添加如图 11.95 所示文字。

图 11.94　添加代码

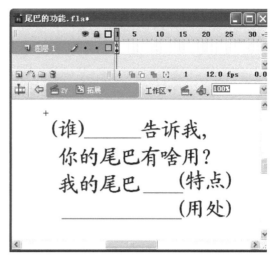

图 11.95　"拓展"元件

步骤 45　在第 2 帧插入空白关键帧,添加代码"stop();",并添加如图 11.96 所示文字。

步骤 46　新建图层,绘制无边框矩形,将文字全部覆盖,如图 11.97 所示,将矩形的填充颜色设置为透明。

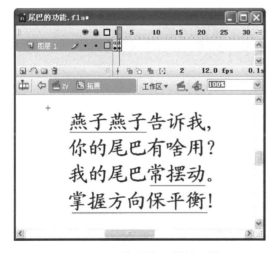

图 11.96　"拓展"元件第 2 帧

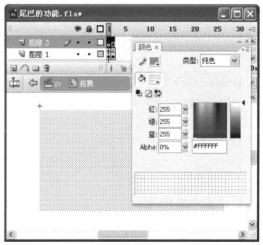

图 11.97　新建图层

至此课件需要的元件就制作完成了,下面将元件放到舞台上,布置场景,完成课件的制作。

步骤 47　根据课件内容创建 4 个场景,分别命名为"欢迎部分"、"动画部分"、"书写部分"和"总结部分",如图 11.98 所示。

步骤 48　选择场景"欢迎部分",将图层名称命名为"背景",绘制背景,将按钮元件"下一个"放到舞台的适当位置,在它上面添加代码:"on (release) {play();}",如图 11.99 所示。在其他三个场景添加同样的内容和图层。

图 11.98 场景分配

图 11.99 "背景"图层

步骤 49 新建图层并命名为"文字",添加如图 11.100 所示的文字。

步骤 50 新建图层并命名为"action",添加如下代码,如图 11.101 所示。

```
fscommand("fullscreen", true);
//播放时全屏
stop();。
```

图 11.100 "文字"图层

图 11.101 action 图层代码

步骤 51 选择场景"动画部分",新建图层并命名为"文字",添加如图 11.102 所示内容。并在场景"笔画部分"和"总结部分"添加同样图层和文字。

步骤 52 在文字图层和背景图层之间新建图层并命名为"动画",将"动画所有"元件放入舞台的适当位置,如图 11.103 所示。

图 11.102 "文字"图层

图 11.103 "动画"图层

步骤 53 选择场景"书写部分",在图层"文字"和"背景"之间新建图层,命名为"笔画",将"笔画"元件放入舞台的适当位置,如图 11.104 所示。

步骤 54 选择场景"总结部分",在图层"文字"和"背景"之间新建图层,命名为"内容",将"拓展"元件放入舞台的适当位置,并添加文字,如图 11.105 所示。

图 11.104 "笔画"图层

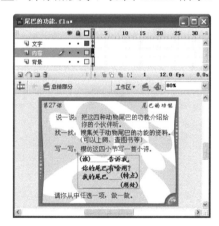

图 11.105 "内容"图层

步骤 55 在"拓展"元件上添加代码,如图 11.106 所示。可以让"拓展"元件在其两个关键帧之间切换。

图 11.106 添加代码

第 12 章

制作数学课件

学习数学需要有很强的抽象思维能力，而且不易使用真实事物做演示。所以交互演示型课件在数学教学中的作用很大。本章通过两个数学课件的制作过程，介绍用 Flash 制作交互演示型数学课件的方法。

本章分为两节，第一节是"点到直线的距离"的交互演示课件，课件在 Flash 代码中使用了勾股定理，做出能够即时显示两点间距离的效果。第二节是"四边形内角和"的交互演示课件，课件在 Flash 代码中使用了余弦定理，做出能够即时显示角度值的效果。

本章所介绍的在代码中根据数学原理制作交互型课件的方法可以拓展到数学的很多问题上，从而制作出更多、更实用的交互演示型数学课件。

本章内容主要包括

- 在代码中使用勾股定理
- 在代码中使用余弦定理

12.1 制作课件——点到直线距离

本节将制作一个交互演示型数学课件"点到直线距离",作用是用最直观的方式验证点到直线的距离垂线最短。其中涉及如何在代码中使用勾股定理。

12.1.1 教学分析与课件说明

点到直线的距离垂线段最短,如何能够直观地把它展现给学生?本节的这个交互演示型课件就可以,课件中 A 点可以用鼠标拖动,始终沿着直线 OA 移动,课件的左上角用文字显示出 PO 的距离和 PA 的距离,从而直观地展现出点到直线的距离垂线段最短,如图 12.1 所示。

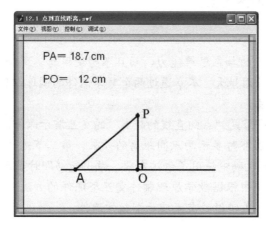

图 12.1　课件运行画面

12.1.2 解析重点知识

本课件的代码中应用了勾股定理的公式,在一个直角三角形中,斜边边长的平方等于两条直角边边长平方之和。如果直角三角形两直角边分别为 a、b,斜边为 c,那么 a 的平方加 b 的平方等于 c 的平方,即 $a^2+b^2=c^2$。

在代码中,使用勾股定理来计算两点之间的距离。如果一个点的名称叫做 diana,一个点的名称叫做 dianp,计算它们之间的距离,代码如下,如图 12.2 所示。

```
biana = diana._x-dianp._x;
//计算一个直角边
bianb = diana._y-dianp._y;
//计算另一个直角边
bianc = Math.sqrt(biana*biana+bianb*bianb);
//计算斜边长度,其中 Math.sqrt 为求平方根函数
```

第 12 章　制作数学课件

图 12.2　勾股定理的应用

12.1.3　课件实战

课件的具体操作方法是用鼠标拖动点 A，在左侧关于距离的提示文字就会即时发生变化，通过提示文字展现出点到直线的距离垂线段最短。制作"点到直线距离"课件的方法如下。

步骤 1　新建一个 Flash 文档(ActionScript 2.0)，将文档属性中的【大小】设置为"550×400 像素"，【背景】设置为"白色"，【帧频】设置为 30fps，如图 12.3 所示。

图 12.3　课件的文档属性

首先制作需要用到的元件，本课件中只用到三个元件，是 A 点、O 点和 P 点。

步骤 2　建立一个影片剪辑元件并命名为"A 点"，在元件的注册点位置绘制一个黑色圆形，在圆形的左上角添加字母 A，如图 12.4 所示。

步骤 3　在"图层 1"下新建图层，绘制一个圆形区域，将这个区域设置为透明，如图 12.5 所示。

图 12.4　图层 1 内容

图 12.5　圆形区域

349

提示

绘制这个透明的圆形区域的作用是，让"点 A"更容易被鼠标单击，只要鼠标能够单击到这个圆形区域，就相当于点到了"点 A"。

步骤 4 建立影片剪辑元件并命名为"O 点"，如图 12.6 所示。

步骤 5 建立影片剪辑元件并命名为"P 点"，如图 12.7 所示。

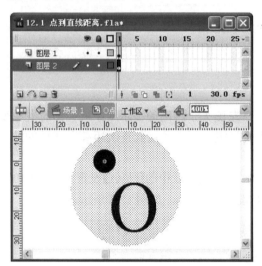

图 12.6 "O 点"内容

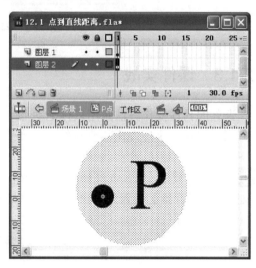

图 12.7 "P 点"内容

至此课件需要的元件就制作完成了，下面将元件放到舞台上，布置场景。并对元件实例进行命名。

步骤 6 将"图层 1"重命名为"背景"，在舞台上绘制一个简单的背景，如图 12.8 所示。

步骤 7 新建图层并命名为"文字"，将所需要的文字写入舞台中，如图 12.9 所示。

图 12.8 背景图层内容

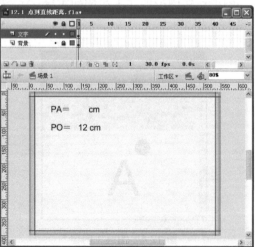

图 12.9 "文字"图层

步骤 8 新建图层并命名为"交互",插入动态文本,将"A 点"、"O 点"和"P 点"拖入舞台中,位置如图 12.10 所示。

步骤 9 将左侧的动态文本变量命名为"pa",如图 12.11 所示。

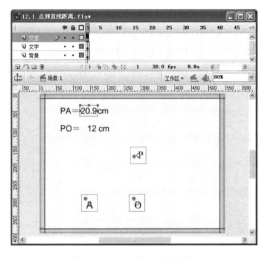

图 12.10 "交互"图层

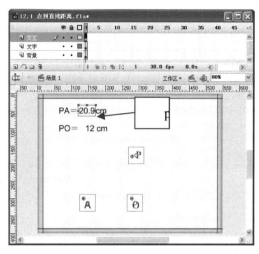

图 12.11 实例命名

步骤 10 将"A 点"实例命名为"diana","B 点"实例命名为"dianb","C 点"实例命名为"dianc","D 点"实例命名为"diand",如图 12.12 所示。

步骤 11 新建图层并命名为"线条",绘制线条,如图 12.13 所示。

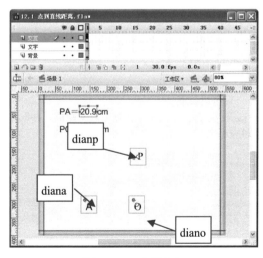

图 12.12 实例命名

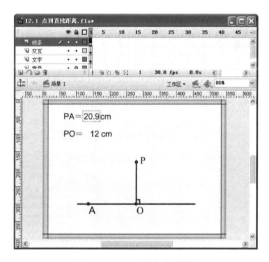

图 12.13 "线条"图层

在添加代码之前,先来了解程序的总体结构。从功能角度分,这个课件可以分为拖动 A 点部分、画线部分和计算距离部分。

步骤 12 在 diana 上添加如下代码，完成"拖动 A 点"部分，这时【动作】面板中的代码如图 12.14 所示。

```
on (press) {
    startDrag("", false, 30, 300, 500, 300);
    //拖动范围：左到 30，上下固定 300，右到 500
}
on (release) {
    stopDrag();
}
```

步骤 13 在 action 图层的第 1 帧添加如下代码，完成"画线"部分，这时【动作】面板中的代码如图 12.15 所示。

```
onEnterFrame = function () {
    this.createEmptyMovieClip("xiantiao",0);
    xiantiao.lineStyle(3,0x000000,100);
    xiantiao.moveTo(dianp._x,dianp._y);
    xiantiao.lineTo(diana._x,diana._y);
    xiantiao.lineTo(diano._x,diano._y);
};//绘制线条
```

图 12.14 "A 点"上的代码　　　　图 12.15 第 1～7 行代码

步骤 14 在 action 图层的第 1 帧继续添加代码。完成"计算距离"部分，代码添加在第 7 行大括号左侧，如图 12.16 所示。本步骤添加的代码如下：

```
pax = dianp._x-diana._x;//计算直角边长度
pay = dianp._y-diana._y; //计算另一直角边长度
pajl = Math.floor(Math.sqrt(pax*pax+pay*pay));//计算两点间距离，并取整
pa = pajl/10;//缩小数值，与 P0 的值对应起来
```

图 12.16 第 7～10 行代码

在本节使用代码实现勾股定理,从而方便计算两点之间的距离,交互演示型课件的作用就是能够将结果直观地展现给观众,所以在制作过程中,一定要注意它的可操作性。

12.2 制作课件——四边形内角和

本节将制作一个交互演示型数学课件"四边形内角和",作用是验证四边形内角和为360°,其中涉及到如何在代码中使用余弦定理。

12.2.1 教学分析与课件说明

四边形内角和定理,是四边形的四个内角相加等于360°。这个定理有很多证明方法。制作本课件的目的是在移动四边形的某个顶点的同时,即时计算出四个内角的角度及它们的角度之和,课件效果如图12.17所示。四边形的四个顶点A、B、C和D可以任意移动,形成新的四边形,在左侧的动态文本中随时显示∠A、∠B、∠C的∠D的值以及它们的和。

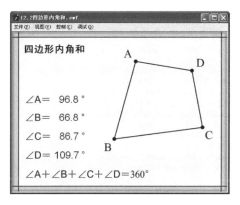

图12.17 课件运行效果

12.2.2 解析重点知识

本节课件在代码中使用了余弦定理,余弦定理是揭示三角形边角关系的重要定理,直接运用它可解决一类已知三角形两边及夹角求第三边或者是已知三个边求角的问题。

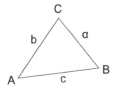

余弦定理:$cosA=(b^2+c^2-a^2)/(2bc)$。

此时计算角A的值的算式为∠A=acos(($b^2+c^2-a^2$)/(2bc)),用jiaoa代表∠A,代码为jiaoa=Math.acos((b*b+c*c-a*a)/(2*b*c)),此时得到的角度为弧度值,转化为角度则需要

jiaoa/Math.PI*180。

如果点 A 的实例名称为 diana，点 B 的实例名称为 dianb，点 C 的实例名称为 dianc，那么要计算∠A 的值，则代码如下，如图 12.18 所示。

```
lin1 = dianc._x-dianb._x;
lin2 = dianc._y-dianb._y;
biana2 = lin1*lin1+lin2*lin2;//得到 a 的平方值
biana = Math.sqrt(biana2);//得到 a 值
lin1 = diana._x-dianc._x;
lin2 = diana._y-dianc._y;
bianb2 = lin1*lin1+lin2*lin2;//得到 b 的平方值
bianb = Math.sqrt(bianb2);//得到 b 值
lin1 = diana._x-dianb._x;
lin2 = diana._y-dianb._y;
bianc2 = lin1*lin1+lin2*lin2;//得到 c 的平方值
bianc = Math.sqrt(bianc2);//得到 c 值
lin1 = Math.acos((bianb2+bianc2-biana2)/2*bianb*bianc);//得到角 A 的弧度值
jiaoa = lin1/Math.PI*180;//得到∠A 的值，为 jiaoa
```

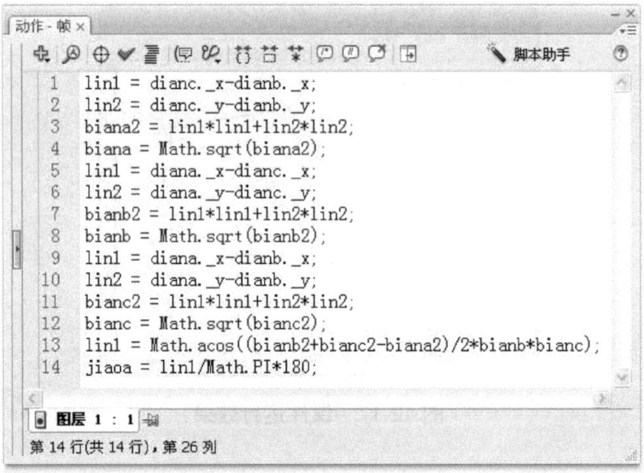

图 12.18　计算∠A 的值

12.2.3　课件实战

课件的具体操作方法是用鼠标拖动四边形的端点，在左侧关于角度的提示文字就会即时发生变化，但四个角的和永远是 360°。制作"四边形内角和"课件的方法如下。

步骤 1　新建一个 Flash 文档(ActionScript 2.0)，将文档属性中的【大小】设置为"550×400 像素"，【背景】设置为"白色"，【帧频】设置为 30fps，如图 12.19 所示。

第 12 章 制作数学课件

图 12.19　课件的文档属性

下面首先制作需要用到的元件，本课件中只用到四个元件，即 A 点、B 点、C 点和 D 点。

步骤 2　建立一个影片剪辑元件，命名为"A 点"，在元件的注册点位置绘制一个黑色圆形，在圆形的左上角添加字母 A，如图 12.20 所示。

步骤 3　在"图层 1"下新建图层，绘制一个圆形区域，将这个区域设置为透明，如图 12.21 所示。

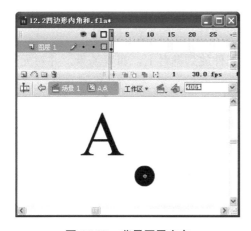

图 12.20　背景图层内容

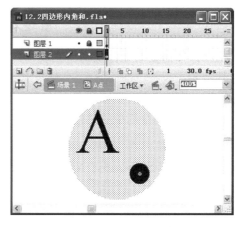

图 12.21　圆形区域

步骤 4　建立影片剪辑元件并命名为"B 点"，如图 12.22 所示。

步骤 5　建立影片剪辑元件并命名为"C 点"，如图 12.23 所示。

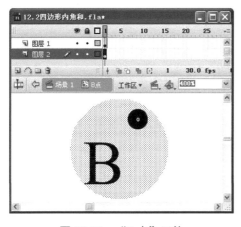

图 12.22　"B 点"元件

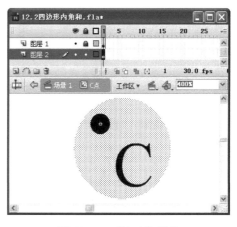

图 12.23　"C 点"元件

步骤 6 建立影片剪辑元件并命名为"D 点",如图 12.24 所示。

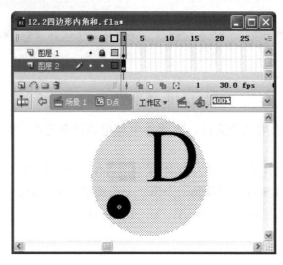

图 12.24 "D 点"元件

至此课件需要的元件就制作完成了,下面将元件放到舞台上,布置场景,并对元件实例进行命名。

步骤 7 将"图层 1"重命名为"背景",在舞台上绘制一个简单的背景,如图 12.25 所示。

步骤 8 新建图层并命名为"文字",将所需要的文字写入舞台中,如图 12.26 所示。

图 12.25 背景图层内容

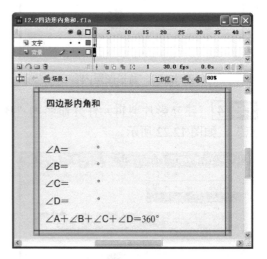

图 12.26 "文字"图层

步骤 9 新建图层并命名为"交互",插入四个动态文本,将"A 点"、"B 点"、"C 点"和"D 点"拖入舞台中,位置如图 12.27 所示。

步骤 10 将左侧的四个动态文本变量名称,从上至下命名为"jiaoa"、"jiaob"、"jiaoc"和"jiaod",如图 12.28 所示。

图 12.27　"交互"图层　　　　图 12.28　实例命名

步骤 11　将"A 点"实例命名为"diana"，"B 点"实例命名为"dianb"，"C 点"实例命名为"dianc"，"D 点"实例命名为"diand"，如图 12.29 所示。

步骤 12　新建图层并命名为"action"，用来添加代码，如图 12.30 所示。

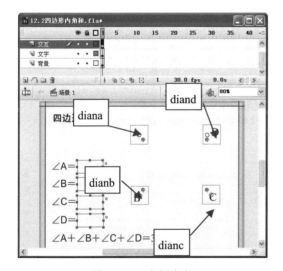
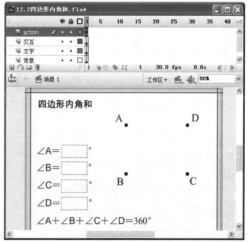

图 12.29　实例命名　　　　图 12.30　建立 action 图层

在添加代码之前，先来了解程序的总体结构。从功能角度分，这个课件可以分为求边长部分、求角度部分、显示角度值部分和画线部分。

- "求边长"部分：作用是已知两个点的坐标，计算两点间的距离。通过一个自定义函数来实现，函数名为"bian2"，需要的参数是两个点的名称，返回值是两点之间距离的平方。

提示

函数 bian2 返回两点间距离的平方(即边长的平方)的原因是，计算边长平方比较简单。而余弦定理中既用到了边的平方，也用到了边长，如果直接返回边长值，则需要在函数内部进行一次开方计算。再使用边的平方时，还要再次进行乘方计算，这样就造成了冗余计算。

- "求角度"部分：这个部分有两个功能，一是通过余弦定理计算出角度值，二是将角度值保留一位小数。这是通过一个自定义函数实现的，函数名为 yuxiandl，需要的参数是三个点的名称，第一个点为角的顶点，返回角度值。
- "显示角度值"部分：这个部分的作用是让动态文本显示角度值。
- "画线"部分：让四个线条始终组成四边形。

步骤 13 在 action 图层的第 1 帧添加代码，创建 bian2( )函数，代码如下，这时【动作】面板中的代码如图 12.31 所示。

```
function bian2(dianm, diann) {
    lin1 = _root[dianm]._x-_root[diann]._x;
    lin2 = _root[dianm]._y-_root[diann]._y;
    bian = lin1*lin1+lin2*lin2;
//使用勾股定理计算边长的平方
    return (bian);
}
```

步骤 14 在 action 图层的第 1 帧继续添加代码，创建 yuxiandl( )函数，代码如下，这时【动作】面板中的代码如图 12.32 所示。

```
function yuxiandl(diano, dianm, diann) {
    biana2 = _root.bian2(dianm, diann);
    bianb2 = _root.bian2(diano, diann);
    bianb = Math.sqrt(bianb2);
//Math.aqrt 作用是计算后面的参数平方根
    bianc2 = _root.bian2(dianm, diano);
    bianc = Math.sqrt(bianc2);
//计算余弦定理中的边长及其平方值
jiao = Math.acos((bianb2+bianc2-biana2)/(2*bianb*bianc))/Math.PI*180;
//使用余弦定理计算角度值
    jiao1 = jiao-(jiao*10%1)/10;
//为角度值保留一位小数
    return (jiao1);
}
```

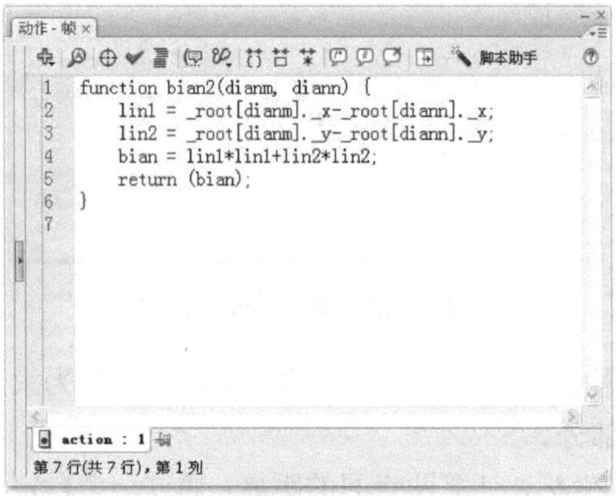

图 12.31　第 1～6 行代码 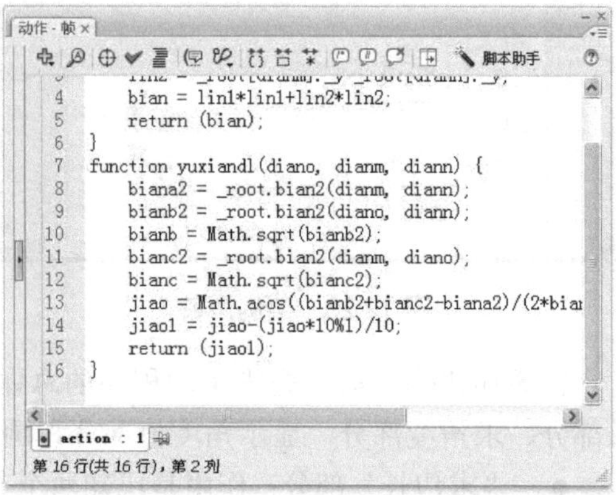　　　　　图 12.32　第 7～16 行代码

第 12 章　制作数学课件

步骤 15　在 action 图层的第 1 帧继续添加代码，代码如下，这时【动作】面板中的代码如图 12.33 所示。

```
_root.onEnterFrame = function() {
jiaoa = yuxiandl("diana", "dianb",
        "diand");
jiaob = yuxiandl("dianb", "diana",
        "dianc");
jiaoc = yuxiandl("dianc", "dianb",
        "diand");
jiaod = yuxiandl("diand", "diana",
        "dianc");
}
//调用自定义函数让动态文本显示角度值
```

步骤 16　在 action 图层的第 1 帧继续添加代码。添加在第 22 行大括号的左侧，代码如下，这时【动作】面板中的代码如图 12.34 所示。

```
if (dangqian == 1) {
    jiaoa = 360-jiaob-jiaoc-jiaod;
}
if (dangqian == 2) {
    jiaob = 360-jiaoa-jiaoc-jiaod;
}
if (dangqian == 3) {
    jiaoc = 360-jiaob-jiaoa-jiaod;
}
if (dangqian == 4) {
    jiaod = 360-jiaob-jiaoc-jiaoa;
}
```

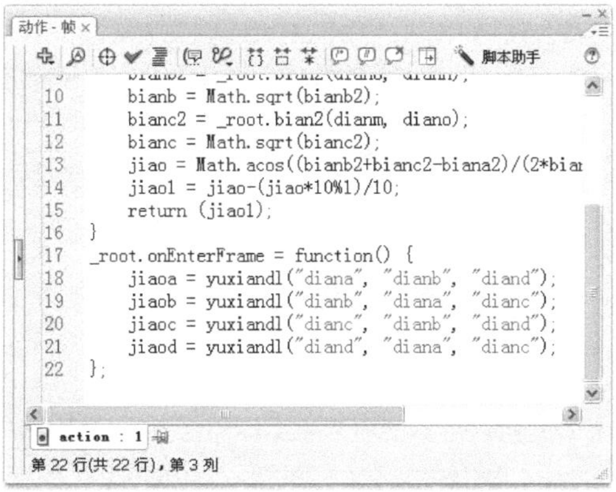

图 12.33　第 17～22 行代码

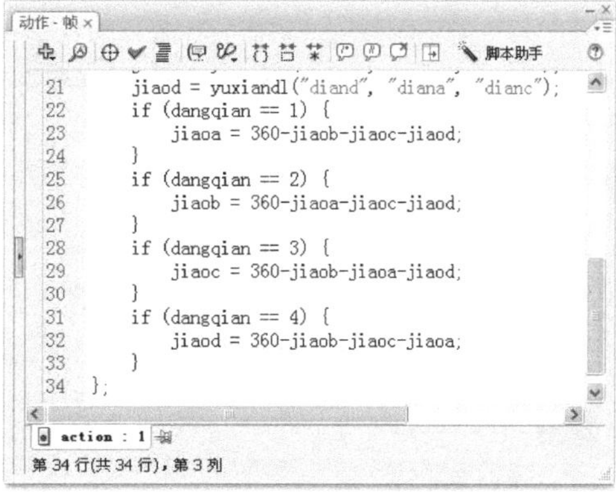

图 12.34　第 22～33 行代码

> **提示**
> 第 22～33 行代码的作用是控制舞台中动态文本显示的值，由于在计算角度时，会到将数值保留一位小数，所以计算出来的四个角度之和就会有可能不为 360，所以有这样的计算。

步骤 17　在 action 图层的第 1 帧继续添加代码。添加在第 34 行括号的左侧代码如下，这时【动作】面板中的代码如图 12.35 所示。

```
this.createEmptyMovieClip("xiantiao",0);
xiantiao.lineStyle(2,0x000000,100);
xiantiao.moveTo(diana._x,diana._y);
xiantiao.lineTo(dianb._x,dianb._y);
xiantiao.lineTo(dianc._x,dianc._y);
xiantiao.lineTo(diand._x,diand._y);
xiantiao.lineTo(diana._x,diana._y);
```

```
//绘制四边形
};
//原34行处大括号
dangqian = 1;
```

步骤 18　在"A 点"上添加代码如下,这时【动作】面板中的代码如图 12.36 所示。"B 点"、"C 点"和"D 点"上的代码与"A 点"相似,唯一不同的是,"B 点"上的代码第二行为"_root.dangqian=2","C 点"上的代码第二行为"_root.dangqian=3","D 点"上的代码第二行为"_root.dangqian=4"。

```
on (press) {
    _root.dangqian = 1;
//确定此时在控制 A 点
    startDrag("");
//跟随鼠标
}
on (release) {
    stopDrag();
}
```

图 12.35　第 34~42 行代码　　　　　图 12.36　第 1~7 行代码

本节用代码实现了余弦定理,从而方便计算角度值,计算机中的好多计算方法都来自于数学,积累更多的数学知识对于深入学习计算机语言很有帮助。

第 13 章

制作物理课件

  本章将制作两个物理课件，第一节制作一个关于弹簧振子的课件，通过绘制弹簧振子的简谐振动时间位移图像，深入揭示弹簧振子运动与简谐振动时间位移的关系。在制作过程中重点是用_yscale 实现弹簧自动伸缩，用 setInterval 函数实现小球间隔出现组成简谐振动时间位移图像。第二节制作一个关于凸透镜成像规律的课件，通过移动蜡烛观察蜡烛所成的像，总结出凸透镜成像规律。在制作过程中重点是用 beginFill()和 endFill()动态填充封闭区域。

  制作物理课件时应该留意相关的公式，利用这些公式可以解决制作课件时的很多问题，本章将介绍利用物理公式计算课件中重要数据的方法。

本章内容主要包括

- yscale 实现垂直缩放
- setInterval 函数
- clearInterval 函数
- beginFill()开始动态填充
- endFill()结束填充

13.1 制作课件——简谐振动时间位移图像

中学物理教学中有许多关于正弦曲线、余弦曲线和抛物线等曲线的知识。在教学过程中通过 Flash 课件可以动态、直观地将这些曲线图像表现出来,并且能通过改变参数而使曲线形状或位置发生变化,这有助于学生理解和掌握知识。

13.1.1 教学分析和课件说明

本课件是物理课程中利用弹簧振子研究简谐振动的模拟课件。逼真再现简谐振动时间位移图像和弹簧振子运动现象,深入揭示弹簧振子运动与简谐振动时间位移的关系。教师利用这个课件,可以帮助学生创建更生动、直观的学习情景,取得良好的教学效果。

这个课件可以通过改变参数而使弹簧振子运动现象和简谐振动时间位移图像的形状发生变化,如图 13.1 所示,在上面的两个输入文本框中输入数值就可以改变简谐振动位移的物理公式的参数。课件的右下角有一组控制按钮,分别可以控制课件的播放、暂停、重置状态等操作。

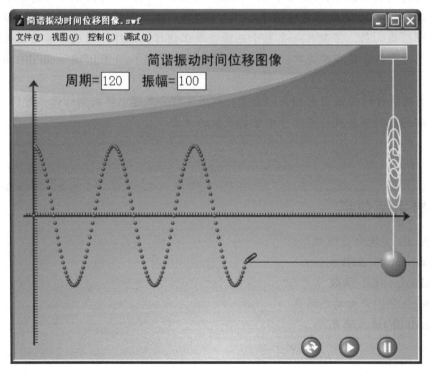

图 13.1 课件运行界面

13.1.2 解析重点知识

在本节课件的制作过程中，将用到的主要知识点有 Math.PI 属性、_yscale 属性、setInterval 函数和 clearInterval 函数。下面针对各功能代码，进行详细讲解。

- Math.PI 属性

  PI 代表一个圆的周长与其直径的比值的数学常数，其近似值为 3.141592653589793。

- _yscale

  _yscale 属性表示影片剪辑对象的垂直高度的缩放比例，它以影片剪辑注册点开始应用，以百分比表示。比如，一个影片剪辑的实例名称为"fangsuo"。

  ```
  fangsuo ._yscale *= 0.5;   //这表示把实例"fangsuo"在y轴上缩小50%
  fangsuo ._yscale *= 1.5;   //这表示把实例"fangsuo"在y轴上增大150%
  fangsuo ._yscale *=-0.5;   //这表示把实例"fangsuo"在y轴上向上翻转并缩小50%
  fangsuo ._yscale *=-1.5;   //这表示把实例"fangsuo"在y轴上向上翻转并增大150%
  ```

- setInterval 函数
  - 作用：在播放 SWF 文件时，每隔一定时间就调用函数或对象的方法。可以在一段时间内使用 setInterval() 重复执行任何函数。
  - 使用方法： 例如 jiange = setInterval(jiasu, 10); 。其中，jiange：间隔标识符，利用间隔标识符可以停止 setInterval()函数；jiasu：被调用函数的函数名。
- clearInterval 函数
- 作用：停止 setInterval() 调用。
- 使用方法：clearInterval(intervalID)。intervalID 为函数 setInterval()的间隔标识符。

下面通过一个随机出现星星的例子学习一下知识点的使用。

步骤1 新建一个 Flash 文档，背景色设置为深蓝色，大小设置为 550×400 像素，帧频设置为 12fps，文件名命名为"星星"，如图 13.2 所示。

图 13.2 文档的属性

步骤2 创建一个元件并命名为"星星"，在场景中制作一个星星闪烁的动画，如图 13.3 所示。

步骤3 把库中的"星星"元件拖曳到场景中，将实例命名为"xx"。同时在公共按钮库中选中两个按钮也放到场景中，如图 13.4 所示。

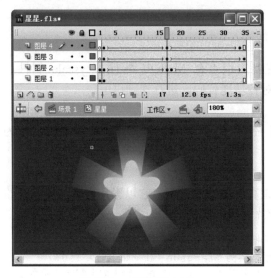

图 13.3 “星星”元件

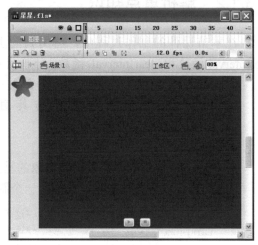

步骤 4 选中第 1 帧添加如下代码。

```
a = 0;
//用来设置复制星星的深度
function fuzhixingxing() {
    duplicateMovieClip("_root.xx",
    "xx"+a, a);
    _root["xx"+a]._y = random(320);
    _root["xx"+a]._x = random(470);
    //使复制出来的星星随即出现在屏幕上
    a += 1;
    if (a == 10) {
        a = 0;
    }
}
```

定义一个函数复制星星，并使星星随机出现在屏幕上，同时屏幕上最多出现 10 个星星，如图 13.5 所示。

```
a = 0;
function fuzhixingxing() {
    duplicateMovieClip("_root.xx", "xx"+a, a);
    _root["xx"+a]._y = random(320);
    _root["xx"+a]._x = random(470);
    a += 1;
    if (a == 10) {
        a = 0;
    }
}
```

图 13.5 主场景上的代码

图 13.4 场景布置

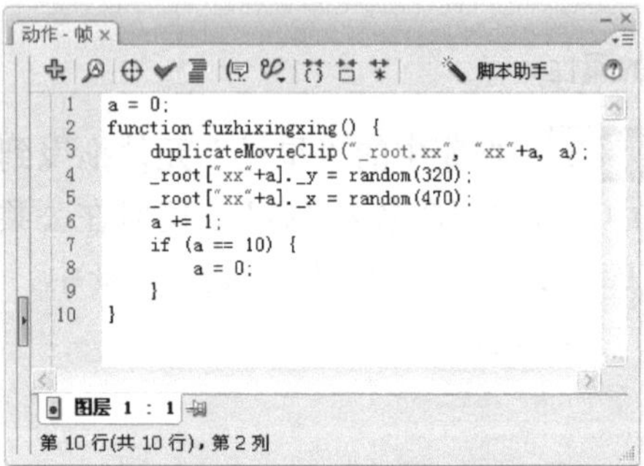

步骤 5 选中开始按钮添加如下代码。

```
on (press) {
jiange =
setInterval(fuzhixingxing,
1000);
}
```

按下开始键时，每隔 1000 毫秒调用一次 fuzhixingxing 函数，开始复制星星，如图 13.6 所示。

```
on (press) {
    jiange = setInterval(fuzhixingxing, 1000);
}
```

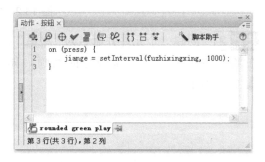

图 13.6 开始按钮上的代码

步骤 6 选中停止按钮添加如下代码。

```
on (release) {
    clearInterval(jiange);
}
```

单击停止按钮时，停止复制星星，如图 13.7 所示。

步骤 7 测试影片，单击"开始"按钮开始出现星星，单击"停止"按钮停止出现新的星星，如图 13.8 所示。

图 13.7　停止按钮上的代码

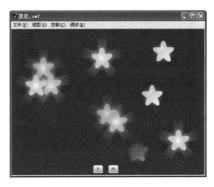

图 13.8　影片测试

13.1.3　课件实战

本课件需要重点掌握的内容有：Math.PI 属性、_yscale 属性、setInterval 函数和 clearInterval 函数。

制作"弹簧振子"的方法如下：首先新建一个 Flash 文档，制作课件的界面和所需要用到的元件，然后布置场景。

步骤 1 新建一个 Flash 文档，背景色设置为白色，大小设置为 600×450 像素，帧频默认。新建一个名为"坐标轴"的影片剪辑元件。在元件的编辑场景中制作一个坐标轴，如图 13.9 所示。

步骤 2 制作"振子"元件。新建一个名为"振子"的影片剪辑元件，在元件的编辑场景中制作一个小球，如图 13.10 所示。

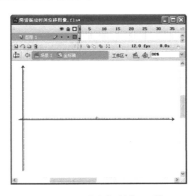

图 13.9　"坐标轴"元件

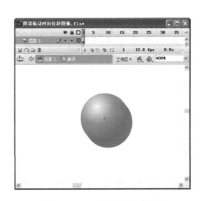

图 13.10　"振子"元件

步骤 3 制作"小球"元件。新建一个名为"小球"的影片剪辑元件,在元件的编辑场景中同样制作一个小球,用于组成简谐运动时间位移图像的点,如图 13.11 所示。

步骤 4 制作"弹簧挂座"元件。新建一个名为"弹簧挂座"的影片剪辑元件,在元件的编辑场景绘制一个用于固定弹簧的图形,如图 13.12 所示。

图 13.11 "小球"元件

图 13.12 "弹簧挂座"元件

步骤 5 制作"铅笔直线"元件。新建一个名为"铅笔直线"的影片剪辑元件,在元件的编辑场景中绘制一个铅笔和一条直线,用这个元件画出简谐运动时间位移图像,如图 13.13 所示。

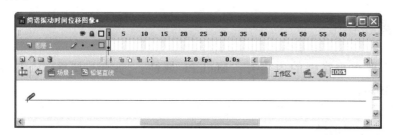
图 13.13 "铅笔直线"元件

步骤 6 制作"弹簧"元件。新建一个名为"弹簧"的影片剪辑元件,在元件的编辑场景中绘制一个弹簧图形。这里要特别注意弹簧图形的中心点要在弹簧图形的端点,如图 13.14 所示。

步骤 7 制作"重置"按钮。新建一个名为"重置"的按钮,课件运行时单击"重置"按钮,可使课件重置,如图 13.15 所示。

图 13.14 "弹簧"元件

图 13.15 "重置"按钮

步骤 8 制作"播放"按钮。新建一个名为"播放"的按钮，课件运行时单击"播放"按钮，可以使弹簧振子开始运动，如图13.16所示。

步骤 9 制作"暂停"按钮。新建一个名为"暂停"的按钮，课件运行时单击"暂停"按钮，可以使弹簧振子暂停运动，如图13.17所示。

图13.16 "播放"按钮

图13.17 "暂停"按钮

元件制作完成后，利用这些元件根据要求布置课件的场景。

步骤 10 元件制作完成后回到主场景，把"图层1"改名为"背景"图层，在背景图层上绘制一张背景，如图13.18所示。

步骤 11 在"背景"图层上添加一个图层并命名为"坐标轴与铅笔"。把库中的元件"坐标轴"和"铅笔直线"放置在这个图层上，并在场景中调整它到适当的位置。设置"铅笔直线"实例的名称为"qb"，如图13.19所示。

图13.18 绘制的背景

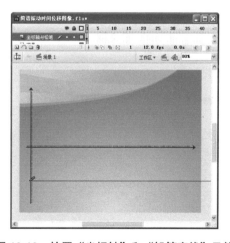

图13.19 放置"坐标轴"和"铅笔直线"元件

步骤 12 在"坐标轴与铅笔"图层上添加一个图层并命名为"小球"。把库中的元件"小球"放置到"坐标轴"的原点处，"振子"放置到场景的适当位置。设置"小球"和"振子"的实例名称分别为"ball"和"ball_A"，如图13.20所示。

步骤 13 在"小球"图层上添加一个图层并命名为"弹簧与弹簧挂座"。把库中的元件"弹簧"和"弹簧挂座"放置到图层的适当位置，设置"弹簧"的实例名称为"th"，如图13.21所示。

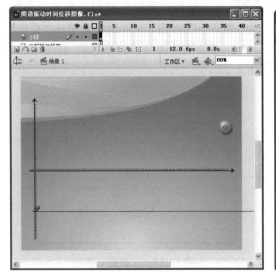

图 13.20 "小球"和"振子"在场景中的位置

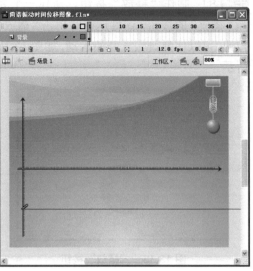

图 13.21 "弹簧"和"弹簧挂座"在场景中的位置

步骤 14 在"弹簧与弹簧挂座"图层上添加一个图层并命名为"控制按钮"。把库中的三个按钮放置到图层的适当位置，如图 13.22 所示。

步骤 15 在"控制按钮"图层上添加一个图层并命名为"文本"。在这个图层上用"文本工具"创建两个静态文本对象和两个输入文本对象，如图 13.23 所示。设置这两个输入文本对象的变量为 t(表示周期)和 a(表示振幅)。

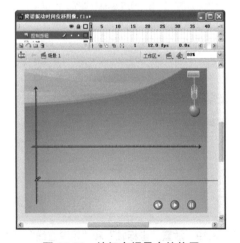

图 13.22 按钮在场景中的位置

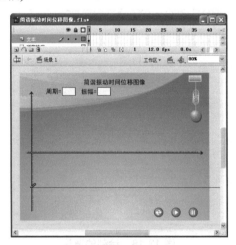

图 13.23 插入文本

　　课件的运行效果是利用弹簧振子绘制出简谐振动时间位移图像。而实际在编程实现课件效果时是反过来的，即先根据余弦曲线公式计算绘制简谐振动时间位移图像，再根据简谐振动时间位移图像在纵轴上的移动得出弹簧振子的运动效果。简谐振动时间位移图像的实现，是小球沿着余弦曲线的图像路径动态排列的结果。因此，计算出余弦曲线图像路径上小球的坐标是编程实现课件效果的关键。

要计算小球的坐标(x,y)就要用到余弦曲线的函数方程。为了能更好地实现编程，这里使用的是余弦曲线的参数方程。

$$\begin{cases} x = mt \\ y = A\cos(\varphi + \varphi_0) \end{cases}$$

其中$\varphi=2\pi t/T$，t是一个变量，T是余弦曲线的周期值。这样，曲线上某一点$A(x,y)$都是变量t的函数。而在Flash中有一个函数setInterval ()，这个函数每隔一定时间就调用括号内的函数或对象，可以把这一时间间隔看做参数方程中的参数变量t，按照参数方程中的规律，通过每隔一定的距离复制一个小球，绘制出所需曲线。

另外，A是余弦曲线的振幅，T是余弦曲线的周期。在课件中，通过改变这两个值可以得到不同的动态曲线。φ_0是余弦曲线的初始相位，在这个课件中不需要改变曲线的相位，所以在代码中φ_0的值为0。

在添加代码之前，首先解释一下代码中使用的变量名和余弦曲线参数方程中的变量的对应关系：

$\varphi=2\pi t/T$中的变量t在代码中对应变量c。
余弦曲线的振幅(A)在代码中对应变量a。
余弦曲线的周期(T)在代码中对应变量t。
下面添加代码。

步骤16 场景布置完成后添加代码，首先在"文本"图层上添加1个图层并命名为"action"。选中action图层的第1帧打开【动作】面板，添加如下代码，如图13.24所示。

```
c = 0;
//设置组成曲线小球的疏密程度
m = 1;
//设置m的值为1
a = 100;
//设置余弦曲线默认振幅值
t = 120;
//设置余弦曲线周期值
x0 = ball._x;
//获得实例"ball"的初始x轴坐标值
y0 = ball._y;
//获得实例"ball"的初始y轴坐标值
y1 = th._y;
//获得实例名为"th"影片的初始y轴坐标值
s = 0;
//用变量s记录复制的小球在x轴方向上移动的位置
p = 0;
//用变量p记录复制的小球在y轴方向上移动的位置
n = 0;
//定义变量n，设置初值为0
```

这段代码的作用是定义一些变量并赋初始值。

步骤17 继续为action图层添加代码，如图13.25所示。

```
function huatu() {
    //创建一个绘制曲线的函数
    c = c+2;
    //设置参数变化量，变化量的大小可决
定组成曲线小球的疏密程度
    φ = 2*Math.PI*c/t;
    //计算φ的值
    s = x0+m*c;
    //计算实例"ball"在x轴方向上移动的距离
    p = y0-a*Math.cos(φ);
    //计算实例"ball"在y轴方向上移动的距离
    duplicateMovieClip("ball", "ball"+n, 1500+n);
    //复制"ball"，以此来记录余弦曲线轨迹
    _root["ball"+n]._x = s;
    //改变复制的小球的x轴坐标位置
    _root["ball"+n]._y = p;
    //改变复制的小球的y轴坐标位置
}
```

这段代码的作用是，利用复制出来的小球根据余弦函数绘制简谐振动时间位移图像。

图 13.24　action 图层上的代码

图 13.25　在 action 图层上继续添加的代码

步骤 18　继续在 action 图层上添加代码，如图 13.26 所示。

```
qb._x = s;
//改变铅笔的 x 轴坐标位置
qb._y = p;
//改变铅笔的 y 轴坐标位置
ball_A._y = p;
//改变弹簧振子的 y 轴坐标位置
th._yscale = p-y1;
//是弹簧自动伸缩
n = n+1;
//使变量 n 值增加 1
if (c>500) {
    //如果变量 c 大于 500
    clearInterval(jiange);
//停止 setInterval()调用函数"huatu"
}
```

这段代码的作用是，使铅笔和简谐振动时间位移图像同时运动，达到用铅笔绘制简谐振动时间位移图像的效果。同时使弹簧和弹簧振子的移动与简谐振动时间位移的纵轴的移动相同。

步骤 19　选中"回复"按钮，为"回复"按钮添加代码，如图 13.27 所示。

```
on (release) {
    clearInterval(jiange);
    //停止 setInterval()调用函数"huatu"
    for (i=0; i<=n; i++) {
        removeMovieClip("ball"+i);
        //删除复制出来的小球
    }
    c = 0;
    //恢复变量 c 的值
    n = 0;
    //恢复变量 c 的值
}
```

这句代码的作用是，删除绘制的简谐振动时间位移图像，恢复到绘制以前。

图 13.26　action 图层上其余的代码

图 13.27　"回复"按钮上的代码

第 13 章　制作物理课件

步骤 20　选中"开始"按钮，为"开始"按钮添加代码，如图 13.28 所示。

```
on (press) {
    jiange = setInterval(huatu, 50);
    //利用 setInterval()函数调用"huatu"
}
```

这段代码的作用是，每隔 50 毫秒调用一次 huatu 函数，以开始绘制简谐振动时间位移图像。

步骤 21　选中"停止"按钮，为"停止"按钮添加代码，如图 13.29 所示。

```
on (press) {
    clearInterval(jiange);
    //利用 setInterval()函数调用"huatu"
}
```

这段代码的作用是，停止绘制简谐振动时间位移图像。

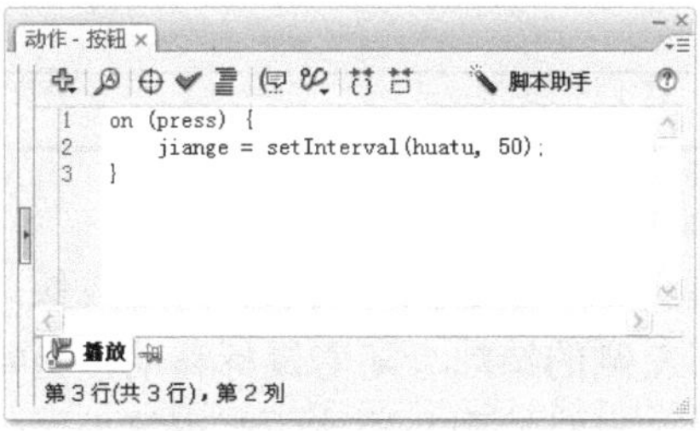

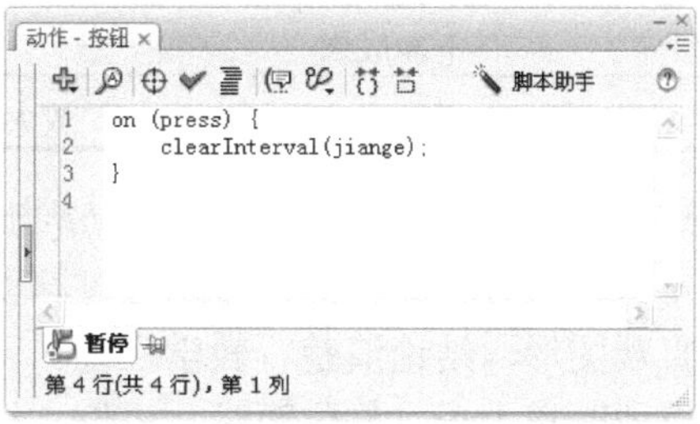

图 13.28　"开始"按钮上的代码　　　　图 13.29　"停止"按钮上的代码

本课件到这里就制作完成了。需要注意的是，在制作理科课件时，计算对象的坐标是经常会遇到的问题。如果想将对象的坐标计算准确必须先理解 Flash 中的坐标系，Flash 中的坐标系的方向和数学上的坐标系的方向不一样，它们的 X 轴的方向定义是一样的，但 Y 轴的方向正好相反。而且理科课件表现的内容大多包含数学模型，也就是说，课件内容直接包含数学公式，或者可以将课件内容转化为用数学公式来表达。

13.2　制作课件——凸透镜成像原理

凸透镜成像实验是物理实验中很典型的光学实验。把蜡烛移到最左端，光屏移到最右端，凸透镜放在中间，并使烛焰中心、凸透镜中心和光屏中心在同一高度。点燃蜡烛，把蜡烛移到两倍焦距之外，移动光屏位置，可以找到一个清晰的缩小倒立的像。把蜡烛移到两倍焦距和一倍焦距之间，移动光屏位置，可以找到一个清晰的放大倒立的像。蜡烛移到一倍焦距之内，移动光屏位置，不能找到清晰的像，在从光屏一则，对着凸透镜看，可以看到一个放大正立的像。

本节将制作一个课件模拟这个实验的过程。生动形象地将实验过程呈现出来。

13.2.1　教学分析和课件说明

在介绍凸透镜成像规律之前先介绍几个概念。
- 焦距：凸透镜到其焦点的距离，用 f 表示。

- 物距：蜡烛到凸透镜的距离，用 u 表示。
- 像距：蜡烛通过凸透镜所成的像到凸透镜的距离，用 v 表示。

凸透镜的成像规律是：当物距在一倍焦距以内时，得到正立、放大的虚像；物距等于一倍焦距时，不能成像；在一倍焦距到二倍焦距之间时得到倒立、放大的实像；在二倍焦距以外时，得到倒立、缩小的实像。该实验就是为了研究证实这个规律。

物距	实像/虚像	放大/缩小	正立/倒立	像距
$u>2f$	实像	缩小	倒立	$f<v<2f$
$u=2f$	实像	等大	倒立	$v=2f$
$f<u<2f$	实像	放大	倒立	$v>2f$
$u=f$	不能成像			
$u<f$	虚像	放大	正立	$v<0$

透镜成像满足透镜成像公式：$1/u$(物距)$+1/v$(像距)$=1/f$(凸透镜焦距)。

本课件只有一个界面，可以通过移动鼠标体验实验的全过程，展示凸透镜成像规律，采用直观图形，结论清楚、教学性强。移动鼠标，左侧的蜡烛会随着鼠标移动，当蜡烛到凸透镜的距离大于二倍焦距时，成倒立缩小的实像。当蜡烛到凸透镜的距离等于二倍焦距时，成倒立等大的像。当蜡烛到凸透镜的距离大于一倍焦距小于二倍焦距时，成倒立放大的实像，并画出光路图，如图 13.30 所示。

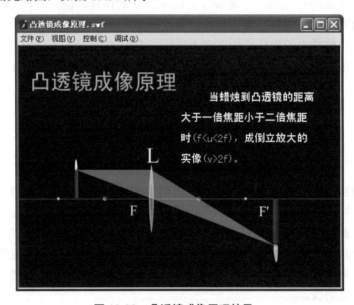

图 13.30　凸透镜成像原理效果一

继续移动蜡烛，当蜡烛到凸透镜的距离等于一倍焦距时，不能成像。当蜡烛到凸透镜的距离小于一倍焦距时，成正立放大的虚像，并画出光路图，如图 13.31 所示。

第 13 章 制作物理课件

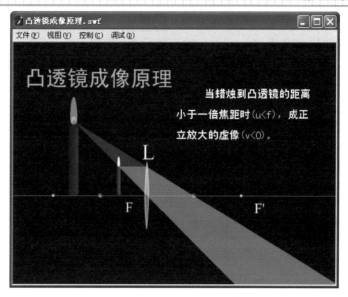

图 13.31　凸透镜成像原理效果二

13.2.2　解析重点知识

- beginFill()
  - ◆ 用法

    beginFill(rgb, alpha);
    填充用 MovieClip.moveTo()、MovieClip.lineTo()语句绘制出来的图形。
  - ◆ 参数

    rgb：要填充的十六进制颜色值；例如，红色为 0xFF0000，蓝色为 0x0000FF。如果未提供或未定义该值，则不创建填充。

    alpha：一个 0 到 100 之间的整数，指定填充的透明度。如果未指定该值，则使用 100(不透明)。如果该值小于 0，则 Flash 使用 0。如果该值大于 100，则 Flash 使用 100。

- endFill()

下面就利用 beginFill()和 endFill()函数，制作一个小例子，以加深对这些函数的认识和理解。

步骤 1　新建一个 Flash 文档(ActionScript 2.0)，将文档属性中的【大小】设置为"300×300 像素"，如图 13.32 所示。

图 13.32　设置文档属性

步骤 2 新建一个影片剪辑元件并将其命名为"点",将图层命名为"point",绘制一个黑色的小圆点,将圆心与影片剪辑的中心处对齐,如图 13.33 所示。

步骤 3 从库中拖出三个元件"点"放在舞台上,形成一个三角形,将三个实例分别命名为"point1"、"point2"和"point3",如图 13.34 所示。

图 13.33 影片剪辑元件"点"

图 13.34 创建三个实例并命名

步骤 4 新建一个图层并命名为"action",在第 1 帧添加如下代码,如图 13.35 所示。

```
createEmptyMovieClip("line",1);
//创建一个空影片剪辑"line"
line.lineStyle(1,0xffff00);
//设置线条的粗细和颜色
line.beginFill(0xff0000,60);
//设置将要绘制的三角形的填充色和透明度
line.moveTo(point1._x,point1._y);
line.lineTo(point2._x,point2._y);
line.lineTo(point3._x,point3._y);
line.lineTo(point1._x,point1._y);
//连接舞台上的三个点,绘制成一个三角形
line.endFill();
//结束填充
```

步骤 5 按 Ctrl+Enter 快捷键,预览影片,会发现三角形内部被颜色值为"ff0000",透明度为"60"的色块填充了,如图 13.36 所示。

图 13.35 图层 action 第 1 帧的代码

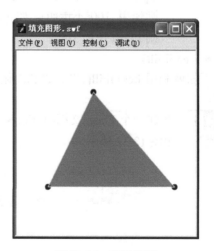

图 13.36 预览效果

在制作课件"凸透镜成像原理"中，先将一些关键点连接起来形成封闭图形，再用 beginFill()和 endFill()语句将封闭图形填充，以标识光的照射范围。

13.2.3 课件实战

本课件需要重点掌握的内容有：动态画线和动态填充的方法、利用公式计算课件中相关数据的方法等。

制作"凸透镜成像原理"课件的方法如下。

步骤1 新建一个 Flash 文档(ActionScript 2.0)，将文档属性中的【大小】设置为"550×400 像素"，【背景】设置为"黑色"，【帧频】设置为30fps，如图 13.37 所示。

图 13.37 设置文档属性

首先制作课件中要用到的元件。

本课件需要三个影片剪辑元件，分别是"焦点"、"蜡烛"和"凸透镜"元件。为了便于操作，课件中没有设置光屏，而是把蜡烛成的像直接呈现在画面中。

步骤2 新建一个影片剪辑元件并命名为"蜡烛"，将图层命名为"烛身"，绘制一个红色的蜡烛，如图 13.38 所示。

步骤3 新建一个图层并命名为"火焰"，在该层绘制白色的蜡烛火焰，并在第1帧到第60帧，制作一段火焰不断闪烁的动画，在图层"蜡烛"的第60帧插入帧，如图 13.39 所示。

图 13.38 绘制蜡烛

图 13.39 制作火焰闪烁动画

步骤 4 新建一个图层并命名为"烛芯"，在该层绘制一个填充色为径向渐变的烛芯，并在第 1 帧到第 30 帧制作一段随火焰闪烁而跳动的动画，如图 13.40 所示。

步骤 5 在图层"烛身"上面新建一个图层并命名为"蓝光"，在该层绘制蜡烛燃烧时发出的蓝色火焰，在第 60 帧插入帧，使蜡烛的火焰看起来更加逼真，如图 13.41 所示。

图 13.40　绘制烛芯

图 13.41　绘制蓝色火焰

步骤 6 新建一个影片剪辑元件并命名为"焦点"，绘制一个填充色为径向渐变的圆，作为凸透镜的焦点和光路图的连接点，如图 13.42 所示。

步骤 7 新建一个影片剪辑元件并将其命名为"凸透镜"，绘制一个从侧面看到的凸透镜，如图 13.43 所示。

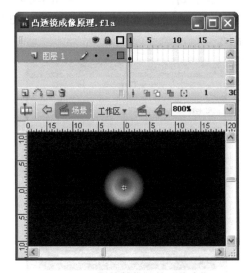

图 13.42　影片剪辑元件"焦点"

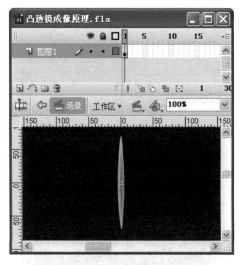

图 13.43　影片剪辑元件"凸透镜"

元件制作完成后，下面布置场景，将元件放到舞台上适当的位置，并对元件的实例进行命名。

步骤 8 将主时间轴的"图层1"改为"标题",在舞台左上角插入静态文本并输入文字"凸透镜成像原理",如图 13.44 所示。

步骤 9 新建一个图层并命名为"凸透镜",在舞台的中间画一条白色的横线作为光轴,将影片剪辑元件"凸透镜"放在光轴上,并将实例命名为"ttj",在上方输入字母"L",如图 13.45 所示。

图 13.44 输入课件标题

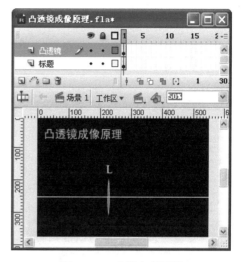

图 13.45 光轴和凸透镜

步骤 10 新建一个图层并命名为"焦点",从库中拖出两个"焦点"元件,分别放在光轴上凸透镜的两侧,作为凸透镜的焦点,两个焦点到凸透镜的距离要相同。分别将两个焦点的实例命名为"jd"和"jd1",如图 13.46 所示。

步骤 11 再从库中拖出两个"焦点"元件,分别放在凸透镜两侧的二倍焦距处,两个点到凸透镜的距离也相同,将两个实例的色调设置为黄色并缩小,以区别一倍焦距处的点,将左侧的实例命名为"jd2",如图 13.47 所示。

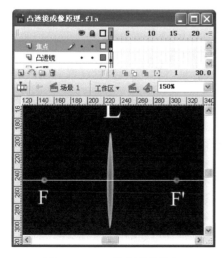

图 13.46 一倍焦距处的点

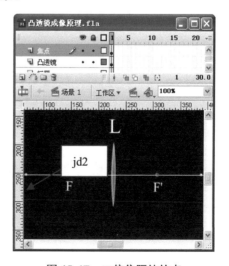

图 13.47 二倍焦距处的点

步骤 12 新建一个图层并命名为"蜡烛"。从库中拖出3个影片剪辑元件"蜡烛",将实例分别命名为"wu"(蜡烛实物)、"shix"(蜡烛形成的实像)、"xux"(蜡烛形成的虚像),将"shix"实例旋转180°,如图13.48所示。

步骤 13 新建一个图层并命名为"连接点",从库中拖出6个元件"焦点",分别放在实例"wu"的烛芯、"shix"的烛芯、凸透镜中上部与"wu"烛芯等高、"xux"的烛芯、舞台右侧和舞台下方。将6个实例分别命名为"lianjie0"、"lianjie1"、"lianjie2"、"lianjie3"、"lianjie4"、"lianjie5",并将6个实例的透明度设置为0,这6个实例用来做光路图的连接点,如图13.49所示。

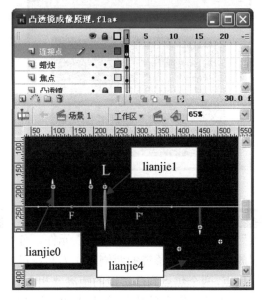

图 13.48 设置组件参数　　　　图 13.49 添加反馈实例

步骤 14 新建一个图层并命名为"规律",插入一个四行的动态文本框,如图 13.50 所示。

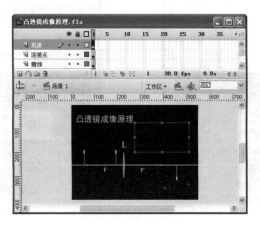

图 13.50 "正确反馈"和"错误反馈"

步骤 15 在【属性】面板中设置此动态文本框为多行,将【变量】设置为"guilv_txt",如图 13.51 所示。

图 13.51　设置动态文本框的属性

> **提示**
> 如果一个动态文本框需要显示多行内容,就必须设置其为"多行",否则不管这个动态文本框有几行,只能显示第一行的内容。

场景布置好后,开始添加代码。在添加代码之前,先介绍一下这个课件的制作思路。

蜡烛实例"wu"蜡烛随鼠标移动而移动,动态文本框"guilv_txt"显示成像的情况。蜡烛到凸透镜的距离大于一倍焦距时,虚像"xux"消失,实像"shix"的位置和大小根据凸透镜成像原理公式计算。蜡烛到凸透镜的距离小于一倍焦距时,实像"shix"消失,虚像"xux"的位置和大小根据凸透镜成像原理公式计算。在蜡烛移动时,6 个连接点也在移动,将这些点连接起来即可形成光路图。

步骤 16 选择舞台上的实例 wu,打开【动作】面板,添加控制蜡烛随鼠标移动的代码,如图 13.52 所示。

```
onClipEvent (mouseMove) {
//鼠标移动时
    startDrag("", true, 0, 252.7, 228.8, 252.7);
    //拖动实例"wu",并限定其移动范围
}
```

这段代码的作用是:实例 wu 随鼠标移动,并给实例 wu 限定了移动的范围(凸透镜的左侧的光轴上)。

图 13.52　在实例"wu"上添加代码

步骤 17 在实例 wu 上添加在右上角文本框中显示成像规律的代码,如图 13.53 所示。

```
if (_parent.wu._x>_parent.jd._x+1) {
//蜡烛在一倍焦距之内
```

```
    _parent.guilv_txt = "当蜡烛到凸透镜的距离小于一倍焦距时(u<f)，成正立放大的
虚像(v<0)。";
} else if (_parent.wu._x<_parent.jd._x-1 &&
_parent.wu._x>_parent.jd2._x+1) {
//蜡烛在两倍和一倍焦距之间
_parent.guilv_txt = "当蜡烛到凸透镜的距离大于一倍焦距小于二倍焦距时
(f<u<2f)，成倒立放大的实像(v>2f)。";

} else if (_parent.wu._x<=_parent.jd2._x+1 && _parent.wu._x>=
_parent.jd2._x-1) {
//蜡烛二倍焦距
_parent.guilv_txt = "当蜡烛到凸透镜的距离等于二倍焦距时(u=2f)，成倒立等大的
实像(v=2f)。";
} else if (_parent.wu._x<_parent.jd2._x-1) {
//蜡烛在两倍焦距之外
_parent.guilv_txt = "当蜡烛到凸透镜的距离大于二倍焦距时(u>2f)，成倒立缩小的
实像(f<v<2f)。";
} else {
//蜡烛一倍焦距
    _parent.guilv_txt = "当蜡烛到凸透镜的距离等于一倍焦距时(u=f)，不能成像。";
}
```

这段代码的作用是，实例 wu 移动到各个位置时，动态文本框"guilv_txt"显示凸透镜成像的规律。

图 13.53 添加显示成像规律的代码

步骤 18 在实例 wu 上添加计算相关数据的代码，如图 13.54 所示。

```
f = _parent.ttj._x-_parent.jd._x;
//焦距(凸透镜的焦点到凸透镜的距离)
u = _parent.ttj._x-_parent.wu._x;
//物距(蜡烛到凸透镜的距离)
_parent.lianjie0._x = _parent.wu._x;
_parent.lianjie0._y = _parent.lianjie1._y;
```

//实例"wu"上的连接点 X 轴坐标与"wu"相同，Y 轴坐标与凸透镜中上方的连接点相同
_parent.lianjie4._x=
_parent.ttj._x+Math.abs(u*(_parent.lianjie4._y-_parent.ttj._y)/(_parent.ttj._y-_parent.lianjie1._y));
// 实例"lianjie4"是舞台下方的连接点，根据相似三角形的性质计算出它的 X 轴坐标
_parent.lianjie4._y = 500;
//实例"lianjie4"的 Y 轴坐标固定，在舞台下方(舞台外)
_parent.lianjie5._x = 600;
//实例"lianjie5"是舞台右侧(舞台外)的连接点，X 轴坐标固定
_parent.lianjie5._y=
_parent.ttj._y+Math.abs((_parent.ttj._y-_parent.lianjie1._y)*(_parent.lianjie5._x-_parent.jd1._x)/f);
//根据相似三角形的性质计算出"lianjie5"的 Y 轴坐标
x2 = f*u/(u-f);
//根据凸透镜成像公式(1/u+1/v=1/f)计算出像距(蜡烛所成的像和凸透镜之间的距离)
H1 = _parent.wu._height;
W1 = _parent.wu._width;
H2 = Math.abs(x2/u)*H1;
W2 = Math.abs(x2/u)*W1;
//根据物距和像距的比例，计算出蜡烛所成的像大小
H3 = Math.abs(x2/u)*(_parent.ttj._y-_parent.lianjie1._y);
//根据物距和像距的比例，计算出蜡烛所成像的连接点到光轴的距离

图 13.54　添加计算相关数据的代码

步骤 19　在实例 wu 上添加蜡烛在一倍焦距以外时成像情况的代码，如图 13.55 所示。

if (_parent.wu._x<_parent.jd._x-1) {
//蜡烛在一倍焦距以外(物距大于一倍焦距)
　　　_parent.line2.removeMovieClip();
　　　_parent.line3.removeMovieClip();
　　　//删除成虚像时的光路图
　　　_parent.shix._x = x2+_parent.ttj._x;
　　　_parent.shix._y = _parent.ttj._y;
　　　//实像"shix"的位置
　　　_parent.shix._alpha = 80;
　　　_parent.shix._height = H2;

```
  _parent.shix._width = W2;
//实像的高度、宽度和透明度
  _parent.xux._alpha = 0;
//虚像消失
  _parent.lianjie2._x = _parent.shix._x;
  _parent.lianjie2._y = _parent.ttj._y+H3;
//实像上的连接点"lianjie2"的位置
  _parent.createEmptyMovieClip("line1",1);
//建立一个空影片剪辑"line1"
  _parent.line1.beginFill(0xffffcc,50);
  _parent.line1.moveTo(_parent.lianjie0._x,_parent.lianjie0._y);
  _parent.line1.lineTo(_parent.lianjie1._x,_parent.lianjie1._y);
  _parent.line1.lineTo(_parent.lianjie2._x,_parent.lianjie2._y);
  _parent.line1.lineTo(_parent.lianjie0._x,_parent.lianjie0._y);
//将连接点"lianjie0"、"lianjie1"、"lianjie2"用线连接起来形成光路图
}
```

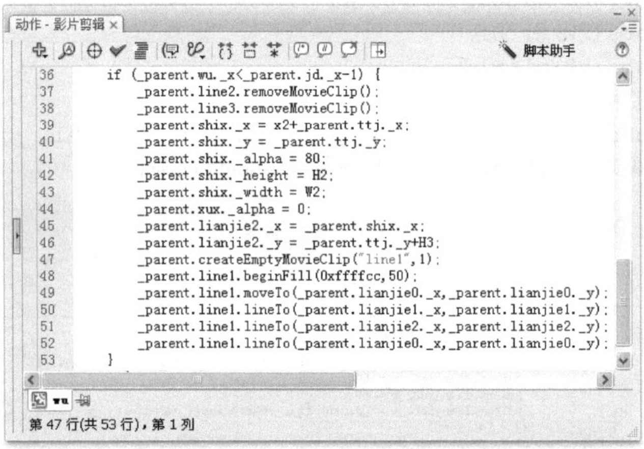

图 13.55 添加蜡烛在一倍焦距以外时成像情况的代码

步骤 20 在实例 wu 上添加蜡烛在一倍焦距以内时成像情况的代码,如图 13.56 所示。

```
else if (_parent.wu._x>_parent.jd._x+1) {
//蜡烛在一倍焦距以内(物距小于一倍焦距)
    _parent.line1.removeMovieClip();
//删除成实像时的光路图
  _parent.xux._x = x2+_parent.ttj._x;
  _parent.xux._y = _parent.ttj._y;
//虚像"xux"的位置
  _parent.xux._alpha = 60;
  _parent.xux._height = H2;
  _parent.xux._width = W2;
//虚像"xux"的高度、宽度和透明度
  _parent.shix._alpha = 0;
//实像"shix"消失
  _parent.lianjie3._x = _parent.xux._x;
  _parent.lianjie3._y = _parent.ttj._y-H3;
```

```
            //虚像上的连接点"lianjie3"的位置
            _parent.createEmptyMovieClip("line2",1);
            //新建一个空影片剪辑"line2"
            _parent.line2.beginFill(0xffffcc,50);
            _parent.line2.moveTo(_parent.lianjie0._x,_parent.lianjie0._y);
            _parent.line2.lineTo(_parent.lianjie1._x,_parent.lianjie1._y);
            _parent.line2.lineTo(_parent.lianjie5._x,_parent.lianjie5._y);
            _parent.line2.lineTo(_parent.lianjie4._x,_parent.lianjie4._y);
            _parent.line2.lineTo(_parent.lianjie0._x,_parent.lianjie0._y);
//将连接点"lianjie0"、"lianjie1"、"lianjie4"、"lianjie5"用线连接
//起来形成光路图,并填充这个封闭区域
            _parent.createEmptyMovieClip("line3",2);
            //新建一个空影片剪辑"line3"
            _parent.line3.beginFill(0xffffcc,20);
            _parent.line3.moveTo(_parent.lianjie0._x,_parent.lianjie0._y);
            _parent.line3.lineTo(_parent.lianjie3._x,_parent.lianjie3._y);
            _parent.line3.lineTo(_parent.lianjie1._x,_parent.lianjie1._y);
            _parent.line3.lineTo(_parent.lianjie0._x,_parent.lianjie0._y);
            //将连接点"lianjie0"、"lianjie1"、"lianjie3"用线连接起来形成光路图,
            //并填充这个封闭区域
        }
```

图 13.56 添加蜡烛在一倍焦距以内时成像情况的代码

步骤 21 在实例 wu 上添加蜡烛在一倍焦距时成像情况代码,如图 13.57 所示。

```
else {
//蜡烛在一倍焦距上(物距等于一倍焦距)
            _parent.line1.removeMovieClip();
            _parent.line2.removeMovieClip();
            _parent.line3.removeMovieClip();
```

```
//删除用线连接成的光路图
  _parent.shix._alpha = 0;
  _parent.xux._alpha = 0;
//所成的实像和虚像都消失
    }
}
```

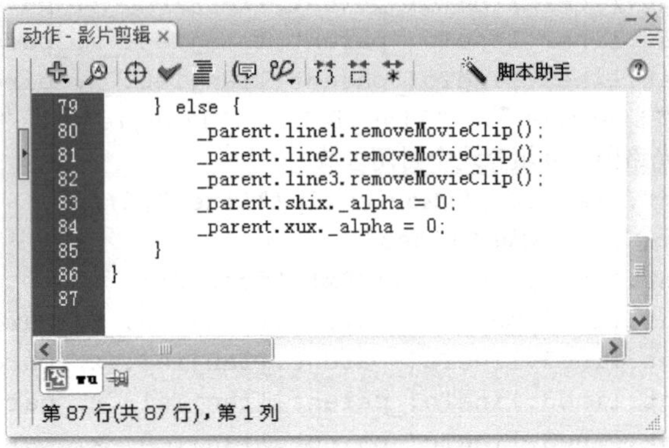

图 13.57　添加蜡烛在一倍焦距时成像情况的代码

至此，本课件制作完毕。

本节制作了一个凸透镜成像的实验课件，通过移动鼠标就可以完成实验的全过程，操作简单，并能清晰地展现出凸透镜成像规律。先确定蜡烛到凸透镜的距离(物距)，再通过凸透镜成像公式计算出像到凸透镜的距离(像距)。绘制光路图是把关键点连接起来再填充，形成光的照射范围。